전쟁의기억 기억의전쟁

전쟁의기억 기억의전쟁

김현아 지음

책갈피

김현아

1967년 경남 거창에서 출생
중앙대학교 국어국문학과 졸업
전태일 문학상 수상
현 '나와우리' 공동 대표

저서

≪20세기 한국의 야만≫ 일빛, 2001(공저)

작은세상 시리즈 2

전쟁의 기억 기억의 전쟁

지은이 김현아
펴낸곳 도서출판 책갈피
초 판 1쇄 발행일 2002년 2월 1일
       5쇄 발행일 2012년 4월 30일
주 소 서울시 중구 필동2가 106-6 2층(100-272)
전 화 02)2265-6354
팩 스 02)2265-6395
등 록 1992년 2월 14일(제18-29호)
이메일 bookmarx@naver.com
홈페이지 http://chaekgalpi.com

ISBN 89-7966-023-5 03300
값 13,000원
잘못된 책은 바꿔 드립니다.

이 책은 지난 3년간 매해 베트남을 답사했던 '나와 우리'의 기록이다.

풍문처럼 떠도는 민간인 학살에 대한 이야기의 진실이 무엇인가를 알고자 찾아갔던 베트남에서 우리는 많은 사람들을 만났고 많은 이야기들을 들었다.

전쟁을 직접 겪은 사람들과 전쟁을 겪지 않은 전후세대의 사람들, 전쟁 당시 북베트남 정규군 장교였던 사람들과 남베트남 민족해방전선의 대원들, 베트콩이 아니라 비무장 민간인이었다고 말하는 사람들. 한국군에 의해 가족을 잃은 사람들, 천신만고 끝에 살아남은 사람들.

촌로들과 인민위원회 간부들. 시인, 소설가, 영화감독, 교수, 대학생, 쎄옹 운전사, 호텔의 매니저, 라이따이한…… . 전쟁으로 인해 육체에 상처가 남겨진 사람들과 정신적 외상을 입은 사람들.

이들은 모두 한국군에 의해 민간인 학살이 있었다고 말했다. 그리고 그 사건을 어제의 일처럼 분명하게 기억하고 있었다.

이 이야기를 한국 사회에 전하는 과정에서 우리는 많은 베트남전 참전군인들도 만나게 되었다. 어떤 사람은 민간인 학살이 있었다고 했고, 어떤 사람은 없었다고 했다. 어떤 사람은 부정도 긍정도 하지 않았다.

한국과 베트남을 오가며 과거와 현재를 오가며, 때로는 산 자와 죽은 자의 사이를 오가며 만났던 이들의 공통점은 아직도 전쟁을 겪고 있다는 것이었다.

30여년의 세월이 지났음에도 불구하고 지금도 이들의 삶에 깊은 영향을 끼치는 전쟁, 피해자로서든 가해자로서든 학살의 기억은 완료형이 아니라 진행형이었다.

누가 이들을 만나게 했을까.

아주 멀리 살고 있던 사람들, 서로에게 어떠한 원한도 증오도 갖고 있지 않은 사람들을 만나게 하고 죽고 죽이게 만들었을까. 어떤 이유로.

어쨌든 우리는 베트남에서 이렇게 들었다.

이에 대한 대답을 해야 할 차례다.

베트남의 작은 마을들에서 일어났던 사건의 진실은 무엇인지.

노근리 민간인 학살진상규명 요구에 대해 윌리엄 코인 미국방장관은 다음과 같이 말했었다.

> 6.25전쟁 중에 미군의 피난민 대량학살 사건을 수사하고 결과로 어떤 일이 빚어지든 상관하지 않고 오로지 진실만을 밝혀내기 위해 노력하겠다.

이후의 과정에서 실제로 그렇게 했는지의 여부를 떠나, 지금 우리 역시 그 말을 해야 하지 않을까.

이 책은 많은 사람들이 애써 노력한 결과물이다.

하노이에서 사이공까지 베트남의 구석구석을 직접 발로 찾아다녔던 강

제숙, 노은희, 정창권님. 통역과 번역을 맡아 주었던 구수정, 하재홍, 응웬 티 히엔 짱, '나와 우리' 내의 '베트남과 친구되기' 팀이 함께 쓴 책이다.

이 책이 출판될 수 있도록 도와 주신 김남일·방현석 작가님, 박성식 실장님, 힘든 결정을 선뜻 내려 주신 책갈피 출판사의 홍교선 대표님 그리고 글 이전의 이야기와 글 이후의 이야기까지 들어주느라, 많은 밤을 샌 나의 영매 빨강머리…….

무엇보다도 "아가, 네가 남주띤이냐" 우리의 손을 쓰다듬으며 눈물과 한숨으로 이야기를 해준 베트남 사람들이 없었다면, 이 책은 나오지 못했을 것이다.

그이들의 이야기가, 진실이 한국 사회에 전달되기를 간절히 바라며.

2002년 1월

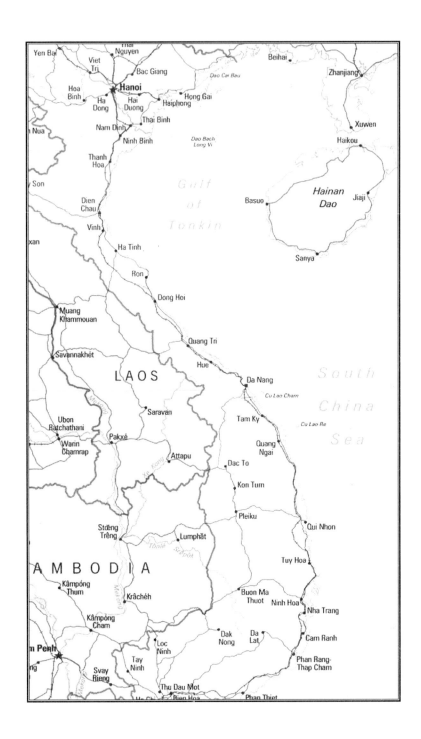

'나와 우리' 베트남 답사 일정 및 지역

일시 : 1999년 4월 16일 ~ 5월 13일

　　호치민-판랑(칸호아성 판랑지역, 린선사)-퀴넌(빈딘성 떠이손현 따이빈사 안빈촌 고자
이마을, 뚜이안현 푹호아사 떤장촌, 뚜이안현 푹홍사 뇨럼촌)-꾸앙응아이(꾸앙응아이성
빈선현 빈호아사 안푹촌, 썸꺼우촌, 찌호아촌, 롱빈촌, 선띤현 띤선사 지엔니엔촌, 푹빈
촌)-다낭(꾸앙남성 디엔반현 디엔터사 투이보촌, 디엔반현 디엔안사 퐁니촌)-호이안-
후에-하노이

일시 : 2000년 3월 11일 ~ 4월 5일

　　호치민-꾸앙응아이(꾸앙응아이성 빈선현 빈호아사, 선띤현 띤선사, 선띤현 선짜사 빈박
촌, 선띤현 선낍사, 선띤현 선쩌우사 빈록촌)-다낭(꾸앙남성 디엔반현 디엔증사 하미
촌)-뚜이오아(푸옌성 뚜이호아현 남호아히엡사 붕따우촌, 뚜이안현 안린사 퐁란촌, 뚜
이안현 안토사, 뚜이안현 안쩐사)-호치민

일시 : 2001년 3월 24일 ~ 4월 8일

　　호치민-다낭(꾸앙남성 디엔반현 디엔터사 퐁녓촌과 퐁니촌, 디엔증사 하미촌)-꾸앙응
아이(선띤현 띤선사, 빈선현 빈호아사)-퀴넌(빈딘성 떠이손현 따이빈사 안빈촌)-뚜이
호아(푸옌성 뚜이호아현)-호치민

일시 : 2001년 7월 28일 ~ 8월 6일

　　시민과 함께 하는 답사

　　하노이-다낭(꾸앙남성 디엔반현 디엔증사 하미촌, 디엔반현 디엔증사 투이보촌)-꾸앙
응아이(꾸앙응아이성 선띤현 띤선사 지엔니엔촌, 빈선현 빈호아사 찌호아촌과 롱빈촌)-
후에-호치민

---

* 베트남의 행정구역상의 단위는 성, 현, 사, 촌, 마을이다. 성이 우리 나라의 도에 해당하는
개념이다.

베트남 전쟁을 넘어 '근대'로

김남일(소설가)

9월 11일 테러사건 이후 벌어진 '21세기 최초의 전쟁'에서 미국은 장담했던 대로 승리를 거두었다. 탈레반 정권은 힘 한번 써보지 못한 채 무너졌다. 북부동맹을 주축으로 한 새 정권이 들어섰고, 미군 사상자가 열 손가락으로도 꼽을 수 있을 만큼이었던 데 반해 아프가니스탄의 그것은 비교조차 할 수 없을 만큼 엄청난 것이었으니 미국의 승리는 현실적으로 입증된다.

이것이 과연 지구상에서, 아니 적어도 미국땅에서 만큼은 더 이상 테러범이 발을 붙일 수 없다는 확실한 보증수표가 되는가? 천만에! 부시 대통령을 포함해 어느 누구도 이번 승리가 '최후의 승리'라고 장담할 수는 없을 것이다.

파스칼은 ≪팡세≫에서 말했다.

"하나의 작품을 쓸 때 최후에 발견하는 것은 최초에 무엇을 놓았어야 했는가이다."(단장 19)

역사상 모든 전쟁에 이 은유를 적용할 수 있을 것이

다. 미국의 이번 전쟁 역시 파스칼식의 후회로부터 결코 자유로울 수 없다. 미국은 전쟁을 일으켜 9.11 사태의 치욕을 어느 정도 씻었노라 자위할 수는 있다. 그러나 전쟁 대신 다른 방식을 택했으면 지금쯤 누리게 되었을 좀더 확실한 평화는 얻지 못했다.

미국은 앞으로도 이런 어리석음을 자주 범할 것이다. 왜냐하면 이번 전쟁을 통해 미국은 그런 어리석음을 범하지 않기 위해서는 절대적으로 필요한 어떤 중요한 정신적 가치를 치명적으로 결여하고 있다는 사실을 확연히 드러내 보였기 때문이다. 그것은 바로 '기억'에 관한 것이다.

기억은, 한 개인의 삶에만 파장을 미치는 것이 아니다. 그것은 한 민족이나 국가의 도덕적 성숙을 측정하는 리트머스 시험지이기도 하다. 무슨 말인가. 미국이 만일 최첨단 미사일이나 그린베레의 힘 대신 기억의 힘을 믿었다면 이번 테러에 대해 결코 전쟁이라는 보복 수단을 택하지는 않았을 것이다. 미국이 믿는 기억의 힘이란, 오직 존 웨인식 '합리적 보복'의 전통에 대한 것뿐이다. 합리적 보복이라니! 그들은 존 웨인의 분노 이전에 거기 무엇이 존재했는지 전혀 생각하지 않는다. 그들은 자신들이 복수의 총을 뽑아들기 전 그곳에 이미 대지를 붉게 물들이는 저녁노을이라든지 창공의 푸른 별, 땅의 체온, 반짝이는 물, 빛나는 솔잎, 해변의 모래톱이 존재했으며, 그 자연과 더불어 산 조상들에 대한 추억과 경험을 무엇보다 소중하게 여기는 원주민들이 존재했다는 사실을 결코 기억하지 못한다. 이번 전쟁 역시 그런 기억에 대한 전통과 능력이 부재한 미국으로서는 불가피한 선택이었는지 모른다. 컴퓨터 모니터 앞에서 군사작전을 보고받는 WASP(앵글로색슨계 백인 기독교인들) 출신 부시 대통령은 저 황량해만 보이는 아프가니스탄 땅에도 무수한 생물과 무생물이 뒤섞여 긴긴 세월 동안 일구어낸 무수한 기억의 역사가 존재한다는 사실을 알지 못했을 것이다.

이런 미국에게 인류의 생존권을 내맡길 때 어떤 결과가 야기되는지, 우리는 이미 또다른 전쟁에 대한 기억을 통해 뼈저리게 확인한 바 있지 않은가.

이 책은 베트남 전쟁에 대한, 좀더 정확히 말하면 '베트남 전쟁에 대한 기억'에 대한 책이다.

베트남 전쟁에 대한 기억이라고 할 때 우리는 흔히 참전군인들의 기억을 떠올릴 것이다. 춥고 배고프던 시절, 이역만리 월남땅에서 벌어진 전쟁은 마치 동화속 낯선 세상 이야기처럼 들려왔다. 그것은 전쟁의 실체와는 아무런 상관이 없는 것이어서, 그림책에서나 보던 남십자성과 야자수에 관한 이야기이기도 했다. 거기에 돈이 더해졌다. 거기에 다시 '자유의 십자군'이라는 명분이 보태졌다. 아주 적은 수의, 전후의 폐허에서 아직도 벗어나지 못한 당대의 정신적 황폐함 속에서 허덕이던 아주 적은 수의 지식인들은 전쟁의 극한 상황에서 자신의 실존을 시험해 보겠다는 무지막지한 기도를 숨긴 채 미군 수송선 바렛드호에 자청해서 몸을 싣기도 했다. 그렇게 전쟁은 다가왔고, 세월은 흘러 이제 전쟁에 대한 기억만이 남았다.

직접 참전하지 않은 동시대인들에게도 베트남 전쟁은 이제 기억 속의 전쟁이다. 비내리는 부산항, 태극기를 흔드는 여고생, 화환을 목에 걸어 주는 여자 연예인, 자유의 십자군들에게 단호하게 승리를 명령하는 작달막한 체구의 대통령, 광장에 울려퍼지던 팡파레, 자유대한 위해서 님들은 모였으니 그 이름 맹호부대 맹호부대 용사들아……. 이윽고 배는 떠나고, 이윽고 '대한뉘우스' 비내리는 화면 속에서 귀신잡는 해병으로 용맹을 떨치고, 집을 지어주고 병들고 다친 이들을 자상하게 치료해 주어 가슴을 뿌듯하게 만들더니, 이윽고 유골함에 담겨 돌아와서는 눈시울을 적시게 하던 기억. 그렇게 전쟁은 다가왔고, 세월은 흘러 이제 전쟁에 대한 기억만이 남았다.

그런데 이제 그 전쟁을 기억하는 이들보다 기억하지 못하는, 아니 아예 자신들의 생의 지평에서 그런 전쟁의 존재조차 모르는 이들이 더 많은 시대가 되었다. 그들에게 '베트남전에 대한 기억'은 불쾌하다. 처음 한 번은 "아니, 그런 게 있었어요?" 하고 호기심으로 귀를 빌려줄 것이고, 두 번째는 "아, 그 이야기?"하며 심드렁해 할 것이지만, 세 번째부터는 노골적으로 불쾌감을 드러낼 것이다. 전쟁 그 자체가 불쾌하다기보다, 자신들이 간섭할 기회조차 없던 전쟁에 대해 기억 운운하는 것부터가 불쾌할 것이다.

이 책이 기억에 관련된 것이라고 할 때, 그 대상은 누구일까.

저자는 참전군인과 동시대를 함께 살았던 세대, 그리고 전쟁에 대한 기억이 전무한 세대까지도 염두에 두고 이 책을 썼을 것이다. 사실을 말하면, 저자 역시 베트남 전쟁이 자기 삶의 중요한 화두일 리 없던 이였다. 그의 관심은 지루한 일상의 탈출이었고, 좀더 의미를 보태면 그가 젊음의 대부분을 보낸 80년대로부터의 탈출이었다. 그 과정에서 그는 아프리카를 발견했다. 아프리카 …… 세렝게티 대평원 …… 그런데 그 끝도 없는 평원에서 그는 눈물을 쏟고 만다. 그건 당자는 전혀 책임질 일이 없다고 생각했을 지구의 운명에 대한 책임 때문이었다. 우리는 저자의 입을 통해 참으로 끔찍한 고백을 듣는다.

인류가 이 지구를 위해 할 수 있는 마지막 일이 있다면 그건 바로 인류의 절멸이라는 생각이 들었다. 스산한 달이 제 빛을 못내고 여위어가는 도시, 매연과 소음, 배반과 불신, 죽어가는 물고기, 파괴되는 숲, 더럽혀진 강, 희망 없는 일상, 썩어가는 정신……. 키를 넘는 욕망들이 눈을 희번득이는 자본의 도시에서 나는 때때로 숨을 쉴 수 없었고 자주 구역질을 했다. 우리에게, 이 오만하고 방자한 종에게 과연 미래는 있을까? 문명이라는 이름의 파괴는 어디까지 갈 것인가? 감당할 수 없는 이 속력의 끝은 어디인가? 아름다운 것들은 모두 사라지고 아귀 같은 탐욕만이 기승을 떠는 이 별에 한 가닥 희망이 있다면 인류의 절멸이 바로 그것이라고 생각했다."(절멸에의 예감)

인류의 절멸이라니!

그리고 그게 지구의 유일한 희망이라니!

이 지독한 패배주의와 말도 안 되는 독선은 도대체 무엇이란 말인가. 그것은 그러나 아주 단순한 것이었다. 기억! 그렇다. 저자는 기억 없이 우리의 미래, 우리의 희망은 없다는 것을 아프리카 여행을 통해 뼈저리게 절감했을 뿐이다. 기억 없는 문명이란, 원초에 대한 기억 없는 문명이란, 곧 절멸인 것!

저자는 이제 우리 모두 기억하자고 말한다.

물론 그는 안다. 기억은 아름답지만은 않다는 것을. 아니, 기억은 많은 경우 오히려 불쾌하다는 것까지도.

참전군인들은 이제 안다. 자신들이 총을 들고 직접 참전했던 그 전쟁이 무엇을 남겼는지. 동료들의 죽음, 부상, 후유증, 그리고 약간의 명예. 아니, 명예란 게 뭐 말라비틀어진 것인가. 강동구 명일동 보훈병원에 가서 새벽부터 줄을 섰다가 겨우 1분간의 진료를 받고 다저녁때 돌아오는 그들에게 명예에 대해 물어보라. 그 시대를 살았던 세대들도 안다. 자신들의 유년기를 지배했던 대한뉴스 그 비내리는 화면이 어떻게 조작되었는지를. 그때 자기로 하여금 위문편지를 쓰도록 했던 대통령은 그 뒤 어떻게 되었는가. 생각하기도 끔찍한 시절들. 독재와 독재와 독재……. 오늘도 텔레비전 시사토론 프로그램에서 한 참석자는 말한다. 빨갱이들, 없는 데가 없어요. 육사 출신 해사 출신들 빨갱이들도 많아요. 우연히 그걸 보다가 채널을 돌리는 전후 세대는? 그들도 안다. 전쟁이 아니라 전쟁에 대한 기억이 불쾌하다는 사실을. 그들에게는 차라리 컴퓨터게임처럼 전개되는 미국의 아프가니스탄 보복 전쟁이 친근한 것이다.

그런데도 이 책의 저자는 그 불쾌한 기억 속으로 함께 들어가자고 말한다.

도대체 그 기억 속에 무엇이 있길래!

릉 티 퍼이는 만삭이었다. 다섯 살 난 둘째 아이를 안고 마당에 앉아 있는, 배가 남산만한 릉 티 퍼이를 향해 한국군은 총을 갈겼다. 붉은 피를 뿜으며 품 속에서 아이가 숨졌다. 릉 티 퍼이는 비명을 지르며 도망쳤다. 정신없이 다음 집으로 도망을 갔다. 총소리가 귓등을 스쳐지나갔다. 제정신이 아니었다. 다시 다음 집을 향해 달려가는 데 총소리가 나고 릉 티 퍼이는 쓰러졌다. 죽었다라는 생각이 들었고 연신 갈겨대는 총소리에 정신이 가물가물해졌다.

미친듯한 총소리, 비명소리, 아우성, 화염, 매캐한 냄새, 알아들을 수 없는 한국말, 신음, 가물가물해지는 의식……

"사실 나는 아무것도 기억이 나지 않아요. 태어난 지 겨우 3개월이었으니까요. 고아가 된 나를 데려다 키워주신 할머니께 당시의 이야기를 들었지요. 비가 억수같이 쏟아지던 날이었다고 해요. 어머니는 피가 낭자한 우물가에 쓰러져 있었다고 하더군요. 마을 사람들이 어머니를 들어올리자 그 밑에 내가 꼬물꼬물 살아있었다고 하더군요."

"왜 한국군이 마을 사람들을 죽였는지 모르겠어요. 마을에는 노인과 여자들, 아이들밖에 없었는데 …… 나는 당시 우리 마을에 왔던 군인들을 만나면 물어보고 싶어요. 왜 우리를 죽였는지, 나는 지금도 알 수 없어요."

브이 티 농의 눈에 눈물이 번져났다.

요컨대, 이 책의 저자가 우리를 끌고 들어가는 기억이라는 것은 거의 전부 이런 종류의 끔찍한 '소문'들뿐이다. 참전 한국군의 입장에서 보자면 말도 안 되는 생거짓말일 수도 있는……. 우리는 이미 이런 이야기를 들은 참전군인들이 어떤 반응을 보였는지 알고 있다. 그들 중 상당수는 한 신문사에 쳐들어가 끓어오르는 분노를 터뜨렸다. 백 명의 베트콩을 놓치더라도 한 명의 민간인을 보호하라는 게 우리가 받은 지상명령이었는데, 어떻게 그런 유언비어를 퍼트릴 수 있는가. 한발 물러서서, 설사 작전 중 민간인이 죽는 경우가 없지는 않았겠지만, 그건 전쟁의 속성을 몰라서 하는 말이다. 게다가 게릴라전이지 않았는가. 누가 게릴라인지 구분할 수 있는가. 예쁘게 생긴 처녀가 가까이 다가와서 휙 하고 수류탄을 까던지고 달아나는 게 그 전쟁이었다. 눈앞에서 동료들이 비명을 지르며 쓰러진다. 피는 분수처럼 솟구치고 살점이 사방으로 튀어나가는데, 누구라서 분노가 치밀지 않겠는가.

저자는 참전군인들의 그런 이야기에 결코 귀를 닫고 있는 게 아니다. 아니, 정확히 그 반대다. 사실 요즘과 같은 때, 누구라서 그들의 이야기에 귀를 빌려주기라도 하는가. 누가 고엽제 환자들의 참혹한 실정에 대해 함께 아파하고, 누가 그들의 아픈 기억이 따지고보면 그들이 아니라 그들을 전장으로 내몬 배후세력의 책임이라고 지적하는가.

참전군인들의 몸을 점령하고 지배한 것은 국가였다. 국가의 명령으로 이들은 총을 쏘고, 집을 불태우고, 사람들을 죽였다. 국가의 이름으로 갓난쟁이 어린 것을 죽였고, 내 어머니를 닮은 노파의 등에 검을 꽂았다. 국가는 개인을 살인자로 만들었다. 징집에서 전투까지 국가는 나를 움직이는 뇌였다. 그러나 전쟁이 끝났을 때, 몸의 기억은 완전히 개인의 몫으로 남는다. 몸이 기억해내는 혼란과 절망은 고스란히 개인의 몫이 되고, 국가는 이들의 기억 중에 필요한 부분한 선별하여 재생한다.(아들과 함께한 베트남 답사)

그렇지만 저자는 또 분명히 말한다.

그런데 참 이상하지. 우리는 분명히 베트남 이야기를 하고 있는데 베트남 사람은 늘 빠져있는 거 같지 않아.(들어가는 글)

그렇다.

저자는 이 책의 거의 전부를 역사 속에서 명칭이 분명 '베트남 전쟁'으로 공식화된 그 전쟁에서 그 땅의 주인들이 어떤 생각을 하고 있는지, 어떤 기억을 하고 있는지 한번 들어보자고 말하는 것이다. 사실 전쟁은 불쾌하다. 참전했든 참전하지 않았든 평화가 일(1)이라면 전쟁은 영(0) 그 자체다. 일과 영은 사이버세계에서 점 하나 차이로 나타날지 모르지만, 현실세계에서는 있고 없고의 극단적 대비로 나타난다. 한쪽에서 삶이라면 다른 한쪽은 죽음. 그런데 우리는 이제껏 우리 쪽에서만 말해오지 않았는가. 그 전쟁이 아니었다면, 오늘 우리가 누리는 이 경제적 번영도 없다고. 그 전쟁이 아니었다면, 오늘 우리는 북한의 남침으로 인해 죽음보다 못한 삶을 살고 있을지도 모른다고. 그런데도 뭐 이제 와서 새삼 양민학살이라고? 당연히 불쾌할 것이다. 그런데 저자는 우리가 일이라면 영일지도 모르는 상대편의 목소리를 듣지 않고서는 아무리 세월이 흘러도 전쟁이, 전쟁에 대한 기억이 끝나지 않는다고 말하려는 것이다. 그래서 이 책은 이제껏 한번도 제대로 들어보지 못한 그들의 목소리를 듣는 데 거의 모든 페이지를 나눠주고 있는 것이다.

미국을 기억도 없고 기억도 못하는 나라라고 어찌 그리 쉽게 정의할 수 있겠는가. 그런데도 나는 이 글의 서두에서 감히 그렇게 단언했다. 내가 이런 식의 반미주의를 공공연히 유포할 때 가슴속이 완전히 편하지는 않다. 가시처럼 께름칙한 한 가지는 우리의 기억에 관한 것이다. 그리고 그것이 바로 베트남 전쟁에 대한 기억이었다. 이제 우리는 불쾌하더라도 그 기억 속으로 들어가야 한다. 그렇지 않으면 베트남 전쟁은 결코 끝나지 않을 것이기 때문이다.

"전쟁에 대한 피해의식은 침략을 당했던 베트남 사람들보다 침략을 했던 미군이나 그것을 도왔던 한국인들에게 더 강하다는 것을 느낀다. 우리 베트남 사람에게는 우리 스스로를 지키는 전쟁이었다. 전쟁의 목적이 명확했다. 당연히 싸워야된다고 생각했다. 똑같은 전쟁이 발생한다면 나는 또 싸울 것이다. 그러나 한국은 다를 것이다. 베트남

전에 참전했던 한 한국 군인이 야만적이고 참혹한 짓을 저질렀다면 분명 그는 이 행동을 설명할 수 없을 것이다. 그것은 이 전쟁을 해석할 수 없었다는 말이 된다. 내가 했던 행위를 설명할 수 없는 불확실함이 점점 더 나를 미궁으로 몰고 갈 것이다. 수많은 사람을 죽였지만 도대체 내가 무엇 때문에 사람을 죽인 것인지, 내가 왜 그곳에 갔는지를 해석하지 못하기 때문에 그들은 결국 전쟁으로부터 벗어나지 못하고 있는 것이다. 여기에 비한다면 베트남 사람들은 자신의 전쟁을 해석할 수 있다."

"그러나 한국에서는 상황이 달랐다. 한국에선 여전히 월남의 자유와 평화를 수호하러 갔던 귀신잡는 해병대에 경의를 표했고, 아무도 베트남에 가서 무슨 일을 했는지 묻지 않았다. 참전군인은 한 집안을 일으킨 장본인이기도 했고, 경제발전의 주역이기도 했다. 월남전의 성격에 대해 말하는 이도 없었고, 민간인 학살에 대해 이야기하는 이는 더더욱 없었다. 참전군인들이 겪어야 했던 혼돈과 갈등 또한 묻혀졌다. 살이 썩어 들어가고 온 몸에 얼룩 같은 반점이 생겨도 그것이 고엽제로 인한 피해인지조차 모른 채 전쟁의 상처를 혼자 견디어내야 했다."

바로 이것이다.

베트남 전쟁은 분명 그들의 땅에서 벌어진 그들의 전쟁이기도 했다. 그런데도 우리는 우리의 전쟁으로만 생각해 왔다. 아픔은 당연히 우리의 아픔이었고, 상처는 우리의 상처였다. 하지만 세월이 흘렀는데도 그 아픔과 상처가 왜 쉽게 치유되지 않는 것일까. 그건 바로 기억하려고 하지 않기 때문이다. 진실은 간단하다. 전쟁은 상대방이 있다. 우리의 아픔이 있으면 그들의 아픔이 있을 것이다. 그것이 간단한 진실의 정체인 것이다. 그것을 배제하고 난 이후의 모든 사유는 결코 올바른 출구를 보장받지 못한다.

이렇게 보면 이 책은 아주 단순한 책이다.

타자를 고려의 대상에 넣지 않으면 주체도 온전히 해석되지 않는다는 사실을 한번쯤 진지하게 생각해 보자고 말하는 것 — 이것이 바로 우리가 '근대'로 나아가는 지름길이자 유일한 길이 아닐까.

삼십 년만에 아들과 함께 베트남을 찾은 참전용사 J가 진실을 고백하자 그의 부인이 황급히 가로막는다.

"그만 해요. 지금 무슨 소리를 하는 거야. 쓸데없는 소리는 왜 해. 애도 있는데."

그런데도 J는 말한다. 애가 있기 때문에 더더욱 말을 할 필요를 느꼈을지 모른다.

"기억하지 않으려 했던 부분에 대한 기억들이 그대로 되살아납니다."

J는 이제 베트남 전쟁을 넘어 '근대'로 접어들었다. 나는 그가 자랑스럽다.

Contents 차 례

들어가는 글

베트남에 가야겠다고 했을 때 그의 첫마디는 '말라리아' 약을 먹어야 하는 게 아니냐는 것이었다.

열대우림이잖아. 정글이 있고, 밀림 말이야. 그곳에서 전투를 했다고 들었어.

베트남에서 민간인 학살에 대한 이야기가 있다고 하자 그는 '지옥의 묵시록' 이야기를 했다. 말론 브론드의 연기가 인상적이었다고.

그리고 우리는 제인마치가 나오는 영화 '연인'에 대한 이야기도 했다.

메콩강, 발음과는 다르게 인도차이나를 흐르는 아주 거대한 강 위의 배에서, 생의 비밀 따윈 관심 없다는 표정을 짓던 낡은 실크햇을 쓴 제인마치의 표정이 떠올랐다.

그런데 참 이상하지. 우리는 분명히 베트남 이야기를 하고 있는데 베트남 사람은 늘 빠져 있는 거 같지 않아. 베트남과 관련된 이야기 속엔 유럽인이나 미국인이 그 중심에 있고 베트남 사람들은 늘 카메라의 바깥에 있거나 어떤 이미지로만 남아 있어. 그 이미지도 그렇게 좋다는 느낌은 안 들어. 알아들을 수 없는 말로 키득대고, 늘 떼로 몰려 있어. 까만 옷을 입고 있는 한 무리의 동양인, 그러고보니 나는 그들의 얼굴을 상상할 수 없어. 그들은 늘 총에 맞아 쓰러지거나, 카메라가 찾지 못하도록 밀림 속에 숨어 있어.

베트남 사람이 만든 베트남 영화가 아니어서 그럴까.

혹시 베트남 전쟁에 참전했던 사람 있어?

글쎄 아, 있다. 큰고모부. 가족 앨범 속에 큰고모부의 사진이 있는데, 군복을 입고 아주 커다란 선인장 옆에서 사진을 찍은 게 있어. 월남이라더군.

그래, 그 때는 월남이었지. 그러고보니 붉은 글씨로 '월남패망'하고 TV에서 방송했던 것도 생각난다.

패망, 월남이 패망하고 베트남이 됐군. 패망한 나라의 사람들은 어떻게 되었을까?

베트남에 대해 알고 있는 게 정말 없군.

카메라의 앵글을 베트남 사람들에게 맞추면 어떤 이야기가 나올까.

글쎄…….

1장

상상의 영토, 베트남

1장 상상의 영토, 베트남

베트남에 가게 되리라고는 생각을 해본 적이 없다. 늘 낯선 곳으로의 여행을 꿈꾸었지만 그 지도에 베트남을 그려넣진 않았다. 베트남은 중원의 바람처럼, 몽고의 말 발굽처럼 날 매혹시키지도 않았고, 아프리카의 북소리 처럼 가슴을 두근거리게 하지도 않았다.

귀신잡는 해병대가 얼마나 용맹하게 베트콩을 잡는 지를 보여주던 대한뉴스도, 하얀 교복을 입은 여학생들 이 부산항에서 눈물의 손수건을 흔들며 군인들을 배웅 하던 장면도, 월남에서 돌아온 새까만 김상사, 흥겨운 그 노래도 나는 들어 본 기억이 없다.

내 마음의 지도에 그려지지 않은 나라 베트남.

그러나 때로 한번도 상상해본 적 없는 일을 하는 것이 인생이라는 것과 한번도 꿈꾸어 보지 않은 그 일이, 사실 은 내 오랜 열망의 결과라는 걸 가끔은 인정하게 된다. 우연처럼 다가오지만 그 우연을 만들기 위해 하늘 속으 로 돌탑을 쌓아올렸던 건 바로 나였음을.

메콩델타와 구찌터널의 나라 베트남에 가게 된 건 '나와 우리'라는 단체를 만들어 일하면서였다.

절멸에의 예감

그해 봄에도 어김없이 황사가 불었다. 고비사막에서 시작된 모래바람이 그 마지막 숨을 문 앞에 토해놓을 즈음이면 키를 훌쩍 넘는 불온한 욕망에 입안이 늘 까끌거웠고 마음은 회오리에 실려 우주의 바깥으로 날아가곤 했다.

1998년, 아프리카 여행을 마치고 돌아온 봄이었다. 그전 한해 동안 나는 절멸의 예감에 사로잡혀 있었다. 까뮈의 ≪이방인≫에서 마르소로 하여금 총을 쏘게 만들었던 그 강렬했던 햇빛처럼 절멸에의 예감은 날 엄습했다. 인류가 이 지구를 위해 할 수 있는 마지막 일이 있다면 그건 바로 인류의 절멸이라는 생각이 들었다. 스산한 달이 제 빛을 못내고 여위어가는 도시, 매연과 소음, 죽어나가는 물고기, 파괴되는 숲, 더럽혀진 강, 희망 없는 일상, 배반과 불신, 썩어가는 정신……. 키를 넘는 욕망들이 눈을 희번득이는 자본의 도시에서 나는 때때로 숨을 쉴 수 없었고 자주 구역질을 했다. 우리에게, 이 오만하고 방자한 종에게 과연 미래는 있을까? 문명이라는 이름의 파괴는 어디까지 갈 것인가? 감당할 수 없는 이 속력의 끝은 어디인가? 아름다운 것들은 모두 사라지고 아귀 같은 탐욕만이 기승을 떠는 이 별에 한 가닥 희망이 있다면 인류의 절멸이 바로 그것이라고 생각했다.

인류가 건설한 것들에 대한 회의가 인간에 대한 혐오로 이어지던 어느 날, 문득 처음으로 두 발로 섰을 때 인류의 꿈은 무엇이었을까 하는 생각이 들었다. 대지 위에 처음으로 두 발로 섰던 최초의 인류, 그들은 무엇을 꿈꾸었을까. 무엇이 그들로 하여금 빙하기, 모든 것이 얼어붙던 그 엄혹한 세월을 버티게 했을까. 그들이 꿈꾸었던 미래에서 우리는 살고 있는 것일까. 내 직립의 척추에 부딪쳐오는 그들의 메시지를 찾아보고 싶었다. 아프리카, 인류의 발상지. 나는 그곳에서 과연 그 꿈의 파편을 찾을 수 있을까. 컴퓨터와 자동차와 영화는 과연 인류의 꿈의 결정체일까. 그래서 나는 굳이 그곳에 갔다. 올두바이[1], 초기 인류의 화석이 발견된 그 계곡에 가면 나는 인류의 꿈을 만날 수 있을까.

아프리카로 향하는 비행기에 오르기 전에 한 선배가 말했다. 청계를[2] 그만 둔 후 지난 5년 동안의 네 삶은 무엇이었느냐. 네가 비난해마지 않던 부르주아적 삶의 행태에 다름 아니지 않았느냐. 비행기 안에서 ≪고독한 행성≫의 책장을 넘기다 손가락을 베었다. 아프리카에서도 오랫동안 상처는 낫지 않았다.

나이로비 근처의 나이바샤 호숫가, 하마가 가끔씩 두 눈을 내놓고 꿈벅이는 넓은 호수에 비가 내렸다. 아무도 없는 그 호숫가에서 춤을 추며, 나는 울었다.

내 몸은 먼지처럼 해체될 수 있을 것 같았다. 깃털처럼 가벼워진 몸은 금방이라도 날아갈 듯 했다.

"자유로운가, 너는 이토록 자유로워도 되는가."

소리만 남았다.

비내리는 나이바샤호, 어디가 하늘이고 어디가 땅인가. 나는 제대로 살고 있는가. 지난 10년, 그 시절 나는 정직했는가. 육신이 스러져 더 이상 존재하지 않는 그들. 견디어 내기만 했다면, 그들 역시 오늘은 모든 것들로부터 자유로울 수 있었을까.

스스로의 몸에 불을 붙인 김세진, 이재호, 회색의 빛깔이 무거워 한강에 몸을 던진 박선영, 의문의 변사체로 발견된 이내창……

온전히 자유롭다고 느껴질 때, 몸과 마음이 서로를 풀어주며 화해할때 의심스러웠다. 나의 자유는 온당한 것인지.

맨발로 춤추는 내 곁에 가끔 홍학이 내려앉았다.

여행을 마칠 즈음 아프리카는 슬며시 한쪽 어깨를 내밀었다. 나는 말없이 기댔다.

흰 개미의 날무덤과 세렝게티 평원의 침묵, 마사이마라로 향하는 구릉에 두 발로 선 직립인간의 그림자는 아름다웠다.

아프리카는 겸허와 다양성이 미래일 수 있다는 가능성을 보여 주었다. 미래로 가는 길은 하나 뿐이 아니라는 것을, 하나 뿐이어서는 안 된다는 것을 가르쳐 주었다.

'나와 우리' 만들기

그 봄날, 우연히 인사동의 한 찻집에서 대학선배인 제숙을 만났다.

일본 유학을 마치고 온 그녀는 일본에서 오는 시민단체들에게 위안부 할머니들의 공동체 '나눔의 집'을 안내하고, 일본에서 열리는 위안부 할머니 그림전시전의 코디네이터 일을 맡아하고 있었다.

어떤 이야기들을 나누었는지 기억은 나지 않지만 ≪오래된 미래≫[3]가 최근에 읽은 가장 감동적인 책이었고, 우리 역시 그러한 일을 하고 싶다는 게 그날 함께 내린 결론이었다.

우리는 다시 만났고, 긴 이야기 끝에 시민운동단체를 만들어보자고 의기투합했다. 우리 사회에 꼭 필요하지만 기존에 있는 단체들이 하지 못하는 일들, 평범한 사람들이 직접 참여할 수 있는 단체를 만들어보자. 가슴이 설레기 시작했다.

다양한 사람이 모여사는 세상, 그 속에서 일어나는 갈등과 모순, 부조리와 불합리를 우리의 방식으로, 우리의 색깔로 풀어볼 수 있다면 그것은 또 하나의 문화를 만들어가는 일이 되리라.

'경계 없애기', 우리는 우리의 작업을 이렇게 불렀다.

장애인과 비장애인, 이주노동자와 토착민, 동성애자와 이성애자, 여자와 남자, 사회주의자와 자본주의자 혹은 또다른 이념의 소유자, 남과 북……

나와 다른 것들에 대한 경계는 무의식적인 공포를 동반하고, 공포는 폭력으로 발전하고, 폭력은 가장 힘없는 사람들을 겨냥해 목을 조르고 총탄을 퍼붓는다.

동시대를 함께 살아가는 다양한 존재들이 평화로운 공존을 하기 위해서는 다양성을 인정하는 문화를 만들어나가는 것이 무엇보다 중요하다고 우리는 생각했다. 이것은 교육과 훈련과 투쟁을 통해서 이루어진다.

서로의 차이와 다름을 인정하는 다원화된 사회가 만들어지기 위해서는 우리 사회의 소수자집단의 목소리를 드러내는 일이 중요할 것 같았다.

소수자들의 삶 · 꿈 · 희망 · 절망을 만날 수 있는 장, 나와 다른 사람들을 만나 이야기하고 서로를 이해할 수 있는 마당, 차별과 편견과 고정관념과 인습을 없애고, 나와 너의 경계에 꽃을 심고 나무를 심는 일…….

우리는 밤을 새며 이야기 했다. 꿈은 점점 구체화되어갔다.

산업사회후기 혹은 탈산업화사회 속에서 점점 고립되어가는 개인이 공동체 속에서 자기 정체성을 찾고, 공동체는 개인의 삶을 더욱 풍부하게 해준다면.

'나와 우리'는 그렇게 만들어졌다.

이주노동자 문제와 장애인 문제, 굶주리는 북한동포 문제…….

우리는 이 문제가 한 단체에 의해 풀어질 수 있는 것이 아니라고 생각했다. 다양한 단체들의 네트워킹이 중요하다는 생각이 들었다. 각자 스스로의 목적과 방식으로 일을 하다가 꼭 필요한 지점에서는 만나서 같이 일하고, 일을 끝낸 다음에는 또 스스로의 방식으로 돌아가는. 서로가 가진 것을 나누고 공유하며 일을 하다보면, 언젠가는 우리가 꿈꾸는 일들이 이루어지지 않을까.

우리는 먼저 기존에 있는 단체들을 방문했다. 기존 단체들이 어떤 일들을 해오고 있었는지를 통해, 우리가 해야 할 일의 가닥을 잡기로 했다.

부천이주노동자의집, 성남이주노동자의집, 장애우권익문제연구소, 한벗장애인이동봉사대, 장애인편의시설촉진시민모임, 좋은 벗들, 나눔의집…….

많은 사람들을 만나고, 그들의 이야기를 들었다. 성남이주노동자의집에서 들은 내몽고 아주머니의 이야기는 그대로 살에 박혔다.

이주노동자 문제나 장애인 문제를 풀어가는 일을 '나와 우리'는 어떻게 할 것인가.

우리는 답사의 형식을 빌려오기로 했다.

장애인들이 가진 꿈 가운데는 늘 '여행'이 있었다. 푸른 파도가 넘실거리는 바다를 보는 것은 그들이 일생에 꼭 한번 해보고 싶은 일이지만 다른 사람의 도움을 받지 않고는 불가능한 일이었다.

이주노동자들 역시 한국을 여행하는 것은 어려운 일이었다. 그들은 돈을 벌러 왔기 때문에 가능한 한 돈이 드는 일은 하지 않으려 했다. 그래서 안양에서 일을 하면 3년이 지나도 안양 근처와 서울이 그들의 생활반경이었다. 게다가 불법체류자가 대부분이었다. 없는 듯이, 존재를 최대한 감추며 자신을 드러내지 않는 것이 상책이었다. 존재가 그 존재를 감추기 위해 존재한다는 건 얼마나 모순인가. 한국의 문화·역사·전통을 말하기에 그들의 환경은 너무나 열악했다.

다 해결하진 못하겠지만 답사와 강좌를 통한 서로의 문화알기는 이주노동자들에게는 한국사회를 이해할 수 있는 계기를, 한국인들에게는 제3세계를 이해할 수 있는 계기와 한국사회의 닫힌 구조와 폭력성을 볼 수 있는 기회가 되리라. 즉 타인이라는 거울에 비춰진 내 모습 바라보는 것.

위안부 할머니들과도 꽃놀이, 단풍놀이를 가기로 했다. '나눔의집'에 살고 있는 할머니들은 여러 사람들의 방문을 받는다. 기자들과 일본 방문객, 청소년들이 역사의 산증인인 그녀들의 이야기를 들으며 내셔널리즘과 젠더를 배운다. 그러나 정작 그 이야기를 하는 할머니들에게 기억을 꺼내는 것은 고통이다. 자신이 겪었던 일을 이야기하는 것은 잊고 싶었던 시간을 되새기는 일이고 그런 밤이면 할머니들은 잠을 이루지 못한다. 할머니들의 증언을 통해 우리는 역사를 배우지만 할머니들에겐 그 일이 고통이 된다. 그래서 '나와 우리'는 그냥 할머니들과 일년에 두번 꽃놀이, 단풍놀이를 가기로 했다. 짙어가는 단풍을 보며 이승에서의 한 나절 잠시 즐거우시라고, 그렇게 할머니들을 모시기로 했다.

이런 일들을 해 나갈 사람들이 바로 '나와 우리'의 회원이 되는 것이고, 그들은 이러한 만남을 통해 경계를 지워가는 역할을 할 것이다.

우리는 짐을 꾸려 인도와 네팔도 다녀왔다.

계급 문제·성 문제·민족 문제·종교 문제 등 세상의 모든 모순이 중첩되어 있는, 인도땅의 사람들이 이러한 갈등을 어떻게 풀어가는지 알아보는 것은 우리에게 큰 힘이 될 것 같았다.

넓은 땅 인도에서 우리는 수많은 여성단체와 환경단체, 시민단체들을 방문했고, 다양성 속에서 자기 정체성을 찾아가는 사람들을 만났다.

그러나 이때까지 베트남은 '나와 우리'의 활동계획에 포함되지 않았다.

서울로 돌아와 본격적으로 사무실을 구하는 도중에 제숙이 피스보트의 코디네이터 일을 제안 받았다.

피스보트

1998년 '나와 우리'가 문을 열던 그해, 일본의 피스보트에서 한국시민단체 사람들을 초청했다.

피스보트는 1982년 '일본 교과서 왜곡 문제'를 계기로 만들어진 일본의 시민단체다. 일본 문부성이 과거 아시아에 저지른 군사 '침략'을 '진출'이라는 표현으로 쓰라고 지도했던 사실이 드러나자 아시아 각국은 연일 거센 항의를 통해 일본의 역사왜곡을 비판했다. 이 과정에서, 일본의 와세다대학 학생들이 '이런 교과서에서 진정한 역사를 배울 수 있을 것인가' 하는 의문을 갖고 '그렇다면 일본이 아시아에서 어떤 일을 했는지 현지에 가서 직접 눈으로 보고 귀로 들어보자'라는 취지 하에 만든 모임이 피스보트다. 배를 타고 항해를 하는 과정에서는 역사와 인권, 평화 문제에 대한 토론을 기획해 진행하고, 목적지에 도착해서는 일본군의 과거 흔적을 찾아 현장답사를 하고, 피해자나 생존자의 이야기를 직접 듣고 대화하는 것을 목적으로 1983년 9월 첫 항해를 시작한 피스보트는 해를 거듭하면서 아시아뿐 아니라 쿠바 등 아시아권을 벗어난 답사도 진행하고 있다.

한국 사람들이 처음으로 참가한 1998년 3월의 아시아 스프링 윈드 크

루즈는 피스보트의 22회 항해였고, 모두 4백 명이 승선했다. 이 해에 피스보트는 처음으로 한국 시민단체 사람들을 초청하고 일반 참가자를 모집했다. 함께 아시아의 역사를 배우고 평화연대를 하자는 취지에서 기획된 이 항해에 한국의 시민단체 활동가들과 시인 등 10여 명이 참여하게 되었다.

코디네이터 겸 통역으로 3주간의 피스보트 답사를 마치고 온 제숙은 베트남 사업을 제안했다.

"배 안에서 이상한 기류가 흘렀지."

이상한 기류

400명을 태우고 중국과 브루나이를 거친 피스보트는 베트남의 다낭에 정박했다. 참가자들은 다낭에 내려 피스보트가 기획한 세 가지 프로그램 중 한 가지를 선택해서 하루를 보내기로 되어 있었는데, 그 중에 '베트남 전쟁의 한국군'이라는 프로그램이 있었다. 대부분의 한국 참가자들과 일부 일본 참가자들이 이 '베트남 전쟁의 한국군' 코스를 선택했다. 이 때까지만 하더라도 한국 참가자들은 이 곳에 가서 듣게 될 이야기가 어떤 것인지 알지 못하고 있었다.

꾸앙남성 디엔반현, 이곳에서 참가자들은 베트남 사람들로부터 한국군에 의한 민간인 학살 이야기를 듣게 된다.

1967년 1월 한국 해병에 의해 3,340명의 민간인들이 죽고, 1,734세대가 피해를 입었으며, 961명이 부상을 당하고, 610억 동의 피해를 입었다는 것이 베트남 사람들의 증언이었다. 한국군은 학살 과정에서 죽은 시체를 다시 불도저로 밀어버렸다고 했다.

수류탄에 맞아 다리가 날아간 생존자 팜 티 호아는 전쟁 이후 지금까지 단 한 사람의 한국인도 이 마을을 방문한 적이 없다고 증언했다.

한국 참가자들은 당황했다. 베트남전 당시 한국군에 의한 민간인 학살 이야기를 한번도 들어본 적이 없던 30대 초중반의 한국 참가자들에게 두 다리가 잘린 피해자의 민간인 학살 이야기는 당혹스러운 것이었다.

모두들 마음이 무거운 상태에서 헤어져야 했다.

문제는 배로 돌아온 이후에 발생했다.

당시 배 안에서는 일본군 위안부 문제에 대한 토론도 함께 진행되었는데, 한국과 일본과 베트남의 과거사 문제가 얽히면서 "한국은 일본에게 사과하고 반성하라고 하면서, 베트남에 대해서는 왜 사과하지 않느냐"라는 문제제기가 있었고, 여기에 대해 다양한 의견들이 개진되었다.

일본이 베트남에 가지는 않았지만 남베트남 정부를 지원하면서 베트남전으로 인해 돈을 벌지 않았느냐, 고엽제에 시달리는 한국 군인들도 피해자다, 한국도 남의 나라 전쟁에서 비도덕적이고 반인류적인 일을 했으므로 일본이 한국에 사과할 필요가 없다고 말하는 자유주의 사관을 경계하자, 정부를 움직여내지 못하는 것은 반성해야 한다 등등의 의견들이 오가면서 한국군의 베트남전 개입과 민간인 학살은 피스보트의 뜨거운 감자로 떠올랐다.

베트남으로

우리는 직접 가보기로 했다.

베트남 전쟁 당시에 무슨 일이 있었는지, 한국군은 베트남에서 어떤 역할을 했는지, 베트남 사람들의 말이 사실인지 아닌지, 직접 가서 보는 것이 이 문제를 풀 수 있는 열쇠라고 생각했다.

답사를 준비하면서 베트남전에 대한 여러 가지 자료를 찾았으나 민간인 학살에 대한 자료를 찾는 것은 힘들었다.

'베트남의 역사와 문화' '베트남의 최근 동향과 전망' '베트남의 인권 현황' '베트남전의 진실' 등 네 차례의 기획강좌도 열고, 한국에서 일하고 있는 베트남 노동자들과 강화도로 답사를 다녀오기도 했다. 신차오[4], 신로이[5], 까몬[6]…… 간단한 베트남어를 배우기도 했다.

《사이공의 흰옷》[7] 《무기의 그늘》[8]을 다시 읽고, 〈지옥의 묵시록〉 〈굿모닝 베트남〉 〈플래툰〉 등 베트남전과 관련된 영화들도 다시 보았다.

이 과정에서 베트남 전쟁의 윤곽이 드러나기 시작했다.

베트남 전쟁

공식적으로 베트남 전쟁이 시작된 것은 1965년이지만, 사실 인도차이나에 대한 미국의 개입은 그보다 훨씬 이전에 시작되었다. 베트남이 1954년 디엔비엔푸 전투에서 프랑스군을 대파한 이후부터 미국과의 전쟁은 막이 올랐다고 할 수 있다.

디엔비엔푸 전투는 아시아의 한 작은 국가가 식민모국 프랑스를 스스로의 힘으로 물리친 군사적 대승리였으며, 베트남 민중의 저력을 보여준 기념비적인 전투였다. 그러나 이러한 군사적 승리에도 불구하고 베트남은 제네바 협정의 테이블에 앉아야 했고, 그 결과 북위 17도선을 경계로 남북이 분단되는 아픔을 겪게 된다.[9]

제네바 협정 이후 미국은 남베트남에 친미반공정권인 고 딘 디엠[10] 정권을 세우고 대리통치를 시작한다. 고 딘 디엠은 남북 총선거 실시를 통한 통일정부라는 제네바 협정의 규정 이행을 거부한다. 약속대로 남북 총선거가 시행될 경우 호치민이 이끄는 베트민[11]의 승리가 확실시되었기 때문이다.

호치민이 통일베트남의 대통령이 된다면, 베트남의 공산화가 이루어지고 그렇게 되면 인도차이나 전체가 공산화된다는 것이 바로 미국이 베트남에 친미반공정권을 세우고 지원한 논리였다. 이른바 도미노 논리다.

'도미노 논리' 란 1947년 트루먼 독트린에 담긴 내용 중 핵심적 요소의 하나로, 그리스와 터키에 대한 미국의 개입을 전 세계적 차원에서 '공산주의에 대한 자유세계의 대응' 이라는 논리로 정당화하기 위한 것이었다. 당시 미 국무장관 조지 마셜은 "그리스가 떨어져나가면 터키가 뒤따르고 그렇게 되면 소련의 지배권은 중동과 아시아 전체로 파급될 것"이라고 주장했다. 이 이론에 근거하면 제3세계의 어떤 지역도 중요하지 않은 곳이 없게 된다. 이 도미노 이론은 미국의 전후 세계지배에 대한 환상과 상호작용하면서, 인도차이나에 대한 미국의 개입을 현실화시켜나갔다.[12]

2차대전의 잿더미 속에서 산업을 부흥시키고 초강대국이 된 미국은 제3세계의 모든 지역을 미국의 잠재적 개입대상으로 여기게 된다. 세계를 통제하려는 미국의 야망이 시작되는 것이다.

결국 총선거는 무산되고 고 딘 디엠 정권의 독재와 부패로 남베트남 민중들의 불만은 높아져간다. 1955년에서 1963년 기간에 미국은 남베트남 군사예산의 85퍼센트를 원조했으며, 민간부문과 군사부문을 합한 전체 사이공 정부 예산의 3분의 2를 제공한다. 그러나 친미정권을 통해 대리 반혁명을 추진한다는 미국의 전략은 큰 차질을 빚고 있었다. 내적 기반이 전적으로 부재한 고 딘 디엠 정권은 비밀경찰에 의한 폭압정치를 해야만 했고, 이는 당시 베트남 인구의 90퍼센트에 해당하는 농민과 학생, 지식인들의 대규모 저항을 초래했다. 독재는 남베트남 민족해방전선[13]의 조직망만 더 넓혀나가는 결과를 낳았다. 결국 고 딘 디엠 정권은 붕괴되고, 연이은 수 차례의 군사 쿠데타를 거치면서 미국은 직접 개입방식을 선택하게 된다. 그 신호탄이 1964년 8월에 일어났던 통킹만 사건이다.

통킹만 사건은 미국 해군함정 매독스호가 공해상에서 북베트남군으로부터 부당한 공격을 당했다고 주장하면서, 미국이 북베트남에 대한 공격을 정당화한 사건이다. 그러나 이 사건은 여러 가지 정황으로 볼 때, 미국이 고의로 북베트남의 발포를 유도한 것이 아닌가 의심케 하는 측면이 많다.

원래 미국은 사이공 정권의 군대와 CIA작전을 이용해 통킹만 부근 북베트남 해안지역에서 도발적인 준군사작전을 실시하고 있었다. 미군함정에 대한 북베트남군의 공격은 북베트남 영해에서 사이공 군대가 불법적인 활동을 벌이고 미군함정이 영해를 침범하면서 이를 지원하는데 대한 정당한 방위행동이었으며, 북베트남은 매독스호에 경고를 수차 발한 후 공격을 가했다는 사실이 밝혀졌다. 더구나 매독스호에 대한 북베트남의 제2차 공격이 있었다는 미국 정부의 주장은 아예 없었던 사건을 조작한 것이었다.[14]

통킹만 사건은 전쟁을 시작하기 위한 사전포석이었던 셈이다. 그리고 이듬해인 1965년 3월 2일 북폭을 함으로써 미국은 본격적인 베트남 전쟁을 일으킨다.

최신식 군사무기와 가공할 만한 자본력으로 무장한 초강대국 미국의

전쟁박물관

총공세에 베트남은 남베트남 민족해방전선과 농민들의 힘으로 맞섰다.[15]

베트남 전쟁은 단순한 공산주의와 반공산주의의 대결이 아니라 무력·힘·군사력·과학·기술 등 물질만능주의와 민족해방·사회혁명·자주와 독립·정신주의·동양적인 토지소유와 관련된 농민들의 의식과의 대결 등 20세기 총체적 모순과 갈등이 뒤엉켜 있는 복합적인 성격[16]을 지니고 있었다.

미국은 "베트남을 석기시대로 되돌려 놓겠다"는 공언을 뒷받침이라도 하듯, 2차대전 당시 태평양 전쟁에서 연합국이 전체적으로 사용했던 6백만 톤보다 1.5배나 많은 약 9백만 톤의 폭탄을 그 좁은 땅에 퍼부어 베트남 전 국토의 초토화에 전력을 쏟아부었다.[17]

1965년에 시작된 베트남 전쟁은 1968년에 정치적 전환점을 맞는다. 1968년 1월 31일의 구정대공세는 대부분의 농촌과 도시를 잠시나마 남베트남 민족해방전선이 장악하는 결과를 낳는다. 미국은 이에 경악한다. 당시 미국의 공식 분석으로 남부 베트남의 공산게릴라는 29만 명 정도였다. 그러나 구정대공세는 그들의 수가 50만에서 60만 정도로 추산할만한 숫자에 이르렀다는 것을 보여주었다. 이는 미국민들에게 커다란 충격이었다.

구정대공세는 공산게릴라가 남베트남의 농민 대중들과 맺고 있는 연대의 깊이를 보여주는 것이었다. 또한 미국이 무엇을 위해 싸우는 것인지에 대해 미국민들의 의심이 본격화하는 시점이었다. 미국 내에서의 반전 시위가 본격화되었고, 유럽에서는 학생과 노동자들의 대규모 봉기가 일어났다. 1968년 5월 혁명이 그것이다.

당시 제3세계의 고통과 시련을 상징하는 베트남의 구정대공세는 제1세계 내부에 비판적 정신을 부활시킨 것이다.[18]

구정대공세 이후 미국은 베트남에서의 승리를 의심하기 시작했다. 이제 미국은 자신의 권위를 어느 정도 유지하면서 협상테이블에서 보다 많은 양보를 받아내야 했다. 이런 이유로 미국의 작전은 더욱 잔혹해진다. 네이팜탄과 고엽제의 대량 살포로 베트남의 모든 숲과 들판이 불타고, 마을에서는 체계적인 학살이 일어난다.

'남녀노소를 가리지 않는 살상과 파괴'는 베트남 전쟁이 '인민의 전쟁(people war)'이었음을 역설적으로 증거하는 것에 다름아니다. 한 사회, 한 민족의 구성원 전체를 남녀노소, 무장 여부를 가리지 않고 '적'으로 규정해 제거하는 것을 정당화하는 것이 인민의 전쟁에서 제국주의 군대가 약소민족 인민을 대하는 방식이다. 베트남의 밀라이마을에서 미군들의 눈에는 어린 아이들도 예비 베트콩으로, 그리고 노인들은 옛 베트콩으로 다 같이 제거해야 할 '빨갱이'로 간주되었던 셈이다.[19]

미국은 오직 전쟁의 승리에만 집착했을 뿐, 한번도 베트남 사람들의 생명, 인간의 존엄성 등에 대해서는 생각하지 않았거나 고려한 적이 없었던 것이 아닐까. 베트남의 전 국토를 초토화시키고, 베트남인들의 참혹한 시체 위에 그들이 세우고자 한 자유와 정의는 누구를 위한 것이었을까.

이러한 전쟁에 한국군이 파견된다. 대부분의 나라들이 부도덕한 전쟁, 인류의 양심에 칼을 긋는 전쟁이었다고 말하는 베트남 전쟁에 한국의 젊은이들이 파병된 것이다.

한국군의 베트남전 참전

1965년 미국은 '베트남전의 국제화'를 통해 대베트남 군사 개입의 대외명분을 확보하기 위해 25개국에 참전을 요청하지만, 오스트레일리아·뉴질랜드·대만·필리핀·타일랜드·영국·한국 등 단지 7개국만이 베트남전에 참전을 하게 된다. 그나마 한국을 제외한 나머지 6개국은 대부분 포병대와 공병대 등 실제 전투와는 관련이 없는 부대를 파견했다. 특히 영국은 거듭되는 미국의 요청에 사이공 탄선넛 공항에 6명의 의장대를 파견하는 것으로 간신히 미국의 체면을 살려주는 데 그쳤을 뿐이다.

6명의 의장대 파견이 보여주는 상징성은 무엇을 의미하는 것일까.

흔히 한국의 베트남전 참전은 한국전 당시 미국의 신세를 톡톡히 진 한국이 도저히 미국의 요청을 거부할 수 없는 상황에서 이루어진 결정이라고 말한다. 그러나 미국의 신세를 가장 많이 진 나라를 꼽는다면 당연코 영국이라 할 수 있다. 미국과 영국은 조상이 같은 형제국이며, 1차세계대전은 물론 2차세계대전에서도 나치독일에 의해 국가의 존망이 위태로운 단말마적인 순간에 영국을 구출해준 것도 미국이며, 전쟁으로 인한 총

한국군 참전

체적 파탄으로 삼류국가로 전락한 영국을 마샬플랜에 의해 다시 일류국
가로 발돋움하도록 도와준 나라도 미국이었다.[20]

이런 영국조차 6명의 의장대를 보내는 것으로 그친 명분 없는 전쟁이
바로 베트남 전쟁이었다. 그러나 세계 대부분의 나라들이 등을 돌린 이
전쟁에 한국은 32만의 병력을 파병한다.

베트남이 어디에 있는지, 그 나라의 정세는 어떤지, 그들이 진실로 우
리의 도움을 원하는지에 대한 이해도 없이, 전쟁의 잔혹함과 광기를 이해
하기엔 너무나 눈부셨던 한국 청년들이 머나먼 남쪽(월남이란 말의 뜻)
으로 가는 군함에 올랐다.

한국군은 1964년 9월 22일 베트남 남부 붕타우를 통해 비전투 부대인
태권도 교관단과 의료단을 파견한 것을 시작으로 베트남전에 참전하기
시작했다. 1965년 10월에는 청룡부대(해병 제2여단)와 맹호부대(수도사
단)가, 1966년 4월과 9월에는 맹호 제26연대와 백마부대(9사단)가 전투
부대로 베트남에 상륙했다.

베트남의 동맥인 1번 국도를 잇는 주요 도시마다 한국군 부대가 자리했다. 백마부대는 캄란, 닌호아, 뚜이호아에 주둔했고, 맹호부대는 송커우, 퀴년, 푸캇에 그리고 청룡부대는 출라이, 호이안, 다낭에 주둔했다.

주월한국군총사령부는 사이공에, 주월한국군야전사령부는 나짱에 있었다. 이 기간 중 한국군은 모두 1,170회의 대대급 이상 대규모 작전과 55만 6천회의 소규모 부대 단위작전을 수행했다. 1965년부터 1973년까지 9년여간 청룡, 백마, 맹호부대 등 총 31만 2,853명의 따이한이 머나먼 열대의 땅 베트남을 다녀갔다. 그 중 4,687명은 하나뿐인 자신의 생명을 이 열대의 땅에 부려놓고 원혼으로 돌아갔다.

이 과정에서 어떤 일들이 일어났을까. 32만의 파병된 병사들은 어떤 생각으로 베트남 전쟁을 치루었을까.

베트남전에 참전한 한국군은 전투 이외에도 길을 닦고, 학교와 병원을 세우고, 생필품을 지원하고 태권도를 보급하는 등 대민지원 사업에도 공력을 기울였다. 그러나 이것이 한국군 활동의 전부는 아닌 듯 하다.

"한국 군인들에 의한 베트남 민간인 학살." 이 이야기는 어디서부터 비롯된 것이며 그 진실은 무엇일까.

답사를 준비하던 어느 날, 피스보트에 동승했던 시인 김형수씨가 왔다.

'베트남을 이해하려는 작가들의 모임'에 속해 있는 김형수씨는 20세기를 정리하려면 한국과 베트남의 역사를 비교해보는 것도 의미 있는 일이 될 것이라는 이야기를 했다.

한국과 베트남. 20세기의 중반까지 두 나라의 역사는 아주 비슷하다. 중국이라는 거대한 나라와 국경을 맞대고 있었던 관계로 끊임없는 침략을 받았으나 끝까지 주권국가로 남았다는 것. 근대에 들어서며 우리가 일본 제국주의의 식민지였을 때 그들은 프랑스의 식민통치를 받았다는 것,[21] 2차대전의 종결과 함께 우리 의지와 상관없이 남북으로 분단되었던 것처럼 베트남 역시 프랑스와의 독립전쟁[22] 이후에 자신들의 의지와 상관없이 남북으로 분단되었다는 것. 그리고 두 나라 모두 북에는 소위 '사회주의' 정권이, 남에는 자본주의 정권이 들어섰다는 것, 그리고 그 남과 북이 또 한번 전쟁을 치룬 것. 어쩌면 이리도 비슷한 운명인지, 생각해보면 한날 한시에 같은 운명을 타고난 이들의 이력이 아닐까 싶기도 하다.

그러나 20세기 중반이 지나면서 두 나라는 극적으로 다른 모습을 보인다. 한반도가 그 전쟁의 결과 남북으로 분단되어 휴전의 상태로 긴장을 유지하는 반면, 베트남은 그 전쟁에서 통일국가를 세우게 된다.

사실 베트남 전쟁에 한국이 파병하기 전까지 한국과 베트남은 직접적인 접촉이 없었다. 그러나 스페인내전과 더불어 20세기 인류의 양심을 실험한 전쟁이라 불리는 그 명분 없는 전쟁에 미국 다음으로 많은 수의 군인을 파병하면서 한국과 베트남의 비극적인 관계가 시작된다.

21세기 초입, 아직도 통일이라는 명제를 풀어야할 숙제로 안고 있는 우리로서는 지난했던 20세기의 역사를 꼼꼼이 따져보는 것도 의미 있는 일이리라. 혁명과 전쟁으로 들끓었던 땅, 그 이후의 상처를 극복하는 과정을 돌아보는 것과 그 안에 살고 있는 사람들은 과연 무엇을 꿈꾸는지 살펴보는 것도 21세기의 희망을 만들어나가는 일이 아닐까라고 김형수 시인은 말을 맺었다.

우리는 베트남으로 향하는 비행기에 올랐다.
비행기가 인도차이나 상공으로 들어서자 구불구불한 강과 황토의 길들이 보이기 시작했다.

숲과 정글과 들판들이 마치 조감도를 보듯 선명했다. 그러나 앞으로 우리가 어떤 일들을 겪게 될 지, 어떤 이야기들을 만나게 될 지는 비행기가 탄선넛 공항[23]에 착륙하는 순간까지, 누구도 상상하지 못했다.

베트남에 도착해서 우리는 수정을 만났다. 수정은 호치민대 대학원에서 베트남 현대사 공부를 하고 있었다.

우리의 답사주제를 들은 수정은 서랍을 뒤져 자료를 꺼냈다.

'전쟁범죄보고서 — 남부베트남에서 남조선 군대의 죄악'

베트남 정치국에서 나온 자료였다. 석사논문 주제를 '한국군의 베트남전 개입'으로 정한 수정은 다양한 루트를 통해 자료를 수집하고 있었는데, 이 자료 역시 그 과정에서 구한 것이라고 했다. 수정도 읽어만보고 서랍 속에 넣어두고 있었던 자료였다.

한국에서 준비한 자료와 수정이 건넨 자료를 바탕으로 우리는 여기저기 패이고 생채기가 있는 베트남의 1번 국도, 사이공[24]에서 하노이를 잇는 대동맥을 따라 길을 떠났다. 35년 전의 기억 속으로.

주

1. 아프리카 탕카니카 북부의 협곡에 있는 세계에서 가장 오래된 구석기 시대의 유적.
2. 청계피복노동조합.
3. 헬레나 노르베리 호지 지음. 녹색평론사.
4. 안녕하세요에 해당하는 베트남어.
5. 미안합니다에 해당하는 베트남어.
6. 고맙습니다에 해당하는 베트남어, '까믄'(感恩)
7. 응웬 반 봉의 소설.
8. 황석영 장편 소설.
9. "베트남 정부는 1956년 7월 총선을 실시한다는 제네바 협상내용에 일말의 희망을 걸고 있었다. 즉 시간을 벌면서 협상의 결과를 적절히 활용하겠다는 장기적인 포석으로 임한

것이기도 했다. 총선이 실시되면 베트민은 당연히 전 베트남을 평화적인 방법으로 통일할 수 있다는 전망을 가졌다." 이삼성, ≪20세기의 문명과 야만≫

10. "고 딘 디엠은 1920년대부터 프랑스 식민지 관료기구에 종사해온 자였다. 1933년에 는 괴뢰정부인 바오다이 밑에서 내무장관을 지냈다. 그러나 그의 권력의 한계를 둘러싸 고 디엠은 프랑스 당국과 갈등을 빚었다. 정치에서 일시 물러난 그는 일본군이 베트남을 차지하자 그들과 관계를 맺기 시작했다. 1945년 3월 일본 식민치하에서 디엠은 수상이 되고자 일본군 당국과 협상을 벌였다. 이런 전력을 가진 디엠이야말로 미국이 프랑스를 대신해 남베트남에 친미반공 정권을 세우는데 적임자로 꼽을 만한 몇 안 되는 반불적이 면서 반공적인 동시에 반민족적인 인물 중의 하나였다. 미국으로서는 그와 같은 적임자 가 더 있을 수 없었다. 디엠 정권은 1955년 미국으로부터 3억 2천만여 달러의 원조를 받 아 괴뢰 정권의 기반을 다지는 데 착수했다." 이삼성, ≪20세기의 문명과 야만≫

11. 호치민이 통일전선노선을 기초로 창설한 무장게릴라부대.

12. 이삼성, ≪20세기의 문명과 야만≫

13. "디엠 정권의 학정이 계속되자 1960년 12월에는 고 딘 디엠에 저항하는 '민족해방전선' 이 결성되었다. 학자, 변호사, 건축가, 의사, 간호원, 소수민족, 배우, 교사, 문인, 학생 등 프랑스에 대항해 독립전쟁을 하던 민족주의자들 39명은 회합을 갖고 미국과 디엠 정권 의 타도, 독립, 민주, 평화, 민족의 통일 등을 표방하는 민족해방전선을 결성하였다. 이후 산발적으로 정권에 저항하던 세력들이 민족해방전선을 구심으로 뭉치기 시작해 불과 2 년 뒤에는 8만 5천 명이 무장하고, 농민의 절대적 지지 속에 국토의 80%를 장악해버렸 다. 원래 이들은 자생적 조직이었다. 그러나 미국 및 집권층 앞잡이들과 싸우는 과정에서 자연스럽게 월맹[북베트남 — 필자]과 유대를 맺고, 공동전선을 펴게 되었다. 선량한 주 민이나 중도의 민족주의자들이 고 딘 디엠의 탄압을 받으면서 그 반대편인 월맹의 편을 들게 되는 것은 순리였다." 김진선, ≪산자의 전쟁, 죽은자의 전쟁≫

14. 이삼성, ≪20세기의 문명과 야만≫

15. "최전선까지 냉장고, TV가 배치되고 아이스크림을 비롯한 일류 음식들도 공급되었다. 심지어 물이 없는 독립고지에서는 헬기에서 물을 뿌려 샤워를 하기도 했다. 탄약과 물자 도 아무런 제한을 받지 않고 무제한으로 사용할 수 있었다. 이동은 헬기로 하고 보급도 헬기로 하여 어느 곳에서나 최고 수준의 전투 여건을 갖추게 하였다.

 – 미국 군대가 보여준 물량 공세는 월맹의 입장에서 보면 거의 환상적인 것이었다. 미군 은 몇 명의 베트콩만 있어도 한 발에 1,000불이 넘는 폭탄을 무수히 투하하고 살포식 지 뢰, 감압폭탄, 네이팜탄 등 새로 개발된 초현대식 폭탄을 쏟아부었다." 김진선, ≪산자의 전쟁, 죽은자의 전쟁≫

16. 이영희, '베트남을 이해하려는 작가들의 모임' 강연 중.

17. 미국은 하노이의 의지를 꺾기 위하여 연 인원 230만을 투입하였다. 또 그들은 폭격기를 연 85만대를 출격시켜 2차 세계대전 당시 전 세계에 투하한 폭탄의 2배인 600만톤의 폭

탄을 투하하였다. 헬기는 연 200만대를 출격시켜 총탄을 우박처럼 퍼부었다. 그들은 또 베트콩의 은거지인 정글을 없앤다고 고엽제까지 살포해 자연은 물론 인간에게까지 상처를 남기는 비인간적인 짓도 자행했다. 아마도 미국의 대자연 속에서 게릴라가 활동했다면 그들은 고엽제와 같은 극한적인 무기는 사용하지않았을 것이다.

－ 미국은 새로 발명된 온갖 신형무기를 그곳에서 사용하였다. 핵무기를 제외하고 그들이 할 수 있는 모든 능력을 쏟아부었다. 미국은 하노이를 굴복시키기 위하여 1,500억불의 전쟁비용을 소모했다. 이것은 1968년 한국의 정부 예산이 10억불 미만인 것을 생각하면 당시 우리 정부 예산의 150년분에 해당하는 금액이 된다. 김진선, ≪산자의 전쟁, 죽은자의 전쟁≫

18. 이삼성, ≪20세기의 문명과 야만≫

19. 이삼성, ≪20세기의 문명과 야만≫

20. 이영희 '베트남을 이해하려는 작가들의 모임' 강연 중.

21. 베트남은 1945년 일본의 직접통치를 받기도 한다.

22. 오랫동안 프랑스의 식민통치와 일본군의 침략에 대항하여 싸운 공산당 중심의 베트남 독립동맹은 제2차대전이 종료되면서 1945년 9월 '베트남민주공화국'을 선포했다. 그러나 일본군의 무장해제를 위해 영국군과 중국군이 남·북 베트남에 주둔하게 되고, 프랑스가 인도차이나 복귀를 시도함에 따라 1946년 말을 기해 프랑스와 베트남간에 전면적인 전투가 시작되었다. 8년간을 끌어온 제1차 베트남 전쟁은 유명한 디엔비엔푸 전투에서 프랑스군을 격파함으로서 베트남의 승리로 막을 내린다. 그러나 이후 맺어진 1954년 제네바 협정으로 베트남은 남북으로 분할된다.

23. 호치민시에 있는 국제공항.

24. 현 호치민시.

2장

다른 기억

2장 다른 기억

그 길의 들머리에서 우리가 만난 건 '다른 기억'이었다. 내가 알고 있던 베트남 전쟁에서 한국군의 역할에 대한 기억은 베트남 사람들의 그것과는 많이 달랐다.

하나의 사건을 두고 이렇게 전혀 다른 기억을 한다는 것은 무슨 의미일까. 기억은 왜곡되고 굴절될 수도 있는 것일까. 기록되어 전해지는 공식적인 기억은 누구의 기억을 전제로 하는 것일까.

의문들이 꼬리를 물었다. 그러나 어떤 기억이 진실일까에 대해 생각하기 전에 그들의 기억은 너무도 생생했다. 강산이 세 번도 넘게 바뀌었을 세월이 흘렀지만 그들이 겪었던 한국군에 대한 기억은 어제일처럼 선연했다.

릉 티 퍼이

릉 티 퍼이는 만삭이었다. 다섯 살 난 둘째 아이를 안고 마당에 앉아 있는, 배가 남산만한 릉 티 퍼이를 향해 한국군은 총을 쏘았다. 붉은 피를 뿜으며 품 속에서 아이가 숨졌다. 릉 티 퍼이는 비명을 지르며 도망쳤다. 총소리가 귓등을 스쳐 지나갔다. 제정신이 아니었다. 다시 다음 집을 향해 달려가는 데 총소리가 나고 릉 티 퍼이는 쓰러졌다.

고막을 찢을듯한 총소리, 비명, 아우성, 알아들을 수 없는 이국의 말…… 릉 티 퍼이는 정신을 잃었다. 얼마나 시간이 흘렀을까. 주위가 조용해졌다. 아무런 소리도 들리지 않았다.

릉 티 퍼이는 살아 있는 자신을 발견했다. 다리에서는 피가 흘렀다. 두 다리에 총을 맞아 한쪽 발은 이미 떨어져 나간 상태였다. 온몸의 피가 다 빠져나갈 듯이 피는 연신 흘렀다. 목이 말랐다.

햇빛은 뜨거웠고, 눈부신 햇빛 아래 마을 사람들이 죽어 널부러져 있었다. 바로 엊저녁까지 다정하게 인사말을 건네던 사람들이 시체가 되어, 마당에 골목에 엎어지고 넘어져 있었다. 너무 공포스러우면 소리도 질러지지 않는 모양이다. 릉 티 퍼이는 숨이 쉬어지는 자신이 신기했다.

어디선가 낮은 신음소리가 들려왔다. "엄마 …… 아파 …… 엄마." 아이의 목소리였다. 그러나 릉 티 퍼이는 꼼짝할 수조차 없었다. 간신히 고개를 들어보니 일곱 살 난 이웃의 아이였다. 아이의 두 다리는 잘려 있었다. "엄마 …… 엄마 ……." 그러나 아이가 애타게 찾고 있는 아이의 엄마, 아빠는 이미 죽은 상태였다.

마을은 무섭도록 조용했다. 파리떼가 시체 위로 몰려다니는 소리와 아이의 신음소리만이 간간이 이어질 뿐. 그러나 어쩔 도리가 없었다. 기진한 상태로 릉 티 퍼이는 햇빛 아래 쓰러져 있었다.

그리고 어둠이 몰려왔다. 아이는 기절했다 깨어나고, 깨어나서는 이미 싸늘하게 식어버린 엄마를 찾았다.

밤은 길었다. 릉 티 퍼이는 옷을 찢어 다리를 묶었다. 배가 아파오기 시

룽 티 퍼이

작했다. 그제서야 룽 티 퍼이는 뱃속의 아기와 고기를 잡으러 간 큰 아들이 생각났다. 다리는 쑤시다못해 머리끝이 쭈뼛쭈뼛해질 지경이었다. 아이의 신음은 점점 간격을 멀리하고 이어졌다.

길고 긴 밤이 지나 다시 아침이 밝았다. 룽 티 퍼이는 기어서 냄비에 밥을 안쳐 죽처럼 만들었다. 그걸 들고 아이에게 기어갔을 때, 아이는 이미 숨진 상태였다. 피투성이가 된 조그맣고 여윈 아이의 몸위로 개미떼가 행렬을 이뤄 지나다니고 있었다. 아이의 신음마저 그친 마을에서는 시체 썩는 냄새가 나기 시작했다. 룽 티 퍼이의 다리에서도 진물과 냄새가 나기 시작했다. 그리고 배가 아팠다. 뱃속에 든 아이는 어떻게든 이 세상으로 나올 모양이었다. 까무룩 정신이 이어졌다 끊겼다를 반복해도 해는 하늘 가운데서 타고 있었다.

하루는 길었다. 지금까지 살았던 세월을 다 합친 것보다도 더 긴 하루였다.

목숨은 끔찍했다. 살고 싶어도 살아지지 않고, 죽고 싶어도 죽어지지 않는 것이 목숨이었다.

두번 다시 맞이하고 싶지 않은 밤이 오고 룽 티 퍼이는 아이를 낳았다.

시체더미 사이에서, 응고된 피와 시체썩는 냄새 사이에서, 한쪽 발이 날아가고 한쪽 다리에서 여전히 피가 흐르는 상태에서 한 여자가 생명을 낳기 위한 진통을 시작했다. 처절한 밤이었다. 보름이 되려면 아직도 닷새나 남았지만 달빛은 환했다.

아기는 죽어 있었다. 뱃속에서 이미 죽어 있었는지, 출산의 과정에서 죽었는지 알 수 없었다. 보통의 아이들이 피가 묻어 있는 상태에서 태어나는데 아이는 너무 깨끗했다. 달빛 아래 아이는 파랗게 식어 있었다. 릉티 퍼이는 울지 않았다. 그리고 이 밤이 지나가면 누군가 나를 데리러 올 거라고 생각했다. 이 밤이 지나가주기만 한다면.

푸옌성 뚜이호아현 남호아히엡사 붕따우마을에 한국군이 들어온 건 1965년 12월 10일(음력).

"우리는 한국군이 총을 쏠 거라고는 생각도 못했다. 알았으면 도망갔을 것이다."

한국군에 의해 아버지 · 어머니 · 장인 · 장모 · 누나 · 형수 · 2명의 조카를 잃은 쩐 반 호아(남, 64세)는 당시의 상황을 이렇게 설명했다.

한국군이 들어온 건 아침 7시경이었다. 한국군들은 마을 윗쪽에서 밀고 들어왔는데, 사람들은 군대가 들어오니까 가족들을 챙겼다. 그러니까 한국군들이 수색하지 않아도 마을 사람들은 이미 다 모여 있었다. 우리는 집안에 숨어 있으면 베트콩이라고 오해할까봐 마당으로 나가 앉아 있었다. 혹시 모르니까 갓난쟁이까지 안고 온 가족이 다 모여 있었다. 놀러간 아이들도 챙겨서. 그런데 한국군은 그 가족을 향해 총을 겨누었다. 사람들은 놀라서 마구 빌었다. 한국군은 비는 사람을 향해 정조준을 해서 쏘았다. 그리고 모여 있는 사람들을 향해서는 렉 렉 총을 갈기고 수류탄을 던졌다. 총소리가 나자 그때서야 사람들은 달아나기 시작했다. 달아나는 사람들을 향해서도 닥치는 대로 총을 쏘았다. 그날 나는 산쪽으로 도망가서 살아남았다. 당시 학살 사건에서 살아남은 생존자는 모두 3명이다. 젖먹이였던 응웬 티 리엥, 리엥은 엄마 밑에 깔려 살아나기는 했으나 총소리에 귀가 멀었다. 그리고 땅굴 속에 죽은 척 하고 있던 다오 티 니. 산달이 가까웠던 릉 티 퍼이.

릉 티 퍼이는 살아남았다. 총을 맞은지 사흘째 되던 날, 릉 티 퍼이는 유격대원[1]에 의해 구출되고, 그들에 의해 응급조치가 취해져 병원으로 보내진다.

아기가 살아서 태어났다 하더라도 돌봐주지 못했을 거야. 그냥 죽게 내버려둘 수 밖에 없었을 거야. 피를 너무 많이 흘려서 정신이 가물가물했으니까…… 아이가 둘이 있었는데, 일곱 살 난 큰 아들은 그 때 고기를 잡으러 가고, 다섯 살 난 작은 애만 안고 있었어. 나중에 보니 큰 아이는 개울가에서 죽어 있었어. 다섯 살 난 작은 애는 총 맞은 그 자리에서 죽었지 …… 그날 …… 후우 …… 나는 아이 셋을 한꺼번에 잃었어.

긴 한숨을 한 차례 쉬고 난 릉 티 퍼이의 말이 빨라졌다.

사흘째가 되니까 잘린 다리에서 썩는 냄새가 대단했어. 양쪽 다리가 퉁퉁 부어오르고 썩어 들어가기 시작했으니까. 빈 마을에 썩는 냄새가 진동을 했지만 견디는 수 밖에 다른 방법이 없었어 …… 끔찍했어 …… 아이를 낳은 그 다음 날, 그러니까 총을 맞은지 사흘만에 유격대

원들이 들어와 소독을 하
고 씻어주었어. 그리고 뚜
이호아[2]에 있는 남베트남
정부병원으로 나를 데려
다주었지. …… 그들은 죽
은 사람들을 묻어주었어.
양민학살 이후 두렵고 무
서워서 나는 다른 곳으로
이주했어. 그리고 해방[3]이

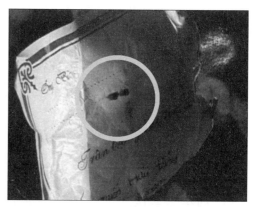

룽 티 퍼이의 다리에서 나온 총탄

후 돌아왔지. 사는 것이 …… 너무 고생스러워.

　당시 룽 티 퍼이의 남편은 남베트남 민족해방전선의 대원으로 집을 떠
나 있는 상태였다. 학살사건 후 상처가 낫고 나서 룽 티 퍼이는 이집 저집
돌아다니면서 일을 했다. 다리 잘린 딸이 혼자 품팔이 하는 것이 안스러
워 한동안은 친정아버지가 데려다가 먹여살렸다.

　해방 후 남편이 돌아와 함께 농사를 지으며 먹고 살고 있으나, '해방'
이후의 삶은 더욱 고달팠다. 전 국토가 초토화되고 모든 시설이 파괴당한
전후의 삶은 궁핍하기 그지 없었다. 먹고 살기는 힘들었다. 열사도 전사
도 아니어서 정부에서 보조금이 나오는 것도 아니었다. 민간인 학살의 과
정에서 죽거나 희생당한 사람들의 죽음은 그야말로 어느 쪽으로부터도
보상을 받지 못하는 억울한 죽음이었다.

　룽 티 퍼이는 장롱에서 파편을 꺼내 보여주었다. 룽 티 퍼이의 다리에
서 나온 것이다. 그러나 룽 티 퍼이의 다리 속에는 아직도 다 뽑아내지 못
한 총탄파편이 들어 있다. 우기가 되면 룽 티 퍼이는 제대로 잠을 잘 수가

없다. 쑤시고 아픈 통증은 그날의 기억을 고스란히 되살려내고 악몽은 반복된다.

남은 삶은 그날로부터 한 발자국도 벗어날 수 없었다. 지금도 릉 티 퍼이는 약을 먹지 않으면 살지 못한다. 약값을 대는 것도 힘든 일이다. 36년의 세월은 살아서 산 세월이 아니었다.

"나는 한국 드라마를 보는 치들을 이해할 수가 없어. 모두가 얼이 빠진 게야. 그렇게 끔찍한 일을 저지른 나라의 드라마를 좋다고 보고앉아서 희희낙락하다니. 한국 사람만 보면 심장이 떨려."

릉 티 퍼이가 우리를 외면하며 말했다.

당시 붕따우 마을의 주민수는 50~60명 정도였다. 그 중에 45명이 그날 한국군에 의해 목숨을 잃었다. 그들 대부분이 여자와 어린이, 노인들이었다. 마을 입구에 서 있는 증오비[4]는 당시 죽은 45명의 넋을 기리기 위해 세운 것이다. 이 사건으로 쩐 반 호아는 유격대원이 된다.

양민학살은 내가 남베트남 민족해방전선의 군대에 자원하게 되는 중요한 원인이었다. 아무런 죄 없는 사람들을 학살하는 것에 대해 나는 총을 들고 복수해야 한다고 생각했다. 침략자들과 맞서 싸우지 않으면 우리 모두 다 죽을 거라는 생각이 들었다.

그날의 사건으로 온 가족을 다 잃은 사람도 있었다. 농업이 주요산업인 농경사회, 큰집, 작은집이 옹기종기 모여살고 처가도 한 마을인 경우가 많았으므로 아버지·어머니·장인·장모·사촌·조카들이 한꺼번에 죽은 경우도 생겨났다. 그야말로 '온 가족'이 다 죽는 것이다.

가족을 잃지 않은 사람들이야 전쟁이니까 하고 넘길 수 있지만 가족을 잃은 사람들은 한국군에 대한 증오가 대단하다. 남베트남 민족해방전선의 대원으로 있을 때 나는 한국군과 전투를 한 적이 있다. 그 당시 나는 한국군에 의해 가족을 잃은 상태였기 때문에 한국군은 나의 적이라고 생각했다. 적을 무찔러 조국을 지켜야한다고 생각했다. 한국군에 대해 기억나는 건 동료가 죽거나 다치면 서로 부둥켜 안고 우는 장면이다.

해방 후 다시 마을로 돌아왔을 때 마을은 완전 폐허였다. 개간을 하고, 집을 다시 짓고 …… 살기가 정말 힘들었다 …… 그 궁핍을 어떻게 말로 다 할 수 있을까 …… 90년대 이후에야 먹고 살기가 조금 괜찮아졌다. 나는 농사를 짓고 새우양식장도 하면서 살고 있다. 마을 앞에 있는 증오비는 1975년에 세운 것이다. 당시 주민들은 돈이 없었기 때문에 지방정부가 세웠다.

집안이 살짝 보이도록 둘러쳐진 나무울타리, 황토고샅길, 동네 한가운데 서 있는 당산나무, 아이를 안고 나무그늘에 나와 있는 여자들, 홍수에 대비해 나무배에 기름칠을 하는 남자들…….

붕따우마을은 나른하고 안락하다.

그러나 이 평화로운 마을의 초입에는 바라보는 것만으로 '헉' 하고 숨이 멎을 것 같은 증오비가 서 있다. '해방' 직후 세워진 이 비는 오랜 세월 풍화되고 침식되어 비에 새겨졌던 글씨들은 흔적도 없이 쓸려나갔다. 그러나 증오만은 퇴색하지 않고 그대로 살아 하늘을 덮고 햇빛을 가리고 있다.

푸옌성 남호아히엡사 붕따우마을의 증오비

우리는 아직도 모른다. 왜 그날 한국군이 우리를 향해 총을 쏘았는지. 우리 중의 어느 누구도 한국군이 우리를 향해 총을 겨누리라고는 생각하지 못했다. 우리는 한국군의 적이 아니었다.

쩐 반 호아가 증오비를 쓸며 말했다.

증오하고 말고

푸옌성 뚜이안현 안린사 빈쑤언촌의 생존자를 만나기 위해 마을을 찾아갔을 때 촌장은 응웬 또이에게 기별을 했고 그가 왔다. 낯선 이방의 여자들을 보며 주춤주춤 다가서던 그는 우리가 한국인인 것을 알고 표정이 변했다. 촌장과 인민위원회 주석이 함께 한 자리, 응웬 또이는 그들을 한번 쳐다보고, 다시 우리를 한번 쳐다보았다. 그날의 이야기를 해 달라는 우리의 요청에 그는 잠시 굳은 표정으로 가만히 앉아 있었다. 그리고 입을 거의 움직이지 않고 낮은 목소리로 웅얼웅얼 이야기를 풀었다. 낡은 하늘색 셔츠를 입고 베레모를 쓴 응웬 또이(남 71세)는 인터뷰 내내 굳은 표정을 풀지 않았다. 이야기를 마친 그는 우리가 다른 생존자들의 증언을 듣는 동안 온다간다 말도 없이 자리를 떴다.

1967년 2월 9일(음력), 나는 아침에 들판에 나가 일을 하고 4시 쯤 돌아왔다. 돌아와 보니 시체들이 널부러져 있고 피가 흥건하게 흐르고 있었다. 아내와 4명의 아이들이었다. 당시 아내는 4일 전에 아기를 낳고 산후조리 중이었다. 생후 4일된 갓난 것도 죽어 있었다. 시체들 밑에서 무언가가 꼬물거리고 있어 끄집어내니 4살짜리 딸이었다. 살아 있었다. 그 와중에 따이한, 따이한 하고 중얼거렸다. 아이를 들쳐업고 병원으로 뛰었다. 아까 그 총소리가 바로 내 아이들에게 쏟아졌던 총소리였다. 병원에서 보니 딸은 모두 다섯 발이나 총알이 비껴간 상태였다. 창자를 뚫고 배를 관통한 총알이 한 발, 다리에 한 발, 귀에 한 발, 어깨에 한 발, 팔에 한 발. 딸은 살았다. 사실 나는 일을 하는 도중에 마을 쪽에서 총소리가 나는 것을 들었다. 그러나 마을로 돌아갈 수 없었다. 논도 멀리 떨어져 있었고, 사실 두렵기도 했다.

빈쑤언촌 5개 마을에서 100여 명이 한국군에 의해 죽었다. 살아남은 사람들의 증언에 의하면 한국군들은 마을 사람들을 마당에 모아놓고 10미터 거리에서 다연발총을 발사했다고 한다. 대부분이 노인·아이·여자들이었다.

"왜 죽였는지 이유를 모르겠다. 모두 여자와 노인, 아이들이었다. 특히 후인 독 할아버지는 망고나무에 묶어놓고 두건을 씌운 다음 쏘아죽였다. 마을 사람들에게 싫은 소리 한 마디 하지 않는 후덕한 노인이었다. 이유를 모르겠다. 왜 죽였는지, 정말 이유를 모르겠다."

응웬 또이의 입귀가 일그러졌다.

빈쑤언촌 민간인 학살이 일어날 당시 일부 주민들은 1차로 전략촌[5]으로 이주를 하고, 2차로 이주해야 하는 시기였다.

주민들은 전략촌으로 가는 것을 달가와하지 않았다. 집과 농토와 유실수들 …… 모든 삶의 터전인 마을을 강제로 떠나야 하는 건 이들에겐 두려운 일이었다. 사실 농민에게 땅을 버리고 떠나라고 하는 건 생존에 관한 문제였다.

쉽게 마을을 떠나지 않으려는 주민들과, 모든 주민들을 전략촌으로 소개시키는 것이 베트콩의 보급원을 차단시키는 것이라 믿었던 한국군들 사이의 갈등이 이러한 사건을 일으킨 듯 했다.

혼장마을은 생존자가 마을 전체에서 2명이었다. 그 생존자마저 그 마을을 버리고 떠났다. 지금도 이 마을에는 주민들이 살지 않는다. 옆마을에서 들어와 농사는 지어도 살지는 않는다. 사람들은 그 마을을 귀신마을이라고 부른다.

다섯 발의 총알을 맞은 네살짜리 딸은 늘 고열이 나고, 몸은 진물과 상처투성이였다.

그러나 이 부녀가 전쟁통에 살아남기 위해 견뎌야 했던 고통은 시작에 불과했다.

1972년 나는 혼루아마을에서 퐁타이촌으로 갔다. 일자리를 찾기 위해서였다. 그러나 나는 곧 한국군에게 체포당했다. 젊었기 때문에 한국군들이 VC[6]라고 의심했기 때문이다. 체포 당시 한국군들이 총으로 눈

응웬 또이

을 때려 당시에는 한 쪽 눈이 완전히 보이지 않았다. 해방 후 수술을 받았다. 나는 남베트남 정부군에게 넘겨져 꼰다오 감옥[7]에서 3년동안 징역을 살았다. 전기고문을 당하기도 했다. 당시 나는 양민이었다.

민간인이었음을 증명하는 것은 너무나 어려운 일이었다. 합리적인 이성이 모두 사라졌을 때 자신의 정체성을 증명한다는 건 심장을 꺼내 보여주는 것보다 더 어려웠다. 나를 규정하는 건 내가 아니라 그들이었다. 그들은 내가 그들이 원하는 누군가가 되라고 협박하고 고문했다. 내가 누구인지 머리를 쪼개 보여줄 수도 없었고, 가슴을 열어 보여줄 수도 없었다.

나는 누구인가. 그러면 너는 누구인가.

나를 나라고 해도 믿지 못하는 너는 누구인가.

인간에 대한 불신은 극에 달했다.

"1975년 감옥에서 나온 이후 나는 혼자 살고 있다. 몸은 망가질 대로 망가진 상태였다. 왜 혼자 사냐구?"

그가 흘낏 나를 보았다.

"누가 나하고 결혼하겠느냐. 온 몸은 망신창이고, 가진 건 아무것도 없는……."

그가 잠시 씨근거리는 숨을 골랐다.

"내 딸은 지금도 그 후유증에 시달리고 있다. 뼈마디가 쑤시고 신경통에 시달리면서 살아가고 있다."

그리고 그는 말했다. 인민위원회 사람이 옆에 있는데도.

"나는 지금도 한국군을 증오한다. 증오하고 말고! 지금도 증오하지."

그는 분명히 말했다.

"그들이 죽인 사람들이 총들고 싸웠던 베트콩이면 모르겠다. 그러나 그들이 죽인 사람은 정말 아무런 죄 없는 여자, 아이, 노인들이었다. 어떻게 증오하지 않겠느냐……. 우리 나라 정책이 과거를 잊자니까 여러분들을 만나지, 우리 나라 정책만 아니면 나는 당신들을 만날 이유가 없다. 나는 우리 나라 정책도 마음에 안 든다."

인민위원회 사람이 옆에 있는데 이런 이야기를 하는 것이 얼마나 어려운 일인지 우리는 베트남을 다니면서 익히 알고 있었다. 지식인이면 지식인일수록, 관료면 관료일수록 이런 이야기는 입에 담지 않았다. 그러나 그는 분명히 말했다.

"증오하고 말고! 지금도 증오하지."

빛은 어둠 속에서 더욱 빛난다

"찾아와 주셔서 고맙습니다."

그는 환하게 웃으며 우리를 맞았다.

이 사람은 웃는 걸 어디서 배웠을까.

태어난지 3개월만에 시력을 잃은 이 사람은 생후 3개월 동안의 기억으로 웃는 걸까.

그에게서 빛을 빼앗은 건 한국군이었다.

꾸앙응아이성 빈선현 빈호아사에 있는 그의 집에서 오른쪽으로 50미터쯤 가다보면 증오비가 서 있다.

"하늘에 가 닿을 죄악 만대를 기억하리라"로 시작되는 증오비에는 그가 눈이 멀던 날의 상황이 고스란히 기록되어 있다.

> 한국군은 이 작은 땅에 첫발을 내딛자마자 참혹하고 고통스런 일들을 저질렀다. 수천 명의 양민을 학살하고, 가옥과 무덤과 마을들을 깨끗이 불태웠다.
>
> 1966년 12월 5일 정확히 새벽 5시, 다시 말하면 병오년 10월 23일(음력), 출라이 지역에 주둔하고 있던 남조선 청룡여단 1개 대대가 이곳으로 행군을 해 왔다. 그들은 36명을 쯩빈 폭탄구덩이에 넣고 쏘아죽였다. 다음 날인 12월 6일, 그들은 계속해서 꺼우안폭마을로 밀고 들어가 273명의 양민을 모아놓고 각종 무기로 학살했다. 모두가 참혹한 모습으로 죽었고, 겨우 14명만이 살아남았다.

이 우물가 학살 현장에서 살아남은 유일한 생존자가 바로 도안 응히다.

사실 나는 아무것도 기억이 나지 않아요. 태어난지 겨우 3개월이었으니까요. 고아가 된 나를 데려다 키워주신 할머니께 당시의 이야기를 들었지요. 비가 억수같이 쏟아지던 날이었다고 해요. 어머니는 피가 낭자한 우물가에 쓰러져 있었다고 하더군요. 마을 사람들이 어머니를

우물가 학살 현장에서 유일하게 살아 남은 도안 응히.

들어올리자 그 밑에 내가 꼬물꼬물 살아 있었대요.

그는 살아났지만 빗물에 씻긴 탄피의 화약액이 두 눈으로 흘러 들어가 장님이 되고 말았다. 세상은 그렇게 닫혔다.

이 사건으로 그는 어머니와 누나, 할머니를 잃었다. 아버지는 집에서 아주 멀리 떨어진 곳에서 유격대 활동을 하고 있었으므로 그는 고아가 됐다.

"나도 질문이 있어요. 해도 되죠?"

이야기를 마친 도안이 약간 장난기가 도는 얼굴로 물었을 때 나는 "물론, 물론"이라고 두 번씩이나 성급하게, 서둘러 말했다.

지금까지 베트남에서 나는 언제나 질문을 하는 사람이었고, 베트남 사람들은 질문을 당하는 사람이었다. 이런 구도는 베트남 사람들을 단순한 전쟁 피해자로 대상화하는 것은 아닐까 하는 의심을 끊임없이 하게 했다.

게다가 베트남어로 진행되는 인터뷰였다. 나는 통역자를 거쳐 그들의 말을 들었고, 그들의 한숨과, 침묵과, 말줄임표 속에 인용된 또다른 말을 제대로 알아듣고 있는지 의심스러웠다. 증언을 하는 사람이 늘 연대기적으로 이야기하는 것도 아니었고, 때로 다른 사람이 개입하기도 하고, 엉뚱한 방향으로 진행되기도 했다. 어떤 날은 동네에 초상이 나 증언을 해야 하는 사람이 취해서 제대로 된 인터뷰를 못한 적도 있고, 어떤 날은 고엽제로 정신이 맑지 못한 여자와 인터뷰를 하는 경우도 있었다. 자신의 기억을 제대로 살려내지 못하는 여자는 자신의 언어를 갖지 못했고, 그 속에서 삶은 더욱 혼돈스러워 보였다. 시간이 충분하다면 이 여자와 오랜 시간을 갖고 싶었지만 베트남에서 내가 보내야 하는 시간은 늘 한계가 있었다.

전쟁 중의 일은 전쟁의 기억으로만 남아 있지 않았다. 전쟁은 그들의 현재의 삶을 규정하고 다음 세대로까지 이어지고 있었다. 그러므로 전쟁 중의 기억만을 되살리고 발췌하는 것만으로는 전쟁이 인간에게 미치는 총체적인 영향을 이해하기에 한계가 있었다. 전후로 이어지는 삶의 이야기를 통해야만 전쟁과 전쟁의 기억이 한 인간의 삶과 영혼, 한 사회에 미치는 영향을 이해할 수 있게 되는 것이다.

신명나게 얘기했던 레 티 티엣 아주머니와, 소리없이 눈물이 번지던 응웬 티 산, 자신의 이야기를 스스로 하지 못하는 응웬 티 니 …… 이들의 체험과 기억을 나는 어느만큼 정확하게 옮기고 있는가.

말과 침묵과 몸짓 사이의 행간 읽기에서 실패하고 있는 건 아닌지 하는 긴장 속에서 일들이 진행되었고, 목소리의 높낮이나 억양을 담아내기에 문자는 분명한 한계를 안고 있다는 상황 또한 인정해야 했다.

한두 번의 만남으로 이들의 삶을 재현하는 것은 불가능하다. 인터뷰는 늘 이 한계 속에서 행해졌고, 우리는 그 속에서 최대한 이들의 삶의 진정성을 바라보고자 하였다.

이런 상황 속에서 사실 우리에게 질문을 하는 베트남 사람은 많지 않았다. 어느 날 갑자기 나타난 한국 사람들 — 우리가 방문한 모든 마을에서 우리는 전쟁이 끝나고 혹은 민간인 학살이라 말해지는 그 사건 이후에 처음으로 나타난 한국 사람이었다 — 과, 그들이 듣고자 하는 이야기가 30년도 더 되었지만 너무나 또렷한 사건이라는 것이 그들을 먼저 긴장시켰고, 그 긴장 속에서 그들은 최대한 성실하게 답변했다.

도안은 사실 한국 사람들과 만나는 것이 처음이 아니다. '추적 60분'[8]

팀과의 만남이 먼저 있었다. 그래서 이렇게 질문을 할 수 있는 여유가 생긴 건지도 모른다.

"당신들은 왜 이곳을 방문하죠? 한국 정부는 여기에 무엇을 도와주려고 하죠?"

나는 숨을 한번 골랐다. 답해야 했다.

"도안, 당신이 질문을 해줘서 너무 고마워요. 이렇게 물어봐주니 나는 얼마나 기쁜지 모르겠어요. 솔직히 말한다면 한국 정부는 베트남전 당시에 일어났던 일들에 대해 침묵으로 일관하고 있습니다. 또 어떤 한국 사람들은 '베트남전 당시에 한국군이 민간인을 학살한 일은 없다'고 말하고 있습니다. 그러나 나는 이곳에 와서 많은 베트남 민간인들이 한국군에 의해 죽고, 다치고, 치유되지 않은 깊은 상처를 가지고 살아가는 것을 봅니다. 우리가 이곳에 오는 건 당신의 이야기를 듣고, 한국사회에 전달하기 위해서입니다. 우리는 아주 작은 시민단체고 할 수 있는 일이 많지 않습니다. 그러나 우리는 정확한 사실을 한국 사람들에게 알리려고 합니다. 이런 일들이 차곡차곡 진행 되다보면 언젠가는 도안과 우리가 바라는 일들이 이루어질 수 있지 않을까 생각해요."

도안에게 내 말이 어떻게 들렸는지 나는 알 수 없다. 진지하게 이야기를 듣던 도안이 빙그레 웃으며 얘기했다.

"어찌되었든 좋은 친구들에게 감사드립니다. 그런데 몇 사람이 왔어요?"

이런, 우리는 인사도 제대로 못했다.

좋은 친구? 나는 정말 도안에게 좋은 친구가 되기는 글렀나보다. 도안이 보이지 않는다는 것을 깜박 하고 있었다.

"아, 미안해요 도안. 모두 다섯 사람이요. 나는 김현아예요. '나와 우리'라는 시민단체에서 일을 하고 있어요."

"신짜오, 나는 김현숙이에요. 미국에 사는 한국 사람이고 대학에서 학생들을 가르쳐요."

"신짜오, 나는 노은희예요. 지금 당신을 비디오 카메라로 찍고 있어요."

"짜오, 나는 짱이에요. 들으면 아시겠지만 나는 베트남 사람이에요. 나짱이 고향이구요 지금은 한국에서 공부 중이에요."

"아, 그래요, 짱. 베트남 사람이군요."

"나는 구수정이에요. 기억하시죠."

"그래요 알아요. 피곤해 보이네요."

그는 목소리의 빛깔로 우리를 상상할 것이다.

"도안, 당신은 무슨 일을 하죠? 농사는 지을 수 없을 것 같은데"

"난 주로 집안일을 하죠. 밥도 짓고 돼지도 쳐요. 대신에 농사일은 아내가 해요"

그의 작고 여린 부인이 수줍게 웃는다. 도안의 얼굴에 늘 웃음이 어려 있는 건 이 작은 여자의 사랑이 있기 때문일 것이다.

민간인 학살과 관련해서 도안이 베트남 정부로부터 받는 돈은 없다.

다만 그의 아버지가 유격대 활동을 하다가 희생되었기 때문에 나오는 열사보조금이 있다.

"저는 그날의 기억은 없어요. 들어서 알 뿐이죠. 하지만 전쟁이 무섭고 두려워요. 제 아이들 이름을 들으면 느낌이 오죠? 아들 이름은 평, 딸 이름은 안, 둘을 합치면 평안이죠."

도안의 어린 딸이 아버지에게 매달린다. 평안한 장면이다. 기억에 없다고 하지만, 때로 몸 전체에 각인된 공포가 그의 삶을 짓누르리라.

빈호아사의 풍경

　그의 집 앞에서 인사를 나누고 헤어진다

　황토구릉과 붉은 노을이 어우러지는 평원에 그의 집이 있다.

　초록의 들판과 야생의 들꽃, 나비와 잠자리, 벌들이 잉잉대는 대지 속에 그가 서서 마지막 인사를 한다.

　"우리 어둠 속에서 만나요."

　그의 집 대문 앞에 핀 황금빛 팬지꽃들이 환하게 웃는다.

　빛은 어둠 속에서 더욱 빛나리라.

　돌아오는 차 안에서 나는 증오비의 마지막 구절을 생각한다.

　'미제국주의와 남조선 군대가 저지른 죄악을 우리는 영원토록 뼛속 깊이 새기고 인민들의 마음에 진동토록 할 것이다. 그들은 비단 양민학살 뿐만 아니라 온갖 야만적인 수단들을 사용했다. 그들은 불도우저를 갖고 들어와 모든 생태계를 말살했고, 모든 집을 깨끗이 불태웠고, 우리 조상들의 묘지까지 갈아엎었다. 견강불굴의 이 땅을 그들은 폭탄과 고엽제로

아무것도 남지 않는 불모지로 만들었다.'

남조선 군대가 저지른 죄악을 뼛속 깊이 새기는 사람들치고 우리를 대하는 이 사람들의 태도는 온순하고 곱다. 부드러움이 강함을 이기고, 보이지 않는 것이 보이는 것보다 많다는 것을 알고 있기 때문일까.

탕 티 카, 내 가난한 자매

탕 티 카(여, 36세)를 찾아간 날은 마침 벽돌을 굽는 날이어서 탕 티 카는 집에 있었다. 벽돌공장에서 일하는 탕 티 카는 벽돌을 굽는 날이 유일한 쉬는 날이었다.

탕 티 카는 한 마리 까만 새 같았다. 인터뷰 내내 양희은의 노래소리가 귓가를 맴돌았다.

엄마 잃고 아무도 없는 가엾은 작은 새는
바람이 거세게 불어오면 으음 어디로 가야하나
바람아 너는 알고 있나
비야 네가 알고 있나
무엇이 이 숲 속에서 이들을 데려갔나

"우리 지난번에 만났지요."

수줍게 웃으며 그녀가 말했다. 하미마을의 위령비 기공식에서 통역을 하던 수정을 두고 하는 말인가 보다.

"기공식 할 때 꽃 받았어요."

원통한 기억보다 아름다운 기억을 먼저 떠올리는 여자다. 사실 탕 티 카는 한국 참전군인들과 인민위원회 사람들, 생존자들과 희생자들의 가족들이 함께 모여 기공식을 하는 엄숙한 자리에서 울부짖으며 딩굴었던 여자다.

"기공식 자리에 갔는데 이곳이 엄마, 아빠가 돌아가신 곳이구나 ……
고통스럽게 살다가 고통스럽게 돌아가신 분들이 안됐어서 울었어요."

"꾸앙남성 디엔반현 디엔증사 하미마을이 제 고향이에요. 우리 가족 일곱 명이 그곳에서 다 죽고 나만 혼자 살아남았지요. 결혼하고 여기서 살아요. 먹고 사느라고 안 해본 게 없지요."

"당시가 기억나진 않아요. 그런데 어떤 공포와 두려움이 있어요. 계속 시달려요."

"나는 그때 세 살이었지요. 할아버지 · 아버지 · 어머니 · 두명의 언니, 두명의 남동생이 그날 죽었어요."

"나도 머리에 상처가 있어요."
머리칼을 들추지 않아도 탕 티 카의 정수리에는 끔찍한 흉터가 남아 있다.

"지금도 많이 아파요. 어떨 때는 너무 쑤시고 아파서 아무것도 못할 때가 있어요. 머리 속이 울리고 윙윙 소리가 나면 아무 일도 못하고 누워 있어야 해요."

"아버지가 안고 있었대요. 아버지가 몸으로 안고 감싸서 살아남은 거라고 나중에 이야기 들었어요. 내가 살아남은 건 아버지의 공이었다고 사람들이 말하는데 …… 나는 아버지가 기억나지 않아요."

"학살이 끝나고 어떤 할머니가 시체더미 사이에서 나를 끌어내서 수풀 속에 숨겨 놓았다고 해요. 그분도 부상을 심하게 당했는데 아마, 제가 보였던 모양이예요. 조금만 늦었어도 죽었을 거라고 …… 그렇지만 나는 기억이 나지 않아요."

"상처가 아주 깊어서 병원에 오래 있었어요. 상처가 다 낫고도 갈 데가 없어 병원에서 계속 지냈어요. 친척들도 모두 어려워서 키워줄 수가 없었어요. 병원에서 보니까 아이들은 엄마, 아빠가 있고 가족이 있었어요. 나는 혼자라는 것을 알게 되면서 혼자인 내 자신이 불쌍했어요. 그리고 내 처지가 서글펐지요."

"그 후로 큰아버지. 아니, 진짜 큰아버지는 아니고 키워주셔서 고마워서 그렇게 불러요, 집에서 자라다가 열두세 살이 되면서부터는 이집 저집 떠돌아 다니며 살았어요. 애기도 봐주고, 밥도 하고, 먹고 살려고 안 해본 일이 없어요. 일하다보면 욕도 먹고, 맞기도 하고, 그러면 엄마 아빠 없는 내 자신이 너무 불쌍했어요."

"남베트남 민족해방전선 활동을 했던 사람들이나 그 가족들한테는 나라에서 지원이 나왔어요. 그렇지만 우리 같은 사람들한테는 지원 정책이 없었어요. 그래서 이렇게 힘들게 살았어요."

"열 몇 살 때였어요. 다낭에서 어떤 집에 얹혀살고 있는데 이모가 연락을 해왔어요. 엄마 뼈를 찾았다고. 엄마 뼈? 엄마 뼈를 찾았다구?"

"이모와 함께 그곳으로 갔어요. 하미마을에 다시 사람들이 들어가서
산 건 전쟁이 끝난 다음이었어요. 마을로 돌아온 사람들이 밭을 개간하는
데 어머니의 주민등록증이 나왔대요. 그리고 그 밑에 뼛조각이 있었대요.
그러니까 그 뼈가 엄마라는 거지요 …… 뼈를 보니 눈물이 났어요. 엄마
를 만날 수 있을 거라고는 생각하지 않았지만 하얀 뼈로만 남아 있는 엄
마를 본다는 것은 너무 슬픈 일이었어요. 그때 처음 '우리 가족이 어떻게
죽었구나' 하고 생각을 했어요. 엄마가 너무 불쌍하고 한국군한테 화가
났지요."

"나는 너무 어렸기 때문에 이 사건에 대해 이해하지 못했어요. 엄마 아
빠가 한국군에 의해 죽은 걸 알았을 때 화가 많이 났어요. 그러나 그 이후
로는 먹고 살기가 너무 힘들어서 한국군에 대해 생각할 겨를조차 없었어
요 …… 지금도 그래요. 나는 그때 일을 생각할 틈이 없어요. 할 일이 너
무 많아요."

"항상 그리워요. 그렇지만 엄마, 아빠에 대해 생각나는 게 없어요. 꿈
에서 자주 보는데 얼굴은 늘 희미해요. 한번만 직접 볼 수 있다면……."

"내가 너무 어려서 제사도 제대로 못 모시고 간단히 약식으로만 지냈
어요. 제단을 잘 갖춰서 제사를 잘 지내고 싶은 것이 내 소망이예요."

"열여덟 살 때 결혼을 했어요. 같은 공장에서 일을 하다 만났지요. 나
는 너무 힘들었어요. 내 남편은 고아인 나를 불쌍히 여기고 잘 돌봐줬어

요. 결혼을 하려고 보니까 부모님이 없잖아요. 큰아버지와 동네 어른들이
결혼식을 올릴 수 있도록 도와주셨어요."

남편 이야기가 나오니 탕 티 카의 표정이 환하다.

"무서웠어요. 첫아이를 낳아놓고 …… 먹일 게 없었어요. 엄마, 아버지
가 있으면 이렇게 무섭지는 않았을텐데. 그 땐 정말 너무나 공포스러웠어
요. 이 아이를 내가 먹여살릴 수 있을까 하구요……."

"돌보고 도울 수 있는 가족이 생겨서 좋아요. 나는 공부도 못했고, 먹
지도 못했고, 너무 힘들게 살았지만 내 자식들은 잘 먹이고, 잘 보살피고,
공부도 꼭 시키고 싶어요."

"행복?"

"너무 고단해서 행복하다고 느낄 겨를이 없었어요 …… 아니, 부모도
없고 가족도 없는 나를 아껴주는 사람들이 있었어요. 그들 때문에 행복했
어요."

"벽돌공장에서 일해요. 하루 15,000동[9]을 받아요. 남편도 같이 일하는
데 똑같이 15,000동을 받아요. 그것도 일이 있을 때만 일해요. 아이들 회
비, 내 약값, 많이 아프거든요, 돈이 많이 들어요."

"이 돈만으로는 끼니가 부족한 적도 있어요. 돼지도 키우고 다른 일도
많이 해야 해요. 저녁 때 남편은 짐꾼으로 일해요. 나는 돼지밥을 모으러

탕 티 카 가족

다니고. 집 지으려고 돈을 매일 모아요. 밥을 조금만 먹고 돈을 통에다 넣지요. 그런데 여기다 넣을 돈이 없네요. 얼른 돼지를 다 키워서 여기다 넣어야죠."

"사람답게 갖춰놓고 살고 싶어요. 그리고 제단을 잘 꾸려놓고 싶어요. 부모님과 내 형제, 자매들을 남들처럼 좋은 제단에 모시고 싶은데 …… 그리고 좋은 조건에서 우리 가족을 살게 하고 싶어요. 그래서 돈을 열심히 모아요. 그런데 마음처럼 안 되네요."

탕티카의 집은 흙바닥에 나무침대가 하나 놓여 있고, 밥을 먹을 수 있는 나무테이블과 의자, 너무나 오래된 옷장, 그리고 아주 커다란 쌀독이 하나 있다.

"애들 보고 살아요. 나는 그냥 이런 게 사는건가보다 하고 사는데, 애들은 끝까지 공부시키고 싶어요. 뭐가 되어도 괜찮아요. 구체적인 직업을 가진 사람이 되었으면 좋겠어요."

"오늘 만나서 얘기하니까 너무 좋아요. 마음이 들떠요. 왜냐하면 수십 년 동안 속마음을 이야기할 데가 없었어요 …… 아무도 나에게 이런 걸 물어본 적이 없었거든요."

그날 탕 티 카는 우리에게 고구마를 쪄주고 땅콩을 삶아주었다. 파근 파근한 고구마는 달았고, 땅콩은 고소했다.

부엌과 집을 오가며 탕 티 카는 설렘을 감추지 못했다. 화롯불 앞에서 부채질을 하며 땀방울을 흘리고, 손 씻을 물을 떠오고, 행주로 식탁을 훔치는 탕 티 카의 얼굴엔 발그레한 홍조가 떠나지 않았다. 그녀의 남편과 봄향기라는 이름을 가진 일곱 살짜리 딸과 함께 한 점심(아들은 학교에서 돌아오지 않았다)은 즐겁고 다정한 시간이었지만, 어쩌면 그녀 가족의 일주일치 점심을 우리가 한꺼번에 먹어버리는 게 아닌가 불안하기도 했다.

우리가 돌아오고 나서 탕 티 카는 그녀의 딸 봄향기에게 뭐라고 얘기했을까. 왜 저 한국 사람들이 자기를 찾아왔고, 자신의 이야기를 듣고, 자신과 함께 고구마를 먹었는지 이야기해 주었을까. 착하고 순하게 생긴 그녀의 남편에게 탕 티 카는 조금 더 당당해졌을까.

나의 고통과 아픔이, 절망과 가난이 내 탓이 아니라 누군가에 의해서 망가진 것이라고, 내가 이만큼 사는 것이 얼마나 최선을 다한 삶인지 아느냐고 그녀는 조금 흥분해서 길게 얘기라도 했을까. 아까 그 여자들이 나한테 얼마나 공손하고 정중했는지, 그리고 나를 바라보는 눈길이 얼마나 따뜻했는지 봤느냐고 큰소리라도 쳤을까. 한국산 인삼과 티셔츠도 나 때문에 받은 것이라고, 그러다 그녀는 울었을까. 눈물이 쏟아져, 가슴이 먹먹해 다음 말을 이어가지 못했을까.

  탕 티 카를 만나 이야기할 수 있었던 날은 베트남일을 하면서 가장 기뻤던 날이다.
  그녀는 자신의 삶을 처음으로 '말' 했다.
  아무도 들어주지 않았던, 말하라고 하지 않았던 탕 티 카의 삶이 주목받고, 태어나 처음으로 그녀는 고단하고 힘들었던 자신의 삶을 기억하고 말했다.

  탕 티 카의 삶을 지배하는 건 전쟁이다. 전쟁 중에서 민간인 학살이다. 그것은 탕 티 카의 삶을 총체적으로 위협하는 것이며, 또한 그 영향은 지속적이면서도 현재적이다. 민간인 학살은 그녀의 가난과 내면적 불안, 사회 · 경제 · 문화적 소외로 중첩되면서 그녀의 현재의 삶을, 그녀의 전 인생을 지배하고 있다.

  그날 탕 티 카가 가장 많이 한 말은 '기억나지 않는다'는 것과 '힘들다'라는 것이었다.
  그녀는 끊임없이 무언가를 기억하려 했지만 잡힐 듯 잡힐 듯한 기억은 안개 속으로 사라져버리거나 공중을 부유했다.
  그녀는 기억이 단절된 채로 내던져졌고, 아무도 그녀의 삶에, 그녀의 상처에, 그녀의 기억에 말을 걸어주지 않았다.

  그날 탕 티 카는 '말' 했다.
  그녀가 살아온 지난 35년의 세월을, 오전 한 나절, 벽돌을 만들 듯, 정성을 다해 '말' 했다.

한 여자가 자신의 삶을 언어화한다는 것은 자신의 삶을 이해하고, 자신을 둘러싼 세계를 해석하는 것이리라.

탕 티 카 역시 자신을 둘러싼 공포와 두려움의 실체를 마주하고, 스스로의 말로 스스로의 삶을 재구성하고, 삶의 지평을 열어갈 것이다. 신난한 삶을 살면서도 인간에 대한 분노보다 따스함을 간직하고 삶을 개척해온 탕 티 카니까.

탕 티 카 내 가난한 자매에게, 지옥같은 삶을 견뎌내고 버티어낸, 봄향기같은 딸을 낳고 그 딸에게는 자신과 같은 삶을 물려주지 않기 위해 살고 있는 내 가난한 자매에게 나는 주고 싶다. 내 마음의 가장 아름다운 사랑, 연대.

주

1. 우리가 흔히 베트콩이라 부르는 사람들의 정식 명칭은 남베트남 민족해방전선 대원이다. 베트남 사람들은 이들을 유격대원이라 부르기도 하고 해방전선대원이라 부르기도 했다.
2. 푸옌성의 성도.
3. 베트남 사람들은 1975년 종전을 해방이라 불렀다.
4. 한국군에 의한 민간인 학살이 있었다고 주장되는 마을에는 위령비 혹은 증오비들이 서 있다. 주로 사람들이 집단으로 죽은 현장에 서 있는 이 비들은 지방 정부가 세운 것이 대부분이다. 1980년 이전에 세워진 비들은 증오비라 이름 붙여졌고, 사건이 일어난 연도와 날짜, 죽은 사람의 이름과 나이가 적혀 있다. 그러나 1980년 이후에 세워진 비들에는 위령비라고 적혀 있다. 과거를 접고 미래를 보자는 사회적 분위기가 비에도 나타난 것으로 보인다. 한국군에 의해 민간인 학살이 있었다고 주장되는 모든 마을에 비가 있는 것은 아니어서 꾸앙응아이성의 경우 폭빈촌과 빈호아사에는 위령비와 증오비가 있으나 여람마을의 경우에는 없다. 푸옌성의 경우도 붕따우마을에는 위령비가 있으나 호아쑤언에는 없다. 위령비는 지금도 계속 만들어지고 있다. 빈호아사의 경우 폭탄구덩이에 또 새로운 위령비가 생겼다. 민간인 학살지역 주민들의 큰 소망 중의 하나가 위령비를 세우는 것이다.
5. "전략촌은 베트남 전쟁이 게릴라 전쟁임을 감안해 물고기와 물의 관계로 남베트남 민족해방전선과 인민일반과의 관계로 보고 물이 없으면 물고기가 살 수 없다는 판단 아래 인민들을 이곳으로 이주시켜 베트콩의 서식처를 없앤다는 전략에서 나온 집단 수용소 격인 마을이다. 게릴라의 물적토대를 일소시킨다는 이 정책은 그러나 농민들이 이 곳에서 제대

로 살아갈 수 있는 여건을 제시하지 못하였다. 더구나 이주시 마을 사람들에 사전 통보 없이 일체의 가재도구도 가지지 못하게 하여 갑자기 이주를 시키기 때문에 원성이 높았다.(조사, 1972: 16) 이로써 집단 아사나 병사 들이 발생했고 이들 농민의 전략촌 이주로 인하여 농지가 황폐화 되는 등 그 피해가 막대하였다." 강정구, <베트남 전쟁과 미국의 전쟁범죄>

"사이공 정부가 베트콩의 보급근원지를 차단하겠다고 계획한 '전략촌' 개념은 농민의 실정을 전혀 이해하지 못한 조치였다. 이 조치가 시행되면 농민들은 낮에는 나가서 농사를 짓다가 어두워지면 전략촌으로 들어와 생활해야 한다. 야간에 전략촌 바깥을 다니는 자는 모두 적으로 간주돼 사살될 수 있기 때문이다. 즉 야간에 전략촌 바깥은 '자유살상지역'이 된다. 사이공 정부는 11,000개의 전략촌을 만들 계획 아래 1964년에만 3,000개를 만들었다. 농민들은 이 조치로 땅을 빼앗긴 설움에 더해 조상 대대로 살아오던 정든 집과 고향에서 쫓겨나는 슬픔을 맛봐야 했다. 그리고 전통적인 미풍양속이 사라진 전략촌에선 고리대급업자의 착취와 관리들의 빈번한 주민분류 등에 시달려야 했다." 김진선, 《산자의 전쟁, 죽은자의 전쟁》

6. 베트콩.

7. 유명한 정치범 수용소.

8. 2000년 2월 10일 방영, '베트남 위령탑의 진실'

9. 한국돈으로 1500원.

3장

전선 없는 전쟁, 반공주의, 이미지의 공포

의심과 두려움

"모르겠어요. 왜 우리를 죽였는지, 나는 지금도 이해
할 수가 없어요."

베트남 사람들은 도리어 우리에게 물었다.

"왜 한국군은 우리를 죽였나?"

그들은 모르겠다고 했다. 쩐 반 호안도 응웬 또이도
왜 한국군이 자신들을 죽였는지 모르겠다고 했다.

당시 어린아이였다가 살아남아 지금은 초등학교 교사
가 된 브이 티 농도 물었다.

"왜 한국군이 마을 사람들을 죽였는지 모르겠어요. 마
을에는 노인과 여자들, 아이들밖에 없었는데 …… 나는
당시 우리 마을에 왔던 군인들을 만나면 물어보고 싶어
요. 왜 우리를 죽였는지, 나는 지금도 알 수 없어요."

브이 티 농의 눈에 눈물이 번져났다.

처음 민간인 학살 문제를 조사하기 위해 그 현장에 갔을 때 나는 도저히 믿어지지 않았다. 믿기에는 너무 참혹한 이야기들이 많았다.

나는 의심했다. 우리를 보자마자 눈물을 흘리는 사람도 의심했고, 담담히 이야기를 하는 사람도 의심했다. 무엇이 의심스러운지 모르면서 의심했다. 베트남 사람들의 말을 믿을 수가 없었다. 한날 한시에 그렇게 많은 사람들이 죽었다는 것도, 그들이 모두 무기를 들지 않은 민간인이었다는 것도 믿어지지 않았다.

이 의문을 풀기 위해 나는 사람들에게 묻고 또 물었다.

"한국군과 교전 중에 그런 일이 일어난 게 아니었습니까?"

"우리 중의 누구도 무기를 갖고 있지 않았습니다."

"당신은 당시 민간인이었습니까?"

"나는 농부였습니다."

"혹 VC가 아니었습니까?"

"아니었어요. 지금과 마찬가지로 나는 그때도 그저 농부였습니다."

"당시 죽은 사람들 중에는 VC가 있을 수도 있잖아요. 비밀 활동을 하면 당신이 모를 수 있지 않습니까?"

"아, 아니라니까요. 그 죽은 사람들이 내 아버지, 어머니, 삼촌, 당숙, 조카들인데 내가 왜 몰라요."

증언을 하는 사람은 답답해서 가슴을 쳤다.

그러다 어느 날 문득 나는 내가 얼마나 폭력적인 질문을 하고 있는지를 깨달았다.

천신만고 살아남은 피해자들한테 나는 오히려 화를 내며 당신이 당시 민간인이었다는 증거를 대라고 하고 있었다. 칸호아성에서 꾸앙남성까지, 베트남 중부 지역의 마을을 내 발로 직접 가서, 직접 듣고, 직접 보면서도 사실을 인정하지 않으려는 내 자신을 만나야 했다. 한번도 남의 나라를 침략한 적이 없는, 평화를 사랑하는 백의 민족의 신화가, 사실을 사실로 인정하는 것을 내 속에서 가로막고 있었는지도 모른다.

'한국군에 의한 민간인 학살'이라는 말을 내 입으로 하기까지는 오랜 시간이 걸렸다.

> 한국 병사들이 빈안사에 몰려와 학살을 자행했을 때, 당시 그곳에는 북베트남군이 없었다. 주민들만이 있었을 뿐이다. 내 생각에 만약 전쟁이라는 상황에서 양측이 교전 중에 죽고 죽임을 당하였다면 그건 새삼 이야기할 필요도 없다. 그러나 문제는 학살의 대상이 무고한 민간인이었다는 데 있다.

쿼년에서 만났던 응웬 탄 퐁씨는 이것을 분명히 했다. 그는 전쟁이 한창 진행 중이던 1966년 3월 19일과 20일 중앙위원회가 응이아빈성 떠이손현에서 조직한 '중부 각 성에서의 전쟁범죄' 조사 회의에서 사례발표를 했던 사람으로, 당시 한국군에 의한 민간인 학살을 조사한 장본인이다.

교전상황에서 내가 쏘지 않으면 적이 나를 쏘기 때문에 어쩔 수 없이 쏘아야 한다는 상황논리에 대해선 할 말이 없다. 전쟁이란 상황에 내팽겨쳐진 개인들이 스스로의 목숨을 보존하기 위해 총을 쏘는 것에 대해 누가 다른 말을 할 수 있겠는가.

그러나 '나와 우리'가 취재한 마을에서 일어난 대부분의 사건은 교전상황이 아닌 상태에서 일어났다. 한국군이 마을에서 주민들을 향해 총을 겨누었을 때, 이들은 아무런 저항도 하지 않았다. 아니, 할 수 없었다.

베트콩은 없었어

1966년 음력 9월 27일 아침 7시경이었다. 우리들은 평상시와 다름없이 밥을 먹거나 일을 할 채비를 하고 있었다. 한국군은 마을로 들어오며 닥치는 대로 쏘았다. 밥을 먹다가, 젖을 먹이다가 사람들은 죽었다. 그리고 모아서 죽이기도 했다. 한국군이 들어왔을 때 나는 땅굴에 있다가 달아나서 사탕수수밭에 숨었다. 불을 지르고 난리가 났다. 한국군이 산으로 물러나고 보니 사람들은 2~3명씩 5~6명씩, 고꾸라지고 엎어지고 각양각색으로 죽어 있었다. 밥을 먹다가 죽은 사람도 있고 젖을 먹이다가 죽은 사람도 있었다. 우리 집은 더 난리가 아니었다. 아버지는 밥을 먹다가 밥그릇을 든 채 넘어져 있었다. 입안에는 밥알이 그대로 있었다. 조카들은 기어다니길래 아, 안 죽었구나 하고 가보니 기어다니는채로 죽어 있었다. 뚜껑 없는 땅굴로 가보니 어머니와 조카들이 앉아 있었다. 안 죽은 줄 알고 꺼내려고 보니 앉은 채로 모두 죽어 있었다. 외조카는 모두 세 명의 아이를 데리고 있었는데 생후 두 달된 아이는 죽어서도 가슴에 안고 있었다. 젖을 먹이던 중이었는지 젖 한쪽이 나와 있었다. 얼마나 무서웠는지 얼굴이 파랬다. 그러나 저 위령비에는 3명의 이름만 있다. 6명의 아기들의 이름은 없다.

꾸앙응아이성 선띤현 푹빈촌에서 만났던 응웬 리씨의 말이다. 말을 하는 도중 그는 울었다. 손으로 땅을 긁으며 울었다.

세월도 약이 아니었다. 잊혀지지 않았다. 아버지의 입 속에 들어있던 이승에서의 마지막 밥알이 늘 눈에서 어른거리고, 어린 조카들은 30년이 지났는데도 아기인 채로 그의 꿈 속을 기어다녔다.

"그날의 학살로 난 부모님과 형, 동생, 형의 아이들, 동생의 아이들 모

한국군에 의한 민간인 희생지역 답사 중 자신이
겪은 전쟁 이야기를 들려주는 레 티 티엣

두 9명의 가족을 잃었다."

사건 당시 한국군에게 머리를 맞아 뇌손상을 입은 아들과 함께 살고
있는 레 티 티엣(여, 64세)은 숨이 차게 말했다.

한국군이 마을에 들어와 집을 먼저 불태우고 집 뒤에 있는 땅굴로 데
려갔다. 나는 당시에 애가 둘이었는데, 두 살짜리는 안고 있고 열 살짜
리는 내 옆에 서 있었다. 내 언니는 아이가 셋이었는데 마찬가지로 집
뒤의 땅굴로 끌고 갔다. 땅굴 안에는 이미 작은아버지, 작은어머니가
죽어 있었다. 우리를 땅굴로 밀어넣는 데 나는 아기를 보여주면서 제
발 살려달라고 빌었다. 언니네 아이 셋, 우리 아이 둘, 나, 언니 모두 7
명이 살려달라고 빌었다. 한국군은 우리를 살려주었다. 그러나 그때
저 아이를 집어던져서 머리를 다쳤다. 지금도 정상이 아니다.

중년이 된 그의 아들 쩐 반 도안이 옆에 서 있다 웃었다.

"귀가 멀 정도로 총소리가 들렸고, 사람들이 죽는 걸 봤다. 한국군은 여기저기 보이는 대로, 닥치는 대로 총을 쏘았다."
레 티 티엣의 집도 불타 없어졌다.

우리는 전략촌에 갔다가 다시 돌아왔다. 우리 원칙은 이 마을을 지키는 것이었다. 여기는 우리 땅이다. 우리는 여기서 농사를 지어야 한다. 그래야 먹고 산다. VC들이 와도, 한국군이 와도 장정들은 없었다. 한국군이 보더라도 아이, 노인밖에 없었다. 그래서 우리는 죽이지 않을 것이라고 생각했다. 그날도 마을에 베트콩은 없었다. 이 마을에 오던 중에 무슨 일이 있었는지 모르지만 이 마을에는 베트콩이 없었다.

레 티 티엣은 손을 흔들며 고개를 가로저었다.
보 통(남, 69세)의 기억 역시 다르지 않다.

한국군이 떼지어 몰려오는데 어떻게 싸울 각오가 있었겠는가. 우리는 총도 없었다. 우리가 총을 쏘면 마을 주민들이 학살될 가능성이 크다는 것은 누구나 안다. 그러므로 그날 아침, 아무도 한국군을 향해 총을 쏘았을 가능성은 없다.

용안작전

푹빈에서 일어난 사건은 '작전'에 의해 일어난 사건이다.

'내가 쏘지 않으면 언제 총알이 날아올지 모르는' 상황에서 일어난 우발적인 '민간인 피해'라고 할 수 없는 것이, 저항하지 않는 비무장 민간인들을 향해 총을 쏜 경우에 해당하기 때문이다.

피해자들은 대부분이 여자와 어린아이, 노인들이었다. 젊은 남자들은 이미 남이나 북의 군인으로 가거나, 설혹 있었다 하더라도 가장 먼저 피신했다. 여자와 어린아이와 노인들은 피신할 아무런 이유가 없었기 때문에 한국군이 자신들을 죽일 것이라고는 생각하지 않았다고 한다.

푹빈에서 일어난 민간인 학살은 '용안작전'을 수행하던 중에 일어났다.

'용안작전'이란 1966년 11월 9일부터 27일까지 청룡여단 2, 3, 1 대대가 번갈아가며 꾸앙응아이성 선띤현에서 벌인 베트콩 소탕작전을 말하는 것이다.

당시 용안작전에 직접 투입되었던 제2대대 7중대장이었던 김기태씨는 《한겨레 21》과의 인터뷰를 통해 당시의 상황을 증언했다.

작전을 시작하기 전 대대장과 함께 헬리콥터를 타고 지역을 정찰했습니다. 그렇게 평화스러울 수가 없었어요. 수풀이 우거지고, 삿갓모자를 쓴 농부들이 물소를 몰며 농사를 짓고…….

그뒤 이 지역은 19일 동안 걷잡을 수 없는 참화의 소용돌이에 휩싸인다.

적과의 전투가 아니라 다만 민간인들의 마을을 초토화하는 작전이 수행되는 동안 수많은 민간인들이 이유 없이 학살당하고 집들이 불태워지고 가축들이 도살당했다.

그는 이 마을에서 공격을 받아 부상
을 당하거나 숨진 부하는 없었다고 했
다. 저항하거나 무기를 든 이가 아무도
없었음에도 불구하고 이 마을에서 '싹
쓸이'가 일어난다.

불도저로 밀 듯이 들어가며 닥치
는대로 집에 불을 지르고, 기어나
오는 사람들은 보이는대로 다 갈
겨버리는 겁니다.

그는 이 마을에서 몇 명이 죽었는지
짐작할 수도 없다고 했다. 다만 밟고 가
야 할 정도로 많은 주검을 목격했다는
것은 확실했다.[1]

베트남 캠프를 포격하는 미군(1967년)

아무런 저항도 하지 않는, 비무장의 여자와 노인과 어린아이들을 향해
왜 이토록 무차별한 공격이 일어났을까.

학살은 공식 전투 이면에서의 전투이며, '또다른 전쟁'이라고 전문가
들은 말한다. 전쟁에서의 잔혹함은 '권력유지의 대단히 중요한 수단'이
다. 이러한 맥락에서,

초토화작전이란 적에 대해 잔혹하게 대처하고, 적 또는 '희생양'들을
완전히 재기불능 상태로 만들어 위엄을 과시하며, 이를 목격한 일반
민중들로 하여금 공포감과 무조건적인 복종심을 가지도록 하려는 정
치적인 행동인 것이다.[2]

전쟁으로 인한 살상의 규모나 비극성은 사실 공식 전투보다 이 또 하나의 전쟁에서 더 심각한 경우가 많으며 베트남 전쟁도 예외는 아니었다.

그러나 이러한 사실을 받아들이기까지 나는 끊임없이 정황을 따져묻고, 의심하고, 자료를 요구했다.

자신들한테 가해지는 이 폭력적인 질문 앞에 베트남 사람들은 화를 내지 않았다. 그리고 자신은 당시 남베트남 민족해방전선 대원이 아닌 농부였을 뿐이라고 담담하게 말했다.

그러나 그들은 자신들이 민간인이었다는 증거를 대지 못했다.

그 증거를 찾은 사람은 오히려 나였다.

그들이 민간인이었다는 증거는 열사보조금을 받지 못하고 있다는 데서 일차적으로 드러난다. 베트남 전쟁 당시 유격대 활동을 했거나 유격대 활동을 하다 죽은 사람들은 모두 베트남 정부로부터 열사보조금을 받고 있었다. 예를 들어 유격대 활동을 하다 미군에게 죽음을 당한 응옥은 그녀의 친정부모님이 열사보조금을 받고, 아버지가 유격대 활동을 하다 사망한 도안 응히 역시 아버지의 열사보조금을 받고 있었다. 유격대 활동을 하다 부상당한 팜 반 꿈이나 판 따이 판은 자신이 정부로부터 보상금을 받고 있었다.

그러나 '나와 우리'가 조사한 지역에서 열사보조금을 받는 사람들은 없었다.

민간인 학살이 억울하고 서러운 것은 그것이 어느 쪽으로부터도 인정받지 못하는 죽음이라는 데 있다는 것을, 그들을 만나며 알아갔다. 비무장 민간인, 자신을 방어할 어떤 무기도 갖지 못한 채 참혹한 모습으로 죽어갔지만 그들은 열사도 전사도 아니었다. 그들의 죽음에는 화려한 수사도, 영웅의 신화도 없었다. 꽃도 십자가도 없는 무덤, 억울하고 서러운 죽음이었다.

베트남의 입장에서 엄밀하게 말하자면 그들은 조국을 위해 목숨을 바친 사람들이 아니었다. 들판에서, 강가에서 농사를 짓다 고기를 잡다 어느 날 갑자기 들이닥친 군인들에 의해 느닷없이 비명횡사 당한 사람들일 뿐이다. 조국으로부터도, 가해국으로부터도 외면당하고 소외당하는 죽음, 그것이 민간인 학살이었다.

둘째, 베트남 사람들은 전쟁 당시에 유격대 활동을 한 사실을 숨기지 않았다. 왜냐하면 그들에게 그것은 훈장이기 때문이다. 그들에게 베트남 전쟁[3]은 미국의 침략에 맞서 싸운 독립 전쟁이었다. 그러므로 VC들은 자신의 영토를 침범한 외국 군대를 물리치기 위한 싸움에 참가한 전사들이다. 그들에게 VC 활동은 자랑스런 경력이었다.

"여어, 한국 사람, 만나니 반갑소. 나 베트콩이었어요. 우리 과거에 적이었지."

푸옌성, 남호아히엡에서 취재를 마치고 나오는 데 논일을 마치고 오던 어떤 아저씨가 악수를 청하며 한 말이다. 이처럼 전쟁 당시 VC 활동을 한 사람들은 자신이 VC였다고 당당하게 말했다.

베트남에는 과거 남베트남 민족해방전선의 대원이었던 사람들이 수없이 많다. 겉으로 보기엔 평범한 농부거나, 주름진 할머니들도 이야길 듣다보면 과거에 유격대원인 경우가 많다. 이래서 베트남이 미국과의 전쟁에서 이길 수 있었구나 하는 생각이 들 정도로. 이들 중 누구도 자신이 VC였다는 걸 감추거나 부정하지 않았다.

그러나 민간인 학살 현장에서 만났던 모든 사람들은 자신이, 그 날 죽은 사람들이 VC가 아니었다고 말했다. 이 말은 그 마을에 VC가 없었다는 말은 아니다. 그러나 그날, 그 자리에서 죽었던 사람들은 분명 VC가 아니었다고 사람들은 입을 모았다.

셋째, 미 국립문서기록 보관소(NARA, National Archives Records

Administration)에서 발견된 기록들이다. 베트남 전쟁이 끝나고 30년이 지나 비밀해제된 미국의 베트남전 관련 문서에는 한국군에 의한 민간인 학살 보고서들이 있다. 특히 꾸앙남성 디엔반현 퐁니마을의 경우 미군소대와 자매결연을 맺은 안전 마을이었는데 한국군에 의한 민간인 학살이 일어났고, 이러한 사실이 문제가 되어 당시 주월미군사령관이 주월한국군사령관에게 사건의 진위를 묻는 편지를 보낸 것이 발견되기도 했다.

이런 정황들은 그들이 민간인이었음을 주장하는 밑받침이 될 수 있었다. 한국군은 왜 민간인들에게 총을 겨누었을까.

전선 없는 전쟁, 몸 속에 내재된 반공 이데올로기

베트남전 당시 한국군의 작전은 미국 의회의 사이밍턴 청문회에서도 누차 지적된 것처럼 순수한 전투와 토벌작전을 결합하는 것을 특징으로 하고 있었다. 베트남전에서의 토벌전략은 유격대 활동의 근거지가 될 수 있는 자연촌락이나 산재호를 분쇄하고 주민들을 신생활촌이라 불리는 전략촌으로 옮겨 유격대와 주민의 접촉을 차단한다는 것이었다. 즉 물과 물고기를 떼어놓는다는 것이다.

1966년 5월 25일 주월한국군사령부가 발간한 전훈집은 "부락은 모두 적활동의 근거지"이며 "게릴라의 보급, 인적 자원 및 정보수집의 근원은 부락에 놓여있으며 베트콩 하부구조의 기반은 부락과 주민이다"라고 강조했다. 이런 입장에서 토벌에 나서 마을에 발을 들여놓을 때 적들의 잠재적 기반인 마을 주민들에 대한 학살이 일어나지 않았다면 오히려 이상한 일일 것이다.[4]

흔히 베트남 전쟁은 전선 없는 전쟁이었다고 표현되어진다. 전선 없는 전쟁에서는 민중의 지지를 얻는 쪽이 식량과 약과 생필품 등을 보급받을 수 있다. 전쟁의 승리는 누가 민중의 지지를 받느냐에 달려있는 것이다.

이런 전쟁은 상반된 작전을 내오게 된다. 남베트남 사람들 모두가 잠재적 적이라고 생각했던 미군과 한국군은 이들을 상대로 전투를 했고, 남베트남 사람들로부터 어떻게든 보급을 받아야했던 남베트남 민족해방전선과 북베트남은 이들로부터 지지를 끌어내야 했다. 그러므로 그들의 작전은 끊임없는 교육과 선전선동으로 사람들의 동의와 지지를 받아내는 것이었다. 인민의 것은 지푸라기 하나라도 공짜로 가져와서는 안 된다는 교육이 북베트남 병사들에게 행해졌던 것은 그들의 지지를 잃는 순간 숨을 곳도 기댈 곳도 없어지기 때문이다.[5]

> 한국군은 정말 게릴라전의 정치적인 면을 이해하지 못하고 있다. 한국군 보고서에 의하면 "퐁니지역 대중에 대한 분석은 대중의 약 30%는 베트콩이거나 그 협조자들 중 하나이고, 약 40%는 베트콩 동조자들이며, 그 지역에 열성적인 베트콩 활동가들이 있다는 것을 보여준다"라고 말하고 있다. 그들에게 있어 흔들리는 사람들은 다 베트콩이었다.

미군보고서의 기록이다. 한국군들에게는 대부분의 베트남 사람들이 다 베트콩으로 보였던 것이다.

전쟁의 목적이 무엇이냐에 따라 전투에 임하는 군인들의 자세는 달라진다.

베트남전에 갔던 우리 군인들의 목적은 무엇이었을까.

그 자신이 베트남전에 참전했고, 육군대장으로 전역한 김진선씨는 자신의 책에서 베트남전에 대해 다음과 같이 말한다.

월남에서의 전투는 명백한 충성의 대상이나 목적이 없다. 베트남과 무슨 특별한 인연이 있었던 것도 아니고, 적에 대한 적개심이 있는 것도 아니었다. 병사들에게 사명감을 갖기 위해 정신훈화를 한다고 해봤자 '국제공산화'를 막자는 것인데 이것이 병사들에게 먹혀 들리 없다.[6]

베트남전에 참전했던 김영만씨는 말한다.

그 노래를 부르며 갔지요. 붉은 무리 무찔러 자유 지키러 삼군에 앞장서 청룡은 간다 …… 하는. 베트콩은 다 빨갱이라고 생각했지요. 그렇지 않고서야 우리가 그 사람들을 죽일 아무런 이유가 없잖아요.

해방공간과 한국 전쟁을 거치면서 '빨갱이는 죽여도 된다' 아니 '죽여야 한다'는 의식이 우리 몸에 내재되어 있었고, 베트남전 역시 이 연장선에서 진행되었다.

빨갱이라는 근거불명의 막연한 의심만으로도 사람들은 죽어갔고, 이미 월북했거나 피신해버린 사람들 대신에 그 가족이나 친지들이 억울한 죽음을 당했던 것처럼 베트남에서도 역시 베트콩으로 의심되거나 그 마을에 베트콩이 있을 거라는 의심 하에 온 마을 사람들이 죽임을 당한 경우가 발생했을 가능성이 높다.

아무런 저항력이 없는 어린아이와 여자들에게까지 총을 쏜 것은 실제 이들이 자신을 위협할 존재로 돌변할 가능성이 있었기 때문만은 아닐 것이다.

반공이데올로기로 온 몸을 무장해야 살아남을 수 있었던 현대사의 체험과 기억은 우리의 의식에 기형적인 반공주의를 각인했고, 반공의 이름으로라면 아이도 여자도 죽일 수 있었던 문화와 논리가 우리 속에 내재

전쟁박물관

되어 있었기 때문이기도 하다.

우리에게 한번 만이라도 민간인 죽이지 마라. 아이나 노인이나 여자
죽이지 마라. 강간하지 마라. 한번이라도 얘기했다면 그렇게까지는
안 했지. 백 명의 베트콩을 놓치더라도 한 명의 민간인을 살리라고.
나는 그런 이야기는 한번도 못 들어봤습니다. 월남 가는 배 안에서 내
가 들은 이야기는 아군을 죽여서 시체를 철조망 위에 걸어놓는다, 잡
히면 사지를 찢어 죽인다 등 우리가 어떻게 당했다는 이야기가 대부
분입니다. 도착하기도 전에 베트콩에 대한 공포와 적개심이 생기지

요. 아이들도 베트콩이니까 다 죽여야 한다. 강간하고 난 다음엔 죽여야 한다. 그렇지 않으면 골치아파진다. 그런 이야기만 들었다고. 찔러도 피 한 방울 안 나오는 종자들, 고문을 받으면서도 비명 한번 안 지르는 악독한 존재들. 그런 이야기 속에 베트콩은 이미 우리와 '같은' 사람이 아니었습니다. 우리와는 또다른, 우리가 죽여도 되는 또하나의 인종이었던 겁니다. 사실 월남전에서 내가 몸 바쳐 싸울 이유가 어디 있습니까. 어떻게든 살아남아야겠다는 생각만 하게 되지. 그러니 아이고 여자고 다 베트콩으로 보이는 겁니다.

김영만씨의 말이다.

우리는 흔히 학살이란 말의 무게 때문에 학살을 아주 특별한 것으로 생각하기 쉽다. 그렇지만 모든 병사들이 각종 선진적인 현대식 무기로 무장한 현대전에서 학살은 별로 특별하지 않은 상황에서 아주 우발적으로, 쉽게 발생할 수 있다는 것을 명심해야 한다. 또한 학살에는 분명히 정치적 목적이 들어있음도 또한 명심해야 한다.[8]

한발의 총성으로 전쟁이 일어나는 것은 아니다. 전쟁은 치밀하게 기획되고 준비되어 진행된다. 계급적 · 정치적 · 경제적 손익계산과 분석을 마친 후 이 전쟁으로 이익을 얻을 수 있다고 판단되는 집단이 발포 명령을 내리는 것이다.

1. ≪한겨레21≫, 305호

2. 김동춘, ≪전쟁과 사회≫

3. 베트남 사람들은 이 전쟁을 항미 전쟁이라 부른다.

4. 한홍구, <한국군의 베트남전 파병과 민간인 학살>

5. 지압 장군은 그들의 군대에게 농민과 인민을 대하는 원칙을 부단히 교육하였다.

   1. 인민을 존중할 것 2. 인민을 도울 것 3. 인민을 수호할 것.

   지압 장군은 이를 위한 세부 실천사항으로 여섯 가지의 금기 사항과 권장 사항을 제시하였다. 먼저 금지 사항을 보면 다음과 같다.

   1) 토지 작물에 피해를 주거나 인민의 가옥과 재산을 침해하는 행위를 하지 말 것

   2) 인민이 판매나 대여를 원하지 않는 것은 구매나 차용을 요구하지 말 것

   3) 살아있는 암탉은 산악 민족의 집에 가져가지 말 것

   4) 약속은 어기지 말 것

   5) 인민의 신조나 관습을 무시하지 말 것

   6) 우리가 인민을 경멸하고 있다고 오해를 받을 말이나 행동을 하지 말 것

   그리고 여섯 가지 허용 사항은 다음과 같다.

   1) 일상 작업에서 인민을 도울 것

   2) 가능할 때는 언제나 시장에서 먼 곳에 사는 사람들을 위해 물건을 구입해다 줄 것

   3) 여가 시간에는 항전에 쓸모 있는 이야기를 하되 보안에 주의 할 것

   4) 주민에게 국어와 기본 위생을 가르쳐 줄 것

   5) 처음에는 공감대를 조성하기 위해 그리고 나서는 미신을 버리게 하기 위해 각 지역의 관습을 연구하여 그에 친숙해지도록 할 것

   6) 올바르고 근면하며 훈련되어 있는 자신의 모습을 인민에게 보여줄 것

   지압 장군의 해방 전쟁의 근본 문제는 조국의 독립과 통일을 쟁취하고, 우리 농민에게 토지를 분배하여 그에 대한 권리를 보장하는 것이라고 선언하여 당시의 전쟁을 '농민을 위한 인민의 전쟁'이라고 규정하였다. 정치 전쟁을 선언한 것이다. 그가 규정한 적은 '침략적 제국주의' '제국주의와 연계된 봉건 지배계급' '농민과 민족주의자를 탄압하는 지배계급'이었다. 이 적들과 싸우는 방법은 저항세력의 창의력에 맡겼다. 김진선, ≪산자의 전쟁, 죽은자의 전쟁≫

6. 김진선, ≪산자의 전쟁, 죽은자의 전쟁≫

7. 채명신 사령관은 100명의 베트콩을 놓치더라도 한 명의 양민을 보호하라는 훈령을 내렸으나, 실제 전투하는 과정에서는 훈령이 지켜지지 않는 경우가 많았다.

8. 한홍구, <한국군의 베트남전 파병과 민간인 학살>

4장

전쟁의 기억,
기억의 전쟁

4장 전쟁의 기억, 기억의 전쟁

 베트남 사람들은 우리가 베트남 전쟁이라 부르는 전쟁을 미국 전쟁이라 부른다. 우리가 베트콩이라 부르는 사람들을 남베트남 민족해방전선이라 부른다. 그리고 월남 패망을 해방이라 부른다. 전쟁이 모든 사람에게 같은 경험을 하게 하고, 같은 기억을 남기는 것은 아니다. 미국의 베트남전에 대한 기억과 한국의 베트남전에 대한 기억은 다르다. 베트남전은 어떤 전쟁이었는가, 우리는 왜 그 전쟁에 갔는가에 대한 기억을 다시 떠올리는 건 기존에 있는 기억에 대한 문제제기다. 월남의 평화를 지켜주러 간 '자유의 십자군'이라는 기억은 누구의 기억인가. 누가 만들어놓은 기억의 신화인가. 베트남 사람들은 당시의 청룡과 맹호, 백마를 '한국군'이라 부르지 않는다. '박정희 군대'라 부른다. 그리고 그 '박정희 군대'는 미국의 용병이었다고 모든 베트남 사람들은 기억했다.

누가 죽였든 그것은 미국의 죄악이다. 한국군을 끌고

들어온 것은 미군이다. 따이한 군인들이 죽였다 하더라도 그것은 미국의 주장에 의한 것이다. 그러므로 미군이 죽인 것이나 마찬가지다.

꾸앙남성 디엔반현 디엔터사 투이보촌의 위령비 앞에서 한 마을 사람이 말했다. 투이보촌은 한국군에 의해 많은 민간인이 죽음을 당한 곳이다. 그런데 마을 입구에 세워진 위령탑에는 한국군이 아니라 미군에 의한 학살 장면들이 그려져 있다. 혹 미군에 의한 학살 지역이 아닐까 몇 번의 확인 작업을 거쳤지만 마을 사람들은 한국군이 마을에 들어와 사람들을 죽였다고 분명히 말했다.

2대의 헬기가 투이보촌으로 들어서는 고소이 지역에 청룡부대 1개 소대를 내려놓고 떠난다. 한국군은 마을로 밀고 들어오면서 닥치는 대로 총을 쏘아댔고, 주민들은 총알을 피할 수 있는 땅굴을 찾아 몸을 숨긴다. 한국군은 마을 곳곳의 땅굴을 수색해 모두 밖으로 나오라고 지시한다. 그리고 굴 속에서 기어나오는 사람들을 차례대로 쏘았다. 이 과정에서 145명의 민간인들이 목숨을 잃는다.

이것이 마을 사람들의 증언이다.
그렇다면 이 그림의 의미는 무엇인가.
베트남 사람들은 한결같이 한국군은 미군의 용병이기 때문이라고 그 이유를 설명했다.
영어통역을 맡아주었던 린도 말했다.
"우리는 한국군이 미군의 용병이라고 생각한다. 그러므로 한국군에 의한 학살도 미군에 의한 것이라고 생각한다."
이것은 한 퇴역장군을 만났을 때도 마찬가지였다. 베트남전 당시 북베트남의 장교였던 휴인 응히(남, 71세)는 다음과 같이 말했다.

나는 한국이 자의적으로 베트남전에 참전했다고는 생각하지 않는다.
한국은 미국과 다르게 식민지 경험이 있다. 식민지의 고통을 겪었던
민족이라면 다른 민족을 침략하지 않는다. 한번 식민지 경험을 한 민
족은 다른 나라를 식민지로 삼고자 하는 생각이 없을 것이라고 나는
생각한다. 당시 한국 정부는 미국의 압력하에 있었다. 미국이 한국을
베트남으로 끌어들인 것이다. 이것이 가장 큰 죄악이다. 한국은 베트
남과 마찬가지로 분단의 경험이 있다. 같은 민족끼리 전쟁을 한 한국
민족은 다른 민족의 고통을 알고 있는 민족이다. 그러므로 타민족을
침략할 수 있다고는 생각하지 않는다. 한국이 죄가 있다면 자주를 지
키지 못한 것이다. 미국의 요구에 거부할 수 있는 힘을 가지지 못했던
것이 죄라 할 수 있다.

그러나 많은 베트남 사람들이 말하는 것처럼 한국군의 베트남전 참전
이 미국의 요구에 의해서만은 아니다.

한국군의 베트남전 참전 배경

사실 한국군의 베트남 파병 논의는 1950년대 이승만 정부에서부터 비
롯된다. 1954년 제1차 인도차이나 전쟁에서 프랑스군이 베트남군에게
패배를 하고 있던 시기에 유엔극동군사령관 존 헐 장군은 기자회견을 통
해 "한국의 이승만 대통령은 인도차이나 공산군과 투쟁하고 있는 프랑스
군대를 원조하기 위해 한국군 전투사단을 인도차이나에 파병할 것을 제

의했다"고 밝혔다. 이것이 공식적인 이승만의 첫 시도였다. 그후에도 이
승만은 인도차이나에서 공산세력의 확대는 자유세계에 대한 국제공산주
의의 침략으로 보고, 자유아시아 국가들이 단합된 행동으로 이를 저지시
켜야 한다며 한국이 이를 적극적으로 방어하겠다는 의사를 표명했다. 프
랑스 정부가 이 제의에 반대해 이승만의 베트남 파병시도는 좌절된다. 미
국 또한 미군이 한국에 주둔하고 있는 상황에서 한국군을 다른 나라에 파
병하는 것에 대한 미국 내 여론의 반발이라는 측면을 이유로 이 제안을
거절한다.

　베트남 파병이 다시 거론된 것은 1961년 11월 워싱턴에서 열린 박정
희와 케네디의 1차 회담에서였다. 군사쿠데타로 정권을 장악해 정통성이
결여되어 있던 박정희 정부는 미국의 지지에 정권의 존폐여부가 달려 있
었다. 이 회담에서 미국은 한일국교정상화와 형식상 최소한의 선거를 실
시할 것(합법적인 정부를 수립하는 민정이양의 모양새를 갖출 것) 등을
요구하고, 박정희는 베트남 참전 가능성을 포함해 한국의 지원을 제의한
다.

1963년 10월 15일 선거를 통해 제3공화국이 출범한다. 그러나 첫 임기 4년 동안 박정희 정부는 한일국교정상화에 대한 반정부 학생시위와 야당의 극렬한 비판, 집권당 내부에서의 통치권에 대한 강력한 도전에 노출되었다.

즉 1963년 대통령 선거에서 윤보선 후보를 15만 표차로 누르고 당선되기는 하였으나 합법적인 민간 정부를 전복하여 새로운 정부를 구성하였다는 정통성의 부재는 박정희 정부의 태생적 한계로 작용하였다.

이러한 한계를 가진 박정희 정부는 경제 성장을 이루는 것으로서 정부의 정통성을 확보하려고 하였다. 그러나 한국에 대한 미국의 군사·경제 원조가 감소하자 박정희 정권의 기반이 동요하기 시작하였고, 이에 박정희 정부는 베트남에 대한 군사지원을 통하여 베트남 특수라는 경제 효과와, 파병의 대가로서의 원조를 획득하려는 목적을 상정했을 것이다. 당시 한국의 경제 환경은 외화부족과 물가고로 인한 경제 위기가 만연한 상태였다. 게다가 불경기, 식량난마저 가세해 전 국민의 삶은 피폐화되고 있었다. 이러한 상황하에서 미국은 무상원조를 차관으로 바꾸고 군원이관 등의 긴축재정 정책을 취함으로써 성장 정책을 추구하는 한국 경제는 심각한 상황을 초래하게 되었다.

박정희의 지도력에 대항하는 역쿠데타 시도와, 쿠데타 지도자들간의 내부알력 또한 박정희 정권을 위협하는 요소였다. 1961년 5월의 군권장악 이후로 1963년 12월의 민간 정부 수립에 이르기까지 12차례의 역쿠데타 시도가 있었다. 즉 1963년 12월 합법적인 민간 정부로 변모하긴 했지만, 군사쿠데타로 인한 합법적 민간 정부의 전복가능성이라는 선례의 수립은 군부의 내재된 동요와 권력갈등으로 표출되었다. 이 또한 박정희 정부를 압박하는 중요한 요소로 작용하였다.

이러한 정치적 상황하에서 박정희는 베트남 파병을 하나의 정치적 돌파구로써 생각했을 가능성이 있다. 결국 박정희 정권은 베트남 파병을 결정한다. 이것은 아시아의 다른 나라에 비해 상대적으로 강한 냉전의식에 의해 베트남을 냉전의 전장으로 본 시각과 더불어, 주한미군철수 내지 감축을 하지 않겠다는 미국의 확고한 공약을 얻음으로써 자국의 안전보장 확보, 미국으로부터의 경제적·군사적 원조의 획득, 베트남에서의 외화 획득이라는 실리가 작용해 내려진 결정이라 할 수 있다.

여러 가지 위기에 직면해 있던 제3공화국 정부는 당시에 처해 있었던 대내적인 정치·경제적 상황을 타개하기 위해 오히려 적극적으로 파병했다고 볼 수 있다. 즉 한국의 베트남 파병은 미국의 압력에 따른 불가피한 파병이라기보다는 당시의 대내외적인 위기 상황을 탈피하기 위해 박정희 정부가 적극적으로 선택한 정책 결정으로서 제3공화국의 정치적 돌파구였다고 할 수 있다.

'박정희 군대'라는 말에 함축된 또 하나의 의미는 당시의 한국 국민들에 대한 면죄부다. 과연 당시 한국 국민들은 베트남전으로부터 자유로울 수 있을까. 특히 지식인이나 언론은 베트남전에 대해 어떤 생각을 갖고 있었을까.

공모자 혹은 방관자

베트남전에 대한 일반적인 한국인들의 태도는 열광은 아니라 하더라도 공모자 혹은 방관자의 위치에 있었음은 부인하기 힘들다. 지식인들은 베트남전 참전에 대한 비판의 담론을 만들어내지 못했고 정치권 역시 마찬가지였다.

마틴 루터 킹 목사

　과거에 독립운동가였고, 야당의 정치지도자이기도 했던 박순천은 비행기 위에서 이 풍요와 다산성의 대지를 내려다보고 너무도 황홀한 나머지 베트남 땅에 입을 맞추며 "우리 민족이 처음으로 남의 나라에 군대를 보내고, 민족의 위력을 발휘한 이 감격, 이 비옥하고 광활한 땅이 우리의 것이라면 얼마나 좋겠는가"라고 ≪동아일보≫에 기고한 적이 있다. 남의 나라에 조국의 들판을 빼앗긴 아픔을 누구보다도 잘 알고 있을 그가 이런 이야기를 했다는 것은 그 당시 우리 나라 정치인의 인식의 척도를 보여주는 한 예라 할 수 있다.

　시인 모윤숙은 '또 다른 전선에서 국군을 본다'라는 시를 써 베트남 파병은 "자유를 잉태하러" 가는 길이니 "죽음도 마다 않고" "잘 싸워라"

며 "가도가도 깊어지는 밀림 수렁"으로 젊은이들을 몰아넣는다.

일본의 아시아 침략전 당시 천황의 적자가 되는 길은 전선에 나서는 길 뿐이라고 젊은이들을 독려하던 목소리가 이제 청년들에게 만리를 넘어 이국의 전선으로 가라고 또 북을 치고 장구를 친다. 아직 삶의 방향이 잡히지 않은 어린 청년들을, '어딘지도 모르'는 곳으로 보내면서, 그곳이 어떤 곳인지, 무얼 하는 곳인지 말해주지도 않고 우리는 잘한다 잘한다 박수 치고 등두드렸다. 사선이 될지도 모르는 곳으로 몰아넣으며 장하다 장하다 깃발을 흔든 대열 속에 내가 없었다고 어찌 장담하리.

이것은 마틴 루터 킹 목사가 베트남 전쟁에 대한 선언적인 반대에 그치지 않고 베트남 전쟁 투입을 위한 징집을 반대하면서 미국 젊은이들에게 '양심에 따른 반대'를 촉구한 것과는 극명한 대조를 이룬다.

1967년 4월 4일 마틴 루터 킹이 뉴욕시 맨해턴의 리버사이드 교회에서 행한 '베트남 전쟁으로부터의 독립을 선언함'이란 연설은 우리에게 많은 것을 생각하게 한다.

병역에 관해 젊은이들과 상담할 때 우리는 그들에게 베트남에서 우리 나라의 역할이 무엇인가를 명확히 설명해주고 그들에게 '양심에 따른 반대'라는 대안을 제시해주어야 한다. 나는 모교인 모어하우스대학에서 70여 명의 학생들이 그 길을 선택한 것을 기쁘게 생각한다. 나는 우리 나라가 베트남에 관해 선택한 행동들이 불명예한 것이며 불의한 것임을 아는 모든 이들에게 그것을 권고한다. 더 나아가 나는 징집대상연령에 해당하는 모든 목회자들도 목회자로서 갖게 되는 징집면제 특권을 포기하고 '양심에 따른 반대자'의 지위를 찾을 것을 권고한다. 인간적 신념을 지닌 모든 사람들은 자기자신의 신념에 어울리는 저항의 방식을 찾아야 한다. 그러나 우리는 모두 저항하지 않으

미국의 학생들이 주 방위군 앞에서 베트남 전쟁을 비난하고 있다.

면 안 된다…….

우리가 세계혁명에서 정의의 편에 서고자 한다면 우리는 나라 전체가 래디컬한 가치관의 혁명을 겪어야 한다고 나는 믿는다. 기계와 컴퓨터와 이윤과 재산권이 사람들보다 더 중요한 것으로 간주되고 있을 때, 인종주의와 물질주의와 군사주의라는 저 거대한 세 쌍둥이는 결코 정복될 수 없다…….

실질적으로 베트남전을 일으킨 미국의 경우 자국 내의 양심세력이 징집 반대와 반전의 목소리를 높여나간 것에 비해 한국에서는 이렇다 할 움직임이 없었다. 베트남전에 대한 성격 규명에 대한 논의도 없었고, 파병에 대한 우려의 목소리는 사회적 파장을 만들어내지 못했다.

1, 2차 파병이 만장일치로 국회를 통과하고, 3차 파병부터 반대의견들

이 개진되었으나 담론을 형성하진 못했다. 국회가 4차 파병안을 통과시켰을 때 세계는 이미 이 전쟁을 반대하는 거대한 물결을 이루고 있었다.

1966년 영국 철학자 버트런드 러셀은 '베트남에서 전쟁범죄에 관한 국제재판소'를 조직했고, 프랑스의 철학자 장 폴 사르트르는 1967년 2월 이 재판소가 개최한 스톡홀름 회의에서부터 집행위원장으로 참여했다. 이 재판에서 사르트르를 비롯한 대표자들은 베트남에서 미국의 행위가 민간인들에 대한 광범한 무차별 대량학살을 뜻하는 제노사이드라는 전쟁 범죄를 포함하고 있다는 결론을 내렸다. 즉 미국은 군사적 목적을 위해서 자유와 민주주의라는 허명을 내세우며 베트남 인민에 대한 제노사이드라는 의도적인 무차별 살상, 즉 전쟁범죄을 범했다고 이 재판소는 만장일치로 결론을 내렸다.[1]

미국 내에서도 반전 운동이 본격적으로 발전해 1968년 존슨 대통령의 대선 출마를 포기하도록 만들었다. 온 세계가 베트남전을 반대하고 반전 시위를 하고 있었을 때도 한국에서 반전의 목소리는 찾기 어려웠다.

대한 뉴스에서는 '귀신잡는 해병대'의 신화를 만들어내고, 여전히 부산항에서는 여학생들이 눈물의 손수건을 흔들었고, 파병 군인들의 용맹성은 과장되어 미디어를 장식했다.

베트남전의 성격 규명에 대한 비판적 인식은 지식인 사회에서도 제대로 이루어지지 않았다. 당시 진보적 잡지였던 《사상계》에서조차 베트남전에 대한 비판적 고찰을 찾아보기 힘들다. 언론은 말할 나위도 없다. 그들은 베트남전에 대한 비판적인 기사는 단 한줄도 내지 않았다. 마치 미국 정부의 대변인처럼 언론은 철저하게 미국의 입장을 대변했다. 아시아에 대한 무지와 국가 이기주의에 기인한 것이었을까. 당시 지식인들이 국가간 관계를 읽어내고 세계정세를 파악해 월남전에 대한 비판의 목소리를 만들어내지 못한 것은 지식인들과 언론의 직무유기에 해당된다.

위문편지 쓰기 운동과 위문품 보내기 운동에 동참한 일반 시민들이 파병된 군사들이 보내오는 트랜지스터 라디오와 카메라에 매료되었을지언정 불과 몇 년 전 우리가 겪었던 전쟁을 똑같이 겪고 있는 아시아 민중들의 고통에 대해 생각지 못했던 것은 정보의 차단 속에서 전쟁의 실상을 제대로 접하지 못했기 때문이었다. 언론과 지식인의 책임회피는 대부분의 국민을 전쟁의 공모자로 만들었다.

미국의 정신분석가 월터 C 랑거는 "독일의 광기를 만든 사람은 히틀러임과 동시에 독일의 광기가 히틀러를 만들었다고 할 수 있다"고 했다. 박정희가 연인원 32만의 병력을 베트남에 파병할 수 있었던 것은 한국인들의 방조와 묵인이 있었기 때문에 가능했다. 특히 제 역할을 못 한 언론과 지식인의 침묵은 정권을 위해 국민의 목숨을 담보로 하는 박정희와의 암묵적 공조에 다름 아니었다.[2]

베트남 전쟁은 위기에 처했던 박정희 정권을 반석 위에 올려놓았다. 베트남 전쟁으로 정권의 초석을 다진 박정희는 장기집권의 길로 들어서고 암울한 폭압정치가 시작되었다. 그러나 이 폭압정치의 실현에는 대다수 국민들의 일조가 있었다고 말하지 않을 수 없다. 3선 개헌과 유신헌법을 통한 폭압정치의 물적 토대는 바로 베트남 전쟁이었기 때문이다.

이렇듯 전 세계적으로 자유와 이성의 새로운 장을 열게 한 베트남 전쟁이 한국에서는 정반대의 상황을 촉발시켰다.

한국은 베트남 전쟁을 통해 10억 달러를 벌어들였고, 한진 등은 대기업으로 성장할 수 있었다.

그러나 그 10억이라는 숫자는 우리가 벌어들인 것만 계산할 뿐, 우리가 치러야 했던 대가나, 파병을 하지 않았더라도 우리가 거둘 수 있었던 경제적 성과를 의미하는 기회비용은 전혀 고려되지 않았다.[3]

게다가 미국의 용병[4]이었다는 역사적 오명은 영원할 것이고, 이러한 명분이 쿠데타를 정당화시키고, 인권탄압을 자행하고도 국가의 이름으로 이것을 정당화하는 역사를 만들기 시작했다고도 할 수 있다. 역사는 그렇게 단순한 것이 아니다. 베트남전에서 벌어들인 10억 달러는 박정희의 독재를 공고화하고 군사 문화를 이 땅에 뿌리 깊이 심는 데 기여한다. 장기집권, 의문사, 고문, 전두환의 집권과 광주학살 등이 베트남전으로 배태되었다고 한다면 그 10억 달러는 이후의 한국현대사가 두고두고 갚아야 할 부채가 된 셈이다.

지금까지 베트남 전쟁 자체의 도덕성과 그 전쟁에서 한국군의 행위가 도덕적이었는가에 상관 없이 베트남 전쟁이 한국에서 '반공성전'이 되었던 것은 그 전쟁에 파병했던 권력이 만들어낸 신화였다. 전쟁의 부도덕하고 추악한 이면, 국가라는 이름으로 강요되는 살인에 대해 이야기하는 것은 금기였고, 특정 권력 집단의 기억만이 공식적인 기억으로 정착되고 기록되었다. 전쟁을 기획하고 일으키고 그 전쟁으로 막대한 이익을 챙긴 집단은 전쟁에 대한 기억마저 독점하려 하는 것이다.

교육과 문화와 매스컴을 통해 만들어진 의식은 다시 왜곡된 기억을 재생산한다.

주

1. 김진선, ≪산자의 전쟁, 죽은자의 전쟁≫

2. 그것은 "베트남 전쟁으로 오늘날 우리가 이만큼 발전하지 않았느냐. 그러므로 그 문제에 대해서 말해선 안 된다"라는 논리와 박정희 기념관을 건립하는 것과의 또 하나의 공조체제로 이 사회에 나타나고 있다.

3. 한홍구, <현대사의 치욕 박정희>, ≪한겨레 21≫ 310호

4. 한국군의 경우 특히 용병이라고 지칭되는 경향이 강했다. 이것은 미국의 반전운동 세력이 그렇게 불렀을 뿐 아니라 한국군을 요청해 활용한 미국 관리들이 그렇게 불렀다. 이삼성, ≪20세기 문명과 야만≫

5장

퍼즐 맞추기

5장 퍼즐 맞추기

베트남전 당시 한국군에 의한 민간인 학살 문제를 다루는 것은 마치 퍼즐맞추기 게임 같다. 한국과 베트남에 흩어져 있는 기억과 고백과 눈물과 회한과 분노, 무덤과 뼈와 살점들을 찾아 맞추어나가다 보면 전쟁과 그 속에서 죽어갔던 사람들의 그림이 완성된다.

맨 처음 나오는 그림은 베트남 사람들의 증언이다. 그러나 베트남 사람들의 고통스런 눈물과 이야기만으로 퍼즐은 완성되지 않는다. 많은 참전군인들과 한국인들이 그 증언을 부인하고 의심한다. 문제를 풀어가는 방법은 일단 그 마을에 과연 한국군이 들어갔었느냐 하는 사실을 확인하는 것이다. 그 마을에 대한 작전이 있었는지에 대한 사실 확인은 ≪월남한국군전사≫나 ≪해병전투사≫를 통해 확인을 한다. 그래서 작전일자와 민간인 학살이 있었다고 주장하는 날짜가 맞으면 퍼즐은 반은 맞춘 셈이다. 남은 문제는 참전군인의 증언이 나와야 한다. 그 마을에서 정말 민간인을 학살했는지에 대한 참전군

인의 고백이 나오면 우리는 베트남전 당시 한국군에 의한 민간민 학살이라는, 인정하고 싶지 않지만 우리 눈 앞에 나타나는 그림을 마주볼 수밖에 없다.

풍니마을 민간인 학살은 이 세 가지 조건이 맞아져서 완성된 퍼즐이다. 거기에다 미국방부의 비밀보고서가 이 사실을 뒷받침하고 있다.

이 퍼즐은 어느 한 사람이나 한 단체가 맞추기는 너무 어려운 일이다. '나와 우리'의 피해지역 조사답사, 구수정 통신원의 현장 인터뷰, ≪한겨레 21≫의 참전군인들과의 접촉 노력, ≪파월한국전사≫, ≪해병전투사≫를 읽어낸 그들의 기자정신, 참전군인들의 양심적인 고백과 증언, 베트남전 진실위원회의 미국자료 입수등의 노력이 합해져 만들어낸 완성품은, 피빛이다.

베트남 사람들의 증언

시계가 없어 정확한 시간은 기억나지 않지만 아침밥을 먹고 난 후였다. 한국군은 당산나무 쪽으로 밀고 들어왔다. 그들은 닥치는 대로 사람들을 죽였다. 2개 지점에 사람을 모아 집단학살했고, 집에 숨어 있던 사람은 그 자리서 죽이고 집은 불태웠다. 시신을 수습조차 못했다. 전 가족이 몰살당한 집도 있었다. 아이들 주검은 상자나 대바구니에, 어른들 주검은 커다란 채반에 담아 머리에 이고, 어깨에 지고 또는 끌면서 이 길을 걸었다. 마을은 깡그리 불타고, 담요나 해먹'조차 남아 있지 않았다."

1968년 1월 14일 꾸앙응아이성 디엔반현 퐁니촌 럽남마을, 당시 두명의 누나와 네명의 조카를 잃은 응웬 수(71) 할아버지의 증언이다.

한국군이 물러가고 난 뒤, 마을 사람들이 시신을 들쳐메고 길게 열을 지어 키엠루 초소를 찾아갔어. 만장도 없고, 그 흔한 눈물도 없고, 다들 넋이 나가 곡성도 풀어놓질 못했지.

또다른 생존자 쩐 티 득 할머니(72)의 증언이다.

주민들은 남베트남 정부군 초소 앞 도로 양옆으로 시신을 늘어놓고 청룡에 대한 응징을 호소했다. 그러나 초소의 문은 굳게 닫힌 채 열리지 않았다. 시체 썩는 냄새가 진동을 하고, 파리떼가 하늘을 새까맣게 덮을 무렵에야 초소 군인들이 빗장을 열고, 장례에 쓸 널빤지와 천을 내주며 사태수습에 나섰다. 이미 부패해 진물이 줄줄 흐르는 주검은 다시 마을로 옮겨지지 못하고 도로변에 그대로 묻혔다.('나와 우리'와 구수정 통신원의 취재)

≪파월한국군전사≫에 나온 퐁니마을 기록

청룡여단은 1968년 1월 30일부터 2월 29일까지 여단 규모로 이른바 '괴룡 1호작전'을 벌였다. 이 작전은 1968년 1월 30일 북베트남군과 남베트남 민족해방전선의 구정대공세에 맞선 것으로 '구정공세 반격작전'으로도 불렸다. 당시 북베트남군과 베트콩이 청룡여단의 주둔지 호이안 시내는 물론 디엔반현 등을 공격하자 전 여단이 나서 베트콩 수색 소탕전을 시작한 것이다.

1968년 2월 12일 (음력 1월 14일) 제1중대(장, 김석현 대위)는 08:15에 1번 도로를 정찰하며 북진하고 퐁넛마을에 진입하였다가 공격 방향을 서쪽으로 전환하게 되었다. 이리하여 11:05에 중대의 선두부대는 목표(11−이곳은 퐁니촌에 해당한다)를 공격하였는데 이때 서쪽지역으로부터 30여발의 적 사격을 받아 4.2인치 박격포로 발사지점을 포격하여 제압할 수 있었으나 중대는 부상자 1명이 생겨 후송하였다 (≪파월한국군전사≫).

참전군인이 증언한 퐁니마을

당시 1소대장 최영언 중위의 기억에 의하면 퐁니촌은 '안전마을'이었다. 게다가 미 해병대 캡소대[2]와 자매결연까지 맺은 마을이었다.

그날 1중대는 1, 2, 3소대 순으로 1열 종대를 지어 퐁니촌 측면을 통과하고 있었다. 그런데 갑자기 마을로부터 선두 1소대 병력쪽을 향해 사격이 날아왔다. 순간적으로 모든 소대원들이 수풀 바닥에 엎드렸다. 누군가 한 명이 총에 맞아 부상한 듯 했다. 최영언 소대장은 중대장 김석현 대위에게 긴급히 무전을 쳤다. 중대장의 응답은 마을을 공격하라는 것이었다. 1소대와 2소대가 방향을 왼쪽으로 틀고 총을 쏘며 마을에 진입했다. 베트콩은 이미 자취를 감춘 듯 했다.

우리가 마을을 공격할 때 베트콩들은 이미 다 도망가고 없었다. 마을 주민들이 저항했으면 모르겠는데 그런 움직임도 전혀 없었다. 애들이 겁이 나서 도망가니까 죽인 건지 참…….

당시 2소대장 이상우의 증언은 퐁니마을 생존자들의 증언과 완전히
일치하고 있다.

아무리 전쟁터였지만 뒤로 보낸 주민들을 사살한 것은 분명히 잘못된
일이다. 왜 후송시킨 아이들과 부녀자, 노인을 죽였는지 도무지 이해
가 안 간다.

그는 다음 날 아침 2소대가 1번 국도 정찰을 나가서 목격한 스산한 풍
경을 잊을 수 없다고 했다. 베트남 민간인들이 1번 국도 서쪽, 퐁니촌편
도로변에 가족들의 시신을 가마니 등으로 덮어놓고 통곡하고 있었다. 정
확한 것은 아니지만 어림잡아 40~50구는 됐다고 한다. 그들은 원망스런
눈길로 한국군을 쳐다보고 있었다.(≪한겨레 21≫ 306호)

미군보고서에 나온 퐁니마을

전쟁이 한창 진행 중이던 1968년 7월 미국의 랜드 재단은 <베트콩의
정치스타일>이라는 비밀보고서를 간행한다. 이 보고서는 미 국방부의 용
역을 받은 랜드 재단이 베트콩 포로와 피난민 300명을 인터뷰한 자료를
토대로 네이썬 라이츠 교수가 1966년 작성한 것이다. 그런데 이 보고서
에 한국군의 민간인 학살에 관한 증언이 많이 나온다.

미 국방부는 1969년 12월 12일 주월미대사관에 한국군, 특히 한국 해
병대가 베트남의 민간인들을 대상으로 저지른 비인도적인 행동에 대한
모든 정보를 요구하는 메시지를 발송한다.

그렇다면 미국은 왜 이 시기에 한국군에 의한 베트남 민간인 학살 문

제를 제기했을까.

바로 사이밍턴 청문회 때문이다. 1970년 2월 24일부터 26일까지 사이밍턴 청문회가 열리기로 되어 있었다. 이 청문회는 미국의 재정 지원하에 베트남전에 참전한 동맹군 문제를 논의하기 위해 개최될 예정이었다.

그런데 1969년 12월 당시 미국은 밀라이 학살 사건[3]이 폭로되어 매우 시끄럽던 기간이었다.[4] 이런 와중에 한국군에 의한 민간인 학살 사건이 터지면 불붙기 시작한 반전 운동과 용병시비 등으로 베트남전에 치명적인 타격을 받을 것이었다.

이러한 여러 가지 이유들이 복합적으로 작용하여 미 국방부는 주월미대사관에 한국군의 민간인 학살에 대한 보고서를 요청하고, 주월미대사관은 주월미군사령부에 이를 요청한다. 주월미군사령부는 감찰부에 랜드보고서에 제기된 진실성에 대한 조사와 미군이 자체조사한 한국군의 민간인 학살 만행에 관한 자료가 있는지 알아볼 것을 지시한다.

300페이지가 넘는 방대한 이 비밀보고서 안에는 1968년 2월 12일 꾸앙남성 디엔반현 퐁니마을에서 민간인 69명이 살해당한 사건에 대한 주월미군사령부 감찰부의 12월 23일자 보고서가 들어있다. 첨부된 사진과 함께.

다음은 미군보고서에 나오는 상등병 J. Vaughn의 증언이다.

2월 12일 월요일 13시 경 CAP D-2 해병대와 Sylvia대위 그리고 Seacrest하사관은 서쪽의 제1루트를 통해 퐁니마을에서 작전 수행을 하고 있는 한국 해병대의 움직임을 살피고 있었다. 한국군은 마을에 포격을 가한 다음 자동화기로 습격을 시작했다. 우리가 있는 곳에서는 집이 불타고 마을에서 연기가 나고 있는 것을 쉽게 볼 수 있었다. PF 중의 하나가 부상당한 소년과 여자를 CAP으로 데리고 왔을 때 비로소 나는 한국군이 마을의 민간인에게도 총을 겨누고 있고 따라서 더 많은 부상자들이 도움을 기다리고 있음을 알 수 있었다.

15시경 우리는 퐁니와 퐁넛으로 들어가 도와주라는 허락을 받았다. 우리의 경비대는 5명의 미해군과 26명의 PF 그리고 S-3으로 구성되었다. 나는 베트남 전쟁에 대한 pictorial study를 위해 카메라를 가지고 갔다.

우리는 동쪽 경로의 잠복을 고려해 퐁니 근처의 넓은 루트를 선택했다. 우리가 발견한 것은 사진에 기록되어 있다.

사진 A : 처음으로 간 집

사진 B & C : 타버린 집들

사진 D : 잿더미에 묻힌 마을 주민

사진 E : 마을 주민들이 불에 탄 채 이 집에서 발견되었다

사진 F & G : 가슴이 도려진 채 아직도 살아있는 여자

사진 H : 가장 큰 여자들과 아이들의 집단. 거의 모두 죽었음. 오른쪽
위의 여자와 아이들은 아직 살아 있음. 사진 F & G에 있는 여자
도 이 집단에서 찾았음

사진 I & J : 가까운 거리에서 총에 맞은 여자와 아이. 아이의 머리가

증거

사진 J1 & J2 : 사진 I & J 에 있는 여자와 아이가 발견된 집단

사진 K & J : 쌀포대에 가려진 채 도랑에서 발견된 여자와 아이들의 시체

사진 M : 이 아이는 몸 어느 곳에도 마크가 없다. 근처 연못에서 익사한 것으로 보임

사진 N : 총에 맞은 채 연못 근처에서 발견됨. 사진 가운데 임신한 여자는 가까운 거리에서 머리에 총을 맞음(머리 앞이 날라감). 왼쪽 아이는 사진 M 과 동일한 인물

사진 O & P : 20대 초반 여자. 두 손 모두 손가락이 찢어지고 왼쪽 팔에 부상을 당함. CAP D-2 가 치료하고 있음

마을을 돌며 사진을 찍을 때 발견한 이상한 점 중 하나는 시체더미 주위에서 총구멍을 발견할 수 없었다는 점이다. 이는 마을 주민 모두가 가까운 거리에서 총에 맞았거나 총검에 찔렸다는 것을 입증한다.

이 진술서는 1968년 2월 17일에 USMC J. Vaughn 상등병에 의해 작성되었다.

J. M. Campanelli

USMC 소령

이 사건에 대해 당시 주월미군사령관이던 웨스트모어랜드는 1968년 4월 29일에 채명신 중장에게 한통의 편지를 보낸다.

친애하는 채명신 장군

당신도 잘 알고 있는 바와 같이 나에게는 전쟁범죄에 관한 주장이나 불만이 제기되었을 때 적절한 절차에 따라 조치를 취해야 할 지시가

항상 내려져 있습니다. 이 지시는 제네바 협약의 서명국으로서의 미국의 책임을 다하기 위해 내려진 것입니다.

나의 지시를 수행하기 위해 제3해병 상륙군의 요원들은 제네바 협약에 대한 위반 의혹이 제기된 사건들, 즉 1968년 2월 12일 꾸앙남성 디엔반현의 퐁니마을과 퐁넛마을에서 발생한 것으로 보고된 사건들에 대한 조사에 착수했습니다. 제한된 조사의 결과 이 사건은 역시 제네바 협약의 서명국인 귀국이 응당 관심을 기울여야 할 일임이 인정되어 우리의 조사는 종료되었습니다.

동봉한 증언, 사진자료, 그리고 다른 문서들은 제3해병상륙군의 기초조사 과정에서 수집된 것으로, 우리의 조사가 완전하고 광범위한 것이었다는 것을 말하려는 것은 아닙니다. 이 점과 관련하여 나는 디엔반현의 군수가 이 사건을 한국군 해병 제2여단의 단장과 토론하였다는 보고를 받았습니다. 따라서 이 사건에 대한 상세한 보고서를 아마 장군께서도 받아보셨을 것입니다. 이 사건이 갖는 심각한 본질 때문에 나는 이 사건이 궁극적으로 해결될 수 있기를 고대합니다.

당신의 벗

W. C. 웨스트모어랜드

주월 미군 사령관

이에 대한 채명신 중장의 답신은 6월 4일자로 발송된다.

친애하는 웨스트모어랜드 장군

꾸앙남성 디엔반현 퐁니마을과 퐁넛마을에서 일어난 유감스러운 사건과 관련하여 제네바 협약 위반 의혹이 제기된 것을 알리는 귀하의 1968년 4월 29일자 편지를 잘 받아보았습니다.

귀하께서도 잘 알고 있는 바와 같이 한국군이 베트남에 첫발을 내딛 이래 본관은 우리의 베트남 벗들과 상호 신뢰와 존경에 기반하여 우호적인 관계를 유지하기 위해 베트남 사람들의 생명과 재산을 지킬 것을 거듭 강조했습니다. 본관은 또 100명의 베트콩을 놓치더라도 한명의 베트남 양민을 구하기 위해 최선을 다하라는 것을 거듭 강조했습니다.

오늘날까지, 본관은 이런 지시와 훈령이 베트남에 파견된 한국군의 모든 장병들에 의해 절대적으로 준수되고 있다고 굳게 믿고 있습니다. 그렇기 때문에 본관은 이 사건이 진실로 충격적이라고 생각하며 깊은 관심을 갖고 있습니다. 본관은 즉각 이 사건이 일어난 지역을 관할하는 제2해병여단장에게 이 사건에 대한 철저한 조사를 지시하는 한편, 본관의 참모들에게 객관적인 관점에서 이 사건에 대해 철저하고 광범위한 조사를 행하여 진짜로 일어난 일을 밝혀내고 증거를 수집할 것과 수집된 증거들의 가치를 분석하고, 증거들의 법률적 함의를 분석하도록 지시했습니다.

이런 지시를 충족시키기 위해 착수되어 1968년 6월 1일 완성된 조사보고서는 1968년 2월 12일 제2해병여단의 1개 중대가 퐁넛마을 인근에서 소탕작전을 벌였다는 것을 밝혀냈습니다. 그러나 밝혀진 증거와 사실들은 한국군 해병의 어느 부대도 퐁니마을에 들어갔다는 주장과 모순될 뿐 아니라 이를 부정하고 있습니다. 반대로 소탕작전에 참여한 해병 중대는 퐁넛마을을 11시 30분에 떠나 북서쪽으로 이동하였습니다.

이러한 주장들은 베트콩들이 한국군, 미군, ARVN의 분열을 꾀하기 위한 필사적인 노력과 연결해볼 때, 대량학살은 음모가 있는 행위였으며 공산주의자에 의해 무자비하게 선출되었다는 논리적인 결론을 이끌어낼 수 있습니다. 따라서, 순전히 위장제복에 의거하여 한국군이 의혹사건에 연루되었다고 보는 것은, 그 영향으로 적군이 짜놓은 사악한 음모에 빠져들게 하려는 목적이 있음을 함축합니다. 게다가 좋은 의도에서 이루어진 구조물자(쌀)의 배달과 퐁니마을에서 발생한 사건을 연관시키는 것은 매우 모순이며 앞뒤가 맞지 않는 얘기입니다. 사실 구조물자는 군사작전을 종식시키기로 한 많은 마을과 촌락에 전달되고 분배되었습니다. 그러므로 이러한 의혹의 주장은 근거 없는 시각으로 한편에서만 이끌어질 가능성이 있는 성급히 내려진 결론이라고 해석되어져야 합니다.

결론을 내리자면, 한국군이 제네바 협정을 위반하는 어떠한 책임 있는 사건에도 결코 관여하지 않았다는 것은 명백하고 분명합니다.

끝으로 나는 나에게 시기적절한 정보를 제공해준 당신의 친절에 대해 감사를 표하고 싶습니다.

주월한국군사령관
육군 중장 채명신

이 사건에 대한 한국의 조사과정에 대한 참전군인의 증언이 ≪한겨레21≫ 310호에 보도되었다.

당시 청룡여단 헌병대 수사계장이던 성아무개(63, 당시 계급 중사. 현 진해 거주)씨는 1968년 4월초[5] 어느 날, 헌병대장(당시 박영길 소령)의 부름을 받는다.

"양민학살 사건이 있다고 진상을 조사하라고 하는데 지침에 따라 조사를 받아와라."

헌병대장이 내민 '지침'의 내용은 이랬다.

"청룡부대처럼 위장복을 입었지만 청룡부대로 꾸민 베트콩들의 소행이다. 청룡부대는 절대 양민을 학살한 일이 없다."

진실을 밝히는 진상조사도 아니고 단순히 '조서'만을 받아오라고 했다.

"헌병대장도 여단에서 지침을 받아왔다. 양민학살이 있었지만 사실을 은폐시키는 것과 다름없었다."

당시 헌병대 수사요원은 모두 6명, 대대에 1명씩 파견돼서 여단 본부에는 성씨와 하사관 1명이 근무했다. 보름 남짓 2명이 부대를 직접 찾아가 새벽부터 밤까지 조서를 받았다. 한국에 이미 귀국해 있던 김석현 1중대장은 물론 홍성환 제1대대장까지 다시 베트남으로 와야했다. 군인들이 말하는 사건의 진상은 이랬다.

"한국군이 마을 옆을 지나가는데 저격을 받아 아군이 쓰러졌다. 그러자 마을을 포위하고 공격해 마을 주민들이 집단 학살을 당했다. 그때 살아남은 마을 주민들이 꾸앙남성에 진정을 했고, 주월한국군사령부가 청룡여단에 진상조사를 지시했다."

물론 주월미사령관의 편지도 중요한 작용을 한 것은 두말할 나위가 없다.

그러나 성씨가 만든 보고서는 위의 사실과는 다르다.

"언제 어디서 작전을 했으나 양민 학살 사실은 없고 작전만 하고 곧바로 퇴각했다. 그리고 그런 일이 있다면 베트콩이 했을 것이다……."

조사기록은 여단본부를 통해 한국의 해병사령대로 보냈다. 그리고 위와 같은 최종보고서가 미국쪽으로 날아간다.

성씨는 당시에 진실된 조사를 하지 못한 것이 항상 마음에 걸렸다고 했다. 아무리 상부의 지시가 있더라도 "진상을 밝히겠다"고 용기 있게 대처하지 못한 것이 후회스럽고 죄책감이 든다는 것이다. 더욱이 한두 명이 아니라 수십 명의 민간인이 무고하게 죽은 사건이었다.

분명히 위에서 잘못한 것이죠. 당시에 진실을 밝혀야 했는데. 내 가족
이 그렇게 죽었다고, 한번 처지를 바꿔서 생각해봐야 하는데…….

퐁니마을 주민들은 사건이 일어난 1년 후인 1969년 2월 사이공의 하
원 의장 앞으로 청원서를 보낸다. 베트남 사람들이 자신들이 겪은 일을
직접 기록한 것이다.

존경하는 의장님
우리는 1968년 2월 12일, 꾸앙남성 디엔반현 퐁넛의 두 개의 마을과
퐁니, 탄−퐁마을의 주민들로서 한국군에 의해 살해를 당한 35가구 가
족들의 친척들입니다.
우리는 퐁넛의 두 개의 마을과 퐁니의 사람들로, 이곳에서 태어나고
이곳에서 계속 살아왔습니다.
우리는 돌아가신 35가구 가족들의 문제에 대한 상세한 내용을 존경하
는 의장님께 말씀드리고자 합니다.
1968년 2월 12일 9시까지 우리는 가난하지만 열심히 일하는 농부들
이었고, 남베트남 정부에 복무하는 군인이 있는, 혹은 남베트남 정부
에 복무하다 죽은 군인의 가족이었으며, 할머니 할아버지, 그리고 아
직 젖을 떼지도 않은 어린아이들로 이루어진 가족들로서 CVN 통제지
역하에서 매우 평화롭게 살아가고 있었습니다(우리 친척들은 모두
합당한 시민증을 가지고 있었습니다).
갑자기 한국군 부대가 디엔반현에 주둔하였고, 그들은 우리 지역에서
작전을 수행하였습니다. 그들은 우리 마을로 들어와서 사람들을 집에

서 끌어내고 총으로 사람들을 죽이고, 가족들의 몸을 자르는 등 야만적인 행위를 하였습니다. 한국군 부대는 사체를 그대로 두거나 숨기고 그 현장을 떠났습니다.

그 사건 이후 당시 지역책임자였던 호앙 쭝(Hoang Trung) 소령이 이 사건을 조사했습니다. 잔인하게 희생당한 상태로 있는 희생자의 사진을 찍고 희생자들을 묻도록 도와주었습니다.

그 사건 이후 온순하고, 참혹하고, 지식도 없고, 힘도 없는 우리들은 찢어진 옷조각들로 덮힌, 낮은 무덤을 매일 찾았고 애도하였습니다. 그 고통을 어찌 말로 다 할 수 있을까요. 그러나 우리는 우리와 마찬가지로 힘들게 살아가는 다른 사람들에게도 이러한 일이 일어났었다는 사실을 걱정합니다.

과거 학살이 일어났던 날인 오늘 우리는 우리들의 부모님, 남편, 아내, 아이들 그리고 다른 친척들의 죽음을 애도합니다.

아, 슬픔이여

시민권을 가지고 있고, 4000년의 문명을 지닌 67명의 베트남 사람들이 일개 곤충 취급을 받았습니다. 이들 불행한 희생자에 대해서 어떠한 단체도 조금의 동정심을 보이지 않았습니다.

우리는 더 이상 기다릴 수 없습니다. 우리는 우리가 반드시 이 요구를 국민에 대해 책임을 지는 기관인 국회(입법부)의 의장님께 전달해야겠다고 생각합니다.

우리는 의장님께서 한국군과 베트남 정부가 개입하여 다른 유사한 사건에서 적용가능한 규칙에 따라 배상해 주기를 정중하게 요구합니다. 감사합니다.

1969년 2월 퐁니 주민 대표

사건의 결과

1969년 11월, 당시 퐁니마을을 공격했던 중대장 김석현 대위, 제1소대장 최영언 중위, 제2소대장 이상우 중위, 제3소대장 김기동 중위는 중앙정보부 조사실에서 조사를 받는다. 조사는 밀폐된 방에서 단독으로 마주앉아 진행되었다. 당시의 작전계획서와 전투도를 손에 든 수사관은 "이미 지나간 일이지만 사실만은 있는 그대로 정확하게 알고 싶다"고 말했다. 그리고 이들 앞에 한장의 사진을 내밀었다. 베트남 1번 국도에 주검들이 널려 있는 사진이었다. 작전했던 곳에서 미군들이 망원렌즈로 찍은 것이라고 했다.

해군사령부에서 무조건 올라오라고 했다. 조그마한 군트럭을 타고 갔는데 알고 보니 남산 중앙정보부였다. 장교 대우를 해줬고 어려운 것은 없었다. 조사를 받고 다 함께 모여 식사를 하는데 중앙정보부 요원이 대통령이 사실을 알아보기위해 시켰다면서 앞으로 군생활에 불이익은 없을 것이라고 했다.

이상우 중위의 증언이다.[6]

청와대도 이 사실을 알고 있었다.

1970년 1월 10일 주한미대사관이 미국무장관 앞으로 보낸 비밀문서에는 이 사건을 어떻게 처리했는지에 대한 보고가 들어있다. 당시 주한미대사 포터에 의하면 박정희 대통령과 비서실장, 외무장관등이 모여 이 사태에 대한 긴급회의를 했다고 기록되어 있다. 그리고 청와대는 한국 언론매체들이 이 이야기를 보도하지 못하도록 지시한다.

청와대는 포터 대사에게 이런 이야기들이 베트콩들이 주장하는 것이라는 점을 고려해줄 것을 요청하면서 미국방부와 국무성이 이런 의혹들을 부인해 줄 것을 요구한다.

그러나 미국의 입장은 단호했다. 미국무장관이 서울주재 주한미대사관으로 보낸 메시지에는 이 문제에 대한 미국의 입장을 잘 드러내고 있다.

미 국방부는 한국군에 대해 아무런 지휘 책임을 갖고 있지 않다는 것을 명확히 하였다. 그러므로 학살 의혹에 관한 질문에 대한 답변은 한국인들과 남베트남인들에 의해 답변되어야 한다고 주장했다. 미국이 걱정하는 것은 주월미군사령부가 이 사건들을 은폐하려 했다는 비난이었을 뿐이다. 학살과 관련된 모든 책임은 한국군이 져야 한다는 것이다.

즉 미국은 민간인 학살에 대한 면책에 급급했을 뿐, 이 문제를 어떻게 처리할 것인지에 대한 어떤 언급도 하지 않았다.

어쨌든 이 사건은 1970년 1월 22일 두 명의 한국군 장교가 한국 해병의 베트남 민간인 학살 의혹 보도를 조사하기 위해 베트남으로 출발하는 것으로 끝을 맺고 있다. 합참작전참모부장 김여림 준장과 합참정보참모부의 무관 담당 김명희 대령이 그들이었다. 조사 명령은 합참본부장이 내렸다.

주한미국대사관이 1월 23일 윌리엄 로저스 미 국무장관에게 보낸 전문에는, 그가 1월 22일 한국 해병의 잔혹행위 의혹을 조사하기 위해 베트남으로 출발한 것으로 나와 있다. 그러나 김여림 준장은 "출국하려 했으나 불발로 끝났다"고 말했다. "당시 임충식 국방부 장관이 월남 갈 준비를 하라고 했다. '양민학살' 문제 때문이라는 걸 짐작했다. 사흘 뒤쯤 여권수속을 밟고 있는데 취소명령이 떨어졌다. 한-미간에 문제가 해결됐다고 했다." 그는 당시 한국군의 민간인 학살 문제가 국회에서 논란이 됐던 것으로 기억했다.

물론 한국 언론은 단 한줄도 이를 보도한 적이 없다.

귀신 잡는 해병대들도 슬슬 돌아올 채비를 하고 있었다.

퍼즐은 이제 다 맞춰졌다.

당신 앞에는 어떤 그림이 있는가.

통곡도 잊고 눈물도 마른 베트남 사람들이 주검을 들고 늘어서 있다.

그러나 이 역시 아주 커다란 그림의 다시 한 조각일 뿐이다. 아직 수많은 조각들이 이곳에 남겨져 있다. 이 퍼즐이 완성되어졌을 때 베트남전과 한국군의 민간인 학살 의혹은 그 진실을 드러낼 것이다.

주

1. 그물침대.
2. 미군이 정보수집을 위해 조그마한 개별단위 부대로 편성한 단위.
3. 베트남 전쟁 중 미군에 의해 일어난 대표적인 민간인 학살.
4. 실제 밀라이 양민학살 사건이 일어난 건 1968년 3월 16일이었으나 이 때까지 사건이 은폐되어 있다가 1969년 9월에 폭로된 것이다.
5. 《한겨레 21》 306호
6. 《한겨레 21》 306호

6장

새로운 만남

위령비

생존자를 찾아 마을에 들어가 이야기를 하다 보면 온 마을 사람들이 다 모여들기는 예사였다. 조용하던 마을에 낯선 외국 여자들의 침입은 빠르게 번져, 증언을 듣는 자리는 어른 아이 할 것 없이 다 모여 시끌벅적 장마당 같았다. 마치 가설무대 공연을 보듯 아이들은 앞자리부터 차곡차곡 앉아 어른들의 이야기를 듣다가 사탕수수를 씹다가 저희들끼리 소곤소곤 속닥거렸다. 그러다 눈이라도 마주치면 부끄러워 어쩔 줄을 몰랐다. 청년들은 무관심한 척 팔짱을 끼고 듣다가 일을 하러 가기도 하고, 처녀들은 뒷줄에 앉아 어머니나 할머니의 뒤에 숨어 이야기를 들었다. 키득키득 큭큭큭 우리를 가리키며 자기들끼리 속닥이기도 하고, 칭얼대는 아이를 달래기도 했다. 마을 밖으로 볼일을 보러갔던 사람이 뒤늦게 합류하기도 했다.

마당엔 닭과 병아리가 떼지어다니며 모이를 먹고, 때로 돼지 우는 소리가 들리기도 했다. 늘 따뜻한 차가 우리 앞에 놓여졌고 때때로 레몬주스나 야자수가 나오기도 했다. 이야기가 중반을 넘어서면 분위기는 심각해지고, 때로 서로 이야기를 나누고 상의를 하며 그들은 기억을 찾아냈다.

나는 미묘한 심정으로 이 자리에 앉아 질문을 하고, 대답을 듣고, 기록하고, 사진을 찍었다.

내가 속해 있는 나라의 남자들이 아무런 원한 관계도 없는 이곳까지 와서 사람들을 죽이고, 집을 불태우고, 농토를 파괴하고, 우리는 또 그 사람들의 흔적을 찾아 이렇게 베트남을 떠돈다.

아내를 잃은 남편을 만나고, 자식을 잃은 부모의 피눈물을 바라보고, 이웃의 참혹한 주검을 수습한 사람들의 기억을 끄집어내며 나는 내내 어떤 무력감에 시달렸다. 마을에서 돌아와 숙소에 누우면 몸은 땅 속으로 깊이 꺼져들어갔고, 그날 들은 이야기들이 가슴을 짓눌렀다. 무엇을 위해 이곳에 있는가. 나는 이 사람들을 위해 아무런 일도 할 수 없는데, 몸 속의 총탄을 제거할 수도 없고, 고엽제로 온 몸이 가려운 이 사람을 위해 약을 가져올 수도 없고, 게다가, 게다가 나는 죽은 사람을 살려낼 수도 없는데…… 이런 일들이 이 사람들에게 어떤 의미가 될까. 혹 간신히 잊고 살아가는 지난 날의 상처만 덧내는 게 아닐까.

푸옌성 안토마을에서 쯩 뚜언의 부인 짠 띠 하이를 만나고 돌아오는 길에도 그랬다.

한 눈에도 짠 띠 하이는 늙고 초췌해 보였다. 올해 70살인 짠 띠 하이는 낡은 흰 베옷에 검정 바지와 슬리퍼, 때에 절은 모자를 쓰고 있었다.

누군가 급히 그녀를 불러 왔을 때 그녀는 자신이 왜 이곳에 왔는지 이해하지 못하고 있었다.

무슨 일로 날 불렀을까 하는 표정에는 긴장과 걱정이 함께 묻어났다. 맨발이었다. 굳은 살이 꾸덕꾸덕한 발가락과 발톱은 거칠기 이를데 없었다. 고단한 삶을 산 사람의 발이었다. 그녀는 사람들이 그녀의 남편 이야기를 하고 있다라고 생각지 못하는 것 같았다. 그녀의 표정은 화가 난 듯도 하고 긴장한 듯도 했다. 마을 사람들은 모두 쯩 뚜언의 죽음을 이야기하고 있었다.

쯩 뚜언은 당시 소를 몰고 꼴을 먹이며 대나무를 깎고 있었다. 부비트랩을 만드는 데 사용할 대나무였다. 이 지역은 당시 낮에는 남베트남 세력이 관리하고 밤에는 혁명세력들이 내려오는 이른바 '소이더우'[1]지역이었다. 그래서 당시 마을 사람들은 의무적으로 대나무를 몇 개씩 깎아 납부해야 했다.

쯩 뚜언 역시 소를 먹이며 대나무를 깎고 있었는데 이 장면이 한국군에 의해 발각되었다. 쯩 뚜언은 사과나무 과수원으로 끌려갔고 죽음을 당했다.

짠 띠 하이가 갔을 때는 이미 죽어 있었고, 배가 엉망진창으로 갈라져 있었다. 시신을 옮겨 묻으려고 했으나 한국군이 무서워서 아무도 나서지 않았다. 한국군이 물러난 것을 확인하고 다음 날 아침 짠 띠 하이와 누나가 시신을 옮겨 묻었다.

이 사건을 처음부터 끝까지 목격한 사람은 올해 59세인 란 칸이다.

"나는 숲 뒤편에 몸을 숨기고 한국군의 행동을 지켜보고 있었지요. 참말로 다 할 수 없습니다."

짠 띠 하이는 그제서야 이 상황이 어떤 상황인지를 짐작하는 듯 했다. 모든 질문과 대화가 끝나고 우리가 돌아가려고 길을 나서는 순간 그녀는

이웃의 죽음을 증언하는 란 칸

우리를 붙잡고 울기 시작했다. 우리를 둘러쌌던 여자들이 한 마디씩 거들었다.

"이제 옛날일이 떠오르나보지요."

"그래도 이 아가씨들 가야지. 보내줘요."

짠 띠 하이는 눈물을 닦으며 말했다.

"가, 어서 가."

그녀는 한 손으로 눈물을 닦으며 한 손으로는 손짓을 했다.

우리는 동네 어귀에 있는 그녀의 집까지 손을 잡고 왔다. 다 쓰러져 가는 오두막에 그녀는 그날 이후 여태까지 혼자 살고 있었다.

가방을 뒤졌다. 아이들에게 주려고 갖고 다니는 사탕이 손에 잡혔다. 짠 띠 하이의 주머니에 사탕을 주섬주섬 넣었다.

내가 할 수 있는 유일한 일이었다.

그날 밤 안토마을 사람들 누구도 제대로 잠을 이룰 수 없었을 것이다. 시장갔다오던 어머니가 윤간당해 죽은 사실을 증언하러 온 두 아들도, 살점이 흩어진 어머니의 시신을 찾아 묻은 이 마을의 서기장도 잠을 이루지 못했을 것이다. 그날의 일들이 새록새록 떠올라 자다 일어나 담배를 펴도, 물을 마셔도 속은 점점 더 답답해져 한숨을 토해내다 기어이 뭐라도 하나 집어던질지도 모른다. 그리고 다시 생각하면 35년이란 세월이 지나 뜬금없이 나타난 이 한국 여자들의 정체는 뭔가하고 궁금해질 것이고, 실컷 응어리진 분이라도 풀 걸, 혼자 술이라도 한잔 할 것이다.

인터뷰를 마치고 마을을 떠날 적이면 나는 늘 일본군 위안부 할머니들의 이야기를 떠올렸다.

증언을 하는 날이면 할머니는 늘 우황청심환을 드신다고 했다. 가슴이 뛰어서, 심장이 떨리고 가슴이 뛰어 밤에도 잠을 이룰 수가 없다고.

> 꿈은 늘 그 악몽같던 그 방으로 날 데려가. 방문 앞으로 수많은 병사가 줄지어 선 전장, 밀림 속의 그 방으로 …… 소리를 질러도 소리가 나오지 않아…….

그러다 어느 날, 나는 이 자리가 얼마나 소중한 자리인가 하는 생각이 들었다. 아픈 기억을 해야 하는 고통이 따르지만 이 자리는 베트남 사람들을 위해서도 좋은 자리가 될 수 있지 않을까.

아이들과 젊은이들에겐 자신들의 이웃의 할머니 · 할아버지 · 아저씨 · 아주머니들이 살아온 이야기를 직접 듣는 기회였다. 우리 마을에서 어떤 일이 일어났었는지, 죽은 사람들을 함께 기억하고, 마음 속 상처를 서로가 들여다 볼 수 있는.

아마 그날 밤 아이들은 물어봤을 것이다. 근데 엄마, 한국군은 왜 우리 동네 사람들을 죽였어? 저녁을 먹다말고 아이의 엄마와 아빠는 아이가 태어나기 전의 이야기를 했을 것이다.

식민지 백성의 고단한 삶과 인간으로서의 마지막 존엄까지 박탈하는 제국주의의 발톱. 조국의 독립과 해방이 얼마나 중요한 것인지, 그런 것들이 없을 때, 한 개인의 자유는 억압당하고 구속당한다는 것을. 그리고 돌아가신 할머니, 할아버지 이야기와 한국군에 대한 이야기도 할 것이다. 그리고 곰곰이 생각해볼 것이다. 내가 오늘 혹 잘못 이야기 한 건 없겠지, 인민위원회 사람도 옆에 있었는데. 흥, 인민위원회도 들을 건 들어야지, 나는 내 마음에 있는 이야기 한 거니까 뭐.

우물가에서 만난 처녀들은 우리가 입었던 옷에 대해, 카메라에 대해 이야기하며 또다른 세계의 사람들을 만났던 아주 잠깐의 기억을 나눌 수도 있을 것이다.

나는 우리 현대사의 비극의 자리에서도 이런 식으로 이야기가 이루어졌으면 좋겠다는 생각을 한다. 온 동네 사람들이 다 모여 당시의 상황을 이야기하고, 죽은 사람들의 이름을 불러 그들의 혼넋을 기리고, 조각보를 완성해가듯 기억의 조각들을 이어붙여 진실을 찾아갔으면…… 그리고 이 공간에 청년들과 아이들이 같이 있어 그들이 직접 보고 들었으면…….

때로는 교과서와 다른 기억들이겠지만, 그래서 혼돈스럽기도 하겠지만 역사라는 것이 사실은 기억과 기억의 투쟁이라는 것을, 누군가의 기억이 역사의 전부가 아니란 걸, 감춰지고 억압당한 기억을 들춰내는 것이 역사가 된다는 것을 배울 수 있을 것이다.

2000년 3월에 진행된 2차 답사에서 나는 베트남 사람들이 직접 자신들의 이야기를 기록해주기를 바랐다. 말과 글은 또 달라서 이야기를 하는 것과 직접 기록하는 것 사이에는 차이가 있었다. 기록자는 때로 피해자들의 아들이나 딸이 되기도 했고, 이웃의 아이가 할머니의 말을 기록하기도 했다.

마을 사람들은 죽은 사람들의 이름을 적어주기도 했고, 당시의 정황을 기록해주기도 했다.

다음은 꾸앙응아이성 선띤현 딘띠엔사 칸람촌 여람마을에서 주민들과의 토론을 거친 후 마을 사람을 대표해 영 응옥 안씨가 직접 기록한 내용이다.

신차오

나는 1950년 꾸앙응아이성 선띤현 딘띠엔사 칸람촌 여람마을에서 태어난 영 응옥 안이다.

1966년 8월 3일에 양민들이 일을 하고 있었는데 군대가 쳐들어왔고, 그들은 양민들에게 총을 쏘았다. 나는 그것을 분명히 기억한다. 그때 나의 할아버지 영 진도 죽었다.

우리 촌은 3개의 마을로 나누어져 있다. 한국 군인이 첫 번째 마을에서 총을 쏘자, 사람들은 너무 무서워 사방으로 어지럽게 흩어져 도망을 갔다. 한국군은 땅굴로 들어간 사람들을 향해 총을 쏘았고, 수류탄을 안에 던졌다. 나는 당시 학생이었는데 그것을 다 보았다. 너무 무서웠다. 많은 사람들이 도망가자 한국군은 VC인 줄 알고 더 총을 쏘았다.

사실 처음에 마을 사람들은 군인들이 한국군인 줄도 몰랐다. 비행기에서 내려 총을 정비하는 군인들을 보았을 때 무서워서 어느 나라 군대인지 어떻게 분별할 수 있었겠는가. 습격이 끝나고 그들이 언덕에 주둔했을 때에야 사람들은 그들이 조선 군인이라는 것을 알았다.

그 당시 우리 마을에는 180호 정도의 가구가 있었다. 죽은 사람들은 너무 불행하다. 그들은 한국군과 마주쳤기 때문에 죽었다. 이곳에 주둔을 하고 그들은 더 이상 총을 쏘지는 않았지만 다른 지역에서(빈면 지역) 파괴와 학살을 했다.

이곳에 살고 있는 사람들을 대신해서 한국인에 대한 감상을 말하고자 한다. 현재 전쟁은 끝났다. 우리는 평화를 누리고 있고 전쟁에 대한 생각은 하지 않고 있다. 우리는 TV를 보거나 라디오를 들으며 한국에 대해 알고 있다.

아마 당시 한국군이 베트남에 참전한 이유는 어떤 압력을 받았기 때문이라고 생각한다. 그들은 명령을 지켜야 했기 때문에 사람들을 죽였을 것이다.

우리가 원하는 것은 당신이 한국에 가서 우리의 소식을 전해주는 것이다. 우리는 한국군에 의해 학살된 사람들의 무덤을 한곳으로 모으고자 한다. 그리고 영혼을 기억하기 위해 위령비를 짓고 싶다. 그런데 돈이 없어서 할 수 없다. 우리들을 도와줄 수 있겠는가?

주소 꾸앙응아이성 선띤현 딘띠엔사 칸람촌 여람마을

전화번호 8455 842957

*응오 반 끼엣 – 나는 1956년 10월 10일에 태어났다. 그날 사건으로 나는 13명의 가족을 잃었다. 할아버지 · 할머니 · 어머니 · 동생 4명 · 고모 · 아저씨 · 사촌 4명, 살아남은 사람은 나와 아버지였다. 그러나 아버지도 1년 후에 돌아가셨다.

노트를 들여다보았다. 응오 반 끼엣은 13명의 가족을 잃었다. 뒷자리에 앉아 이야기를 듣고 있는 그에게 물었다.

"응오, 한국인인 내가 밉지 않아요?"

지엔니엔마을의 위령비

응오가 씁쓸히 웃었다.

"아니오. 전쟁 때는 그랬지만 지금은 그렇지도 않아요. 텔레비전에서 보니 한국은 굉장히 아름답더군요. 언젠가 기회가 되면 한번 가 보고 싶군요."

여람마을에서 동네 사람들이 의견을 모아 한국인에게 부탁한 것은 위령비. 이건 비단 여람마을만의 요구가 아니었다.

위령비가 없는 민간인 학살지에서 가장 소망하는 것이 위령비다.

베트남 사람들이 조상을 섬기는 것은 우리 나라 사람들 못지 않았다. 그들은 집집마다 제단을 차려놓고 매일 향과 꽃과 차를 바쳤다.

제단은 집안의 가장 중앙에 차려져 있고, 살아남은 이들은 아침 저녁

따스한 차를 바치며 그들을 기억했다. 죽은 사람은 잊혀지지 않고 그들과 함께 있었다. 이곳은 응접실 공간이기도 해서 대부분의 인터뷰가 이곳에서 이루어졌다.

한국군에 의한 집단 민간인 학살지역에서는 1년에 한번 합동으로 위령제를 지냈다.

위령비가 있는 곳에서는 위령비 앞에 모여 지냈지만, 그렇지 못한 마을에서는 학살터에 모여 지내는 모양이었다.

꾸앙응아이성에서도 푹빈과 지엔니엔, 빈호아엔 위령비가 있는데 이곳엔 위령비가 없다.

푸옌성에서도 중호아히엡 붕따우 마을엔 위령비가 있고, 호아쑤언엔 없다.

위령비가 있는 마을과 없는 마을의 느낌은 좀 달랐다.

위령비는 개인의 죽음이 사회화, 역사화 되는 기점이다. 즉 하나의 사건이 기억에서 역사로 넘어가는 작업이기도 하다.

일본군 위안부 역사관이나 밀라이 박물관은 이를 잘 드러낸다.

일본군 위안부 역사관의 취지는 일본군 위안부 문제의 진실을 밝혀 전쟁 범죄와 그 비극을 널리 알리고, 이 지구상에 다시는 그와 같은 전쟁으로 인한 인권 침해가 일어나지 않도록 하려는 취지에서 만들어진 박물관이다. 이 박물관은 정부가 아니라 민간 차원에서 만들어진 인권 박물관으로 일본군 위안부 피해자들의 삶의 흔적을 남겨 그 뜻을 기리고 추모함과 더불어 '역사교육의 장'으로 활용함을 그 목적으로 하고 있다.

이곳은 젊은 세대에게 박제화된 역사가 아니라 오늘 우리와 함께 하는 역사, 우리의 미래를 생각하는 교훈을 주는 현장이라 할 수 있다. 이 역사관은 소수의 힘으로 시작해 국가권력에 맞서는 '역사교육의 현장'으로 자리매김하고 있다.

일본의 젊은이들이 짧게는 1주일, 길게는 1년까지 머물며 자원활동을 하기도 한다. 그러면서 그들은 자신의 역사를 배우고, 한국의 문화와 한국 사람을 이해한다. 베트남에 평화역사관이 세워진다면 우리의 젊은이들 역시 과거를 배우고 베트남의 문화와 역사를 배우는 장이 될 것이다.

나눔의 집 안에 있는 일본군 위안부 역사관을 갈 적마다 이런 박물관이 얼마나 소중한 것인지를 알게 된다.

밀라이 박물관 역시 마찬가지다.

이곳을 방문한 사람들은 울어서 눈이 빨개져서 나온다. 민간인 학살을 직접 접하면서 세계의 많은 사람들이 다시는 전쟁이 일어나서는 안 되고, 전쟁이 일어난다 하더라도 민간인 학살은 절대로 행해져서는 안 된다는 것을 각인한다. 평화가 얼마나 소중하고 중요한 것인가를 알고 가는 것이다.

물론 여람마을 사람들이 요구하는 것은 이렇게 큰 박물관은 아니다. 소박한 위령비다.

베트남 문화통신부가 한국군 최대 민간인 학살지로 기록한 빈딘성 떠이손현 따이빈사 안칸촌의 당서기장은 다음과 같이 말했다.

전쟁 후유증에 대한 치유책은 위령제예요. 과거를 닫자는 것이 정부의 방침이긴 합니다만 역사를 부정하자는 건 아니죠. 우리 주민들의 염원은 밀라이 같은 전시관을 건립하는 것입니다. 역사를 체현할 수 있는. 사 차원의 재정으론 전시관을 지을 형편이 못되죠. 주민들은 논이나 밭을 갖고 있을 뿐 현금을 갖고 있지는 않아요. 그래서 기부하는데 어려움이 있습니다. 양민학살 20주년이 되던 1986년부터 전시관 설립계획을 갖고 있습니다. 나라의 정책이나 방침이 모든 주민들의 고통을 담보할 수는 없습니다. 이 지역은 깊은 골짜기라 더욱 가난하고 일이 더 어렵지요. 우리는 전시관에 대한 절실한 소망을 갖고 있습니다. 전시관이 건립되면 과거의 상처를 메울 수 있는 큰 역할을 할 수 있을 거라고 생각합니다. 나는 이런 소망들이 한국 사람들의 손으로 이루어졌으면 하는 간절한 바램을 갖고 있습니다.

한 단체가, 혹은 한 지역공동체가 베트남의 한 마을마다 결연을 맺어 위령비를 세운다면, 세울 수만 있다면, 우리는 그 위령비를 가운데 놓고 비로소 화해를 이야기할 수 있을 것이다.

1년에 한번 베트남 사람들은 위령비 앞에 음식을 진설하고 제사를 지낸다. 우리는 1차 답사에서 아주 우연히 한국군에게 희생당한 민간인들의 합동위령제에 참석하게 되었다.

합동위령제

폭록이라는 마을에 가기로 하고 길을 나섰다. 비포장도로를 얼마나 달렸을까. 폭록은 아주 깊고깊은 곳에 있는 마을이다. 물어서 물어서 우리가 도착한 곳은 지엔니엔 학교.

그런데 이상하다. 휴일인데도 아이들과 사람들로 학교가 번잡하다.

여자들이 학교 운동장에 솥을 걸어놓고 요리를 하고 있고, 아이들은 술래잡기를 하는지 뛰고 달리고 난리다. 마을 행사가 있나.

갑자기 나타난 외국 여자들을 보고 아이들은 소리를 지르며 우리 곁으로 모여들었다.

아이들이 뛰어다니는 운동장 한가운데 위령탑이 서 있다.

"1966년 10월 9일 남조선군대에 의해 112명의 무고한 양민이 죽다."

── 위령비에는 죽은 사람들의 이름과 나이가 빼곡히 적혀 있다.

맙소사, 아이들은 늘 이 위령비를 보며 자라나고 있었다.

그리고 마침내 33년 만에 처음으로 한국인이 나타난 것이다.

우리가 인사를 하자 사람들이 학교 뒷마당으로 우리를 데려간다. 그곳 엔 그때 죽은 사람들이 묻혀 있다.

우리가 머리 숙여 묵념을 하는 동안, 사람들은 향을 새로 꽂고, 어디선 가 꽃도 다시 가지고 온다. 마을 남자들이 우리 옆에 서서 설명을 한다.

가는 날이 장날이라고 마침 오늘이 그때 죽은 사람들을 위한 합동위령 제날이라고 한다. 제사는 이미 끝이 나고 교실에 음복을 위한 상을 차리 는 중이었다. 위령제를 지내는 날이지만 음식 냄새와 뛰어 다니는 아이들 의 소란스러움 때문에 학교는 잔칫날 같다.

사람들은 우리를 교실로 안내하고 가장 좋은 자리를 내어준다. 온 마 을 사람들이 다 모였는지 교실이 가득 차 있다. 우리가 간 곳은 남자들만 있는 곳이었다. 아이들은 다른 교실에 모여 먹고 있었다.

음식을 권하고 술잔을 나누며 그들은 우리를 환영한다.

베트남을 답사하면서 우리는 정말 따스한 대접을 받았다.

한국군에 의한 학살 이야기들이 진행되는 동안 함께 이야기를 듣던 베 트남 사람들은 시원한 차도 가져오고 바나나와 파파야도 가져왔다. 그때 그 사건을 일으킨 군인들의 동족이 찾아왔는데도 이들은 진심으로 따뜻 하게 우리 일행을 대해 주었다. 파파야를 먹고나면 손을 닦으라고 물을 떠다주고, 빗속에서 사진을 찍고 있으면 살며시 다가와 우산을 받쳐준 이 들도 이 사람들이다.

그런 이들의 기억 속에 한국군의 흔적은 그대로 남아 있다. 너무도 생생하게 남아 있어 우리가 질문을 하자마자 줄줄이 쏟아져 나온다. 어떻게 이야기들을 참고 있었나 싶게, 마치 둑이라도 터진 듯 당시의 이야기들이 나왔다. 끔찍한 이야기가 끝이 나고 헤어질 적이면 주머니에 바나나를 넣어주고, 늘 건강하라고, 당신의 친구들에게 안부 전해달라고 손을 흔들던 이들을 나는 어떻게 받아들여야 하나.

머릿속은 복잡한데도 마음이 따뜻하다. 여자들은 음식을 갖다준다는 핑계로 우리 옆을 차지하고, 아이들은 엄마 치마꼬리를 잡고 호기심 가득한 눈으로 우리를 쳐다본다. 한 교실은 남자 어른들을 위해, 한 교실은 여자 아이들을 위해, 다른 한 교실은 남자 아이들을 위해 상을 차려준다. 여자 어른들은 그저 이곳저곳 상을 차려주고 음식을 갖다주느라 제대로 엉덩이 붙이고 앉아 먹을 틈이 없다. 세상 어디에도 여자들이 앉을 곳은 없는 걸까.

위령비와 무덤을 보며 무거웠던 마음이 음식을 나눠먹고 술잔을 부딪치는 동안 차차 따스해져간다.

우리는 이 사람들과 어떻게 만나야 할까. 나는 이 다정스런 사람들에게 어떤 사람이 되어야 하나.

우리는 친구가 될 수 있을까. 이런저런 사는 이야기도 나누고 심중의 말도 나누며 서로를 이해하는 친구가 될 수 있을까.

그러기 위해 풀어야 할 숙제가 있다. 우리와 이들을 만나게 한 것이 이 위령비이므로, 비문에 새겨진 죽은 사람들이므로 우리는 그들의 이야기를 먼저 해야하리라. 무엇 때문에 그들이 죽었는지, 누가 그들을 죽였는지, 죽은 사람 때문에 만난 살아 있는 우리들은 죽은 사람을 위해 무엇을 할 수 있을지 고민해야 할 것이다.

죽은 사람에 대한 얘기 끝에 산 사람의 이야기를 할 것이고, 아이들의 얘기도 하고, 그러다보면 우리는 친구가 되겠지. 베트남에 홍수가 난 것

지엔니엔 학교. 창문밖으로 묘지가 보인다.

이 멀리 남의 일이 아니고, 한국의 분단과 위기상황들이 먼먼 별나라의 일이 아니겠지. 우리는 서로에게 무슨 일이 생기면 걱정하고 함께 해결하기 위해 애도 쓸 것이다. 연대는, 마음으로부터의 연대는 이렇게 시작될 것이다. 한번에 다 할 수는 없지만 만나다보면 할 말도 많고 할 일도 많겠지.

손을 맞잡고 헤어지며 우리는 말한다.

"내년에 다시 올께요. 그때는 내 친구들과 함께 올께요."

지엔니엔 학살의 생존자를 만나기 위해 팜 티 메오의 집으로 간다. 85세라는 나이가 믿어지지 않을 만큼 단아하고 정결하다.

1966년 10월 9일, 한국군들은 헬기를 타고 이 마을로 들어와 주민들을 한곳에 모았습니다. 오후 5시경 주민들을 모두 엎드리게 하였지요. 그후 수류탄을 던져 주민들을 죽였습니다. 내 옆에 있던 아기와 아주머니도 수류탄 터질 때 죽었고, 내 앞의 노인이 몸을 일으키니까 총으로 쏴서 죽였지요. 그때가 우기라서 비가 많이 내렸어요. 핏물이 비와 함께 섞여 흥건해지고 …… 내 입에서 피가 콸콸 나오자 살려두었지요. 내 등 위에 있던 며느리와 손자는 그 자리에서 죽었습니다. 어언씨와 그 딸은 부상을 당했지요. 나도 부상을 당했는데 지금도 팔에 당시의 흉터가 남아있습니다. 학살이 끝나고 한국군이 물러가자 어언씨가 자신의 딸에게 물을 가져다달라고 부탁해서 내가 논으로 가 물을 떠오니 이미 두 사람은 죽어 있었습니다. 나에게는 모두 13명의 자식이 있었는데, 8명의 아들과 2명의 딸과 1명의 며느리를 전쟁통에 잃었습니다. 현재는 3명의 자식만이 남았죠.

팜 티 메오가 당시의 상처를 보여준다. 가슴에 사선으로 총탄 자국이 있다.

이것은 풀리지 않는 의문 중의 하나다. 우리가 다닌 곳은 다 한국군에 의해 많은 사람들이 죽고 다친 지역이었다. 그러나 그들은 우리에게 너무나 다감했다.

눈물을 흘리면서 그 당시의 이야기를 했다. 누구 하나도 "난 당신에게 그 이야기를 하고 싶지 않다"라고 얘기하지 않았다. 두 눈 가득 금방이라도 투둑 하고 떨어질 것 같은 눈물을 매달고 이야기를 하다가 그들은 끝내 소리없이 울었다. 번지는 눈물을 닦으며 그들은 나즉나즉 말했다.

"미안해. 울지 않으려고 했는데. 미안해……."

도대체 뭐가 미안하다는 것인지, 차라리 소리라도 지르면 내가 이토록 몸둘 바를 모르지는 않을텐데.

어떤 때는 물어보기도 한다.

"한국인인 내가 밉지 않으세요?"

"당시의 한국 군인들은 증오하지. 그러나 당신들은 그때 겨우 태어난 사람들인걸. 그런데도 이렇게 우리를 찾아와주니 고마워."

세 번째 답사를 다니며 나는 베트남 사람들의 이러한 태도가 정책적 관점과 승리의 관점으로 해석될 수 있지 않을까 하고 어렴풋한 짐작을 해보았다.

'과거를 닫고 미래를 보자'라는 현 베트남의 정책은 많은 사람들로 하여금 과거의 증오를 직접적으로 드러내지 않게 하는 중요한 요소로 작용했다. 그리고 전쟁에서 승리한 사람이 가질 수 있는 아량 또한 이런 관계를 설명할 수 있는 중요한 동기라는 것을 생각했다. 그러나 이것만으로 다 설명되지는 않는다. 여기엔 사회주의적 도덕성과 베트남인들의 기질 또한 포함될 것이다.

과거를 닫고 미래를 보자. 그런데 어떻게 닫을 것인가

'과거를 닫고 미래를 보자'는 나에게 화두였다. 베트남전 당시 한국군에 의한 민간인 학살 지역을 조사하는 길에서 만난 대부분의 베트남 사람들은 말의 서두나 꼬리에 늘 이 말을 덧붙였기 때문이다. 인민위원회에 있는 사람들이든, 동네의 촌로들이든, 지식인들이든 그들은 자신의 나라 정부의 방침이라며 늘 이말을 하곤 했다.

실제로 빈딘성 떠이손현 따이빈사 안칸촌의 당서기장은 "솔직하게 내 감정을 이야기한다면 나는 여러분들과 마주 앉아서 얘기하고 싶지 않습니다. 내 마음의 증오가 너무 깊었기 때문입니다. 그러나 최근에 베트남 정부의 방침과 당의 방침이 '과거를 닫고 미래를 보자'이기 때문에 가급

적이면 내 마음의 증오를 다스리려고 노력합니다"라고 말했다.

'과거를 닫고 미래를 보자'가 베트남 정부의 방침이고, 대부분의 베트남 사람들이 이 방침을 알고 있는 것도 사실이다. 꾸앙남성 디엔반현 디엔중사의 당서기장인 응웬 반 하이는 "이런 당의 방침을 인민들에게 교육한다. 교과서에도 수록해 가르치고 있다"라고 말했다.

그렇다면 베트남 사람들이 이해하는 '과거를 닫고 미래를 보자'는 말의 의미는 무엇일까?

베트남 전쟁 당시 북베트남군 제5사단 20연대장이었고, 1993년 전역 당시 479전선 사령관으로서 5개 사단을 거느렸던 레 치 투언 예비역 준장(남, 72세)의 말을 들어보자.

한국군 양민 학살 지역의 일부 주민들도 '과거를 닫자'라는 정부시책을 그대로 따라서 이야기할 것이다. 그러나 그 가슴의 한과 고통이 어떻게 접어지겠는가. 개인끼리 다퉈도 술이라도 마시면서 미안하다고 해야 풀어지는 게 인지상정 아니냐. 하물며 학살인데 …… 접자고 해서 접어지겠는가. 정부가 말하는 건 이런 의미다. 우리는 80년간을 프랑스의 식민지로 살았다. 그리고 일본에 점령당하기도 했고, 또 미국과 30년에 걸친 전쟁을 벌였다. 우리 민족이 전쟁으로 인해 받은 고통은 그 어느 민족보다 가혹했다. 더 이상의 고통을 우리 국민에게 안겨줄 수 없다는 것이다. 우리 인민들에게 과거의 상처를 일깨우는 건 그들에게 창자를 끊는 고통을 주는 것이다. 지금은 상처를 아물리고 우리 인민의 힘을 '경제발전'이라는 명제 아래 결집하는 것이 필요하다. 우리 인민들이 일단은 과거의 고통에서 빠져나와야만 가능한 일이다.[2]

시인 이니[3]도 단호하게 말했다.

전쟁박물관

과거를 닫자는 말은 외교적 수사에 불과합니다. 상처는 치유된다 하더라도, 결국은 온 몸에 흔적을 남깁니다. 다리가 잘려서 의족을 한다면 그건 의족일 뿐 잘려나간 다리는 복구될 수 없습니다. 한 인간이 그러할진대 한 민족이 겪어야 했던 고통은 어떠했겠습니까. 과거를 닫자는 건 우리의 고통을 완화하기 위해 우리가 하는 말입니다. 과거에 묶여서 살 수는 없으니까요. 과거에 발목이 묶여산다면 어떻게 미래로 나아갈 수 있겠습니까.

푸옌성의 당서기장 응웬 탄 꾸앙은 다음과 같이 대답했다.

베트남에는 응웬 짜이라는 영웅이 있다. 명나라 군사가 쳐들어왔을 때 대파한 장군이었다. 전쟁에 지고 달아나는 명나라 군사들에게 그는 식량을 내주고 배를 내주었다. 이것은 베트남의 중요한 역사적 전통의 상징이다. 우리는 역사에서 승리를 해왔고 이후에는 화해를 했다. 우리는 끊임없이 화해를 하려는 노력들을 해왔다. 화해를 원하는 것은 평화를 위한 노력이다. 이것은 불가피한 결정이다. 우리의 전통이고 역사다. 누군가 우리의 자유, 독립, 행복을 침해할 때 우리는 언제나 일어서 싸운다. 우리는 자유를 얻었고 독립을 쟁취했다. 이제 우리가 원하는 건 행복이다. 우리는 우리가 원하기 때문에 과거를 닫고 미래를 보자는 것이다.

'과거를 닫고 미래를 보자'라는 말은 진실을 이야기하자는 것이다. 과거를 덮어두자라는 말이 아니다. 중요한 건 한국과 베트남이 과거의 잘못을 인정하자는 거다. 그런데 아무리 과거를 뒤돌아봐도 베트남의 과거엔 잘못이 없다. 한국과 베트남 사람 모두가 자유를 원하고 행복하게 살기를 원했다. 또한 자신들의 독립을 지키고자 했다. 똑같이 그렇게 원했는데 어느 한쪽이 다른 한 나라에 가서 사람들을 죽였다면 분명 어느 한쪽의 잘못이 있다는 얘기다.

한 가지 분명한 건 한국 군대가 다른 민족의 독립을 위해서 싸운 건 아니라는 것이다. 한국 정부의 참전이유는 무엇이었을까. 우리는 그 해답을 찾고자 한다.

진실을 찾지 않고는 용서가 가능하지 않다. 베트남 정부의 정책은 명확하다. 전 세계 모든 이들과 친구가 되고 싶어한다. 과거를 닫는 노력은 양국이 같이 해야 한다. 그런데 어떻게 과거를 닫을 것인가.

베트남의 외무장관 응웬 지 니엔이 《한겨레 21》의 구수정 통신원에게 보낸 편지의 일부를 잠깐 인용한다. 이 서한의 내용은 "베트남 정부는 양민 학살 문제가 거론되지 않기만을 원한다"는 한국 외무부와 국방부의 주장과는 정면으로 배치되는 것이기도 하다.

나는 그 동안 한국과 베트남 두 나라 사이의 우호와 협력의 관계가 빠르게 발전해온 것을 기쁘게 생각합니다. 새 천년을 맞이하여 나는 두 민족 사이의 역사, 문화, 풍습, 전통의 동질성을 바탕으로 이 관계가 지속적으로 빠르게 발전할 것이며, 두 나라 인민들의 열망과 이익에 부합해 좀더 다양한 영역으로 확대되어 갈 것이라 봅니다.

당신이 서신에서도 밝힌 바 있듯이, 베트남 인민에 대항하는 침략전쟁에 참여했던 일부 국가들 속에 한국이 존재했다는 것은 엄연한 역사적 사실입니다. 물론, 현재 베트남이 관용과 인도주의, 우호의 전통에 따라 미래를 위하여 잠시 과거를 접어두자고 주장하고 있긴 하지만, 각 관련 국가들은 그 전쟁의 후유증의 극복을 위하여 베트남과 함께 진정하고도 효과적으로 협력할 필요가 있습니다. 그것이야말로 도의적으로 합당한 일일 뿐만 아니라 과거에 대한 열등감을 지우는 일이며, 베트남과 각 관련 국가들간에 좀더 아름다운 새 역사의 장을 열어가는 데 기여하는 일이 될 것입니다.

나는 베트남 전쟁의 상처를 치유하기 위한 한국의 국민들과 각 시민단체들, 그리고 당신과 같은 개인들의 구체적인 행동들을 환영하며, 그러한 행동들이야말로 아름다운 태도이며 존경받을 만한 자세라고 생각합니다. 이 기회를 빌려 나는 우리 중부지방 각 성의 인민들을 돕기 위한 당신의 여러 활동들에 대해 감사를 전합니다.[4]

각 관련 국가들이 전쟁의 후유증 극복을 위해 협력을 할 필요가 있다는 말에 나는 깊이 공감한다. 전쟁으로 인한 피해를 입은 지역과 사람들이 상처를 딛고 일어설 수 있도록, 베트남전에 직접 개입한 나라뿐 아니라, 베트남전으로 이익을 챙긴 나라, 베트남전에 대해 방관자적인 입장을 취한 나라들 역시 전쟁의 상처를 치유하는 데 협력해야 한다. 과거의 상처를 바라보는 바로 그 지점에서 미래는 시작될 것이다.

베트남전 당시 북베트남 장교였고 현재 달랏대학에서 역사학을 가르치고 있는 휴인 응히(71세, 남) 교수도 말했다.

> 만약 한국군이 자신의 잘못을 인식한다면 우리는 용서하고 손을 맞잡을 준비가 되어 있다. 우리가 역사적 경험으로 배워야 하는 것은 이러한 잘못이 반복되지 않도록 하는 것이다. 전쟁할 때는 결단코 싸워야 한다. 그러나 전쟁이 끝나고 나면 전쟁을 객관적이고 과학적으로 바라보아야 한다. 한국과 베트남은 원수진 일이 없다. 전쟁 전까지 베트남 사람들은 한국 민족에게 아무런 원한도 없었다. 베트남 사람들은 한국 군대에게 와달라고 하지 않았다. 그런데 한국군이 베트남에 와서 죄를 저질렀다면 그것은 잘못이지 않은가. 과거가 미래 속에 반복되지 않게 하는 힘을 가질 때 우리는 과거를 닫을 수 있다.

사실 이러한 정부의 방침이 모든 이들에게 똑같은 부피와 무게로 다가서진 않는다. 민간인 학살 현장에서 만난, 많은 베트남 사람들의 솔직한 말은 마음 깊숙이 응어리진 분노와 한이 정부의 방침으로 해결되는 게 아니라는 것을 보여준다(그럼에도 불구하고 우리를 가장 따스하게 맞아준 이들이 또한 그들이다).

> 내 가족을 9명이나 죽인 한국군에 대한 증오를 잊을 수 없다. 그러나 세계가 평화와 화해로 바뀌고 있다. 나도 다른 사람들처럼 대하겠지. 그러나 나는 그 죄악을 잊을 수 없다.
>
> (꾸앙응아이성 선띤현 푹빈촌, 응엔 리)

지도를 펴놓고 한국군에 의한 민간인 학살 지역을 설명하는 휴인 응히 교수.
당시 북베트남 장교였다.

사람의 목숨은 돈이나 무엇으로도 바꿀 수 없는 것이다. 이 사람의 생
명을 저 사람의 생명과 바꿀 수도 없는 일이다. 한국군이 죽인 목숨은
무엇과도 바꿀 수 없는 것이다. 그 당시 아버지는 아이를 잃고, 어린
아이들은 형제를 잃었다. 나머지 삶도 비참하기 그지없다. 재산은 깡
그리 불타 없어지고 지금도 어렵게 살고 있다. 전쟁은 당시로만 끝나
는 것이 아니라 지금까지도 계속되고 있다.

(꾸앙응아이성 선띤현 푹빈촌, 응웬 떤 러)

응어리진 한과 가슴의 상처는 아직 아물지 않고 있다. 그러나 이들은
우리를 받아들였다.

세계는 화해, 평화, 협력의 시대로 가고 있다고 베트남 사람들은 믿고
있다. 그러나 모든 관계에서 그렇듯이 베트남 사람들뿐 아니라 상대 민족
도 이러한 생각을 가질 때, 이것은 가능하다. 우리는 정녕 베트남과 진정

한 화해, 평화, 협력하기를 원하는가.

푸옌성의 당서기장 응웬 탕 꾸앙은 마지막으로 말했다.

베트남 사람들은 역사를 교훈이라고 생각한다. 역사는 또한 재산이다. 역사를 떠나 현재의 삶이 존재할 수 없다. 지금 현재의 삶이 미래를 결정하듯이 과거를 떠나 존재하는 삶이란 건 없다. 한국군 주둔지에서 베트남 인민들에게 가했던 죄악을 베트남 사람들은 쉽게 잊지 못한다. 그러기에는 한국군이 베트남에 가했던 죄악이 너무 잔혹하고 잔인했다. 베트남 사람들 개개인의 영혼마다 한국군의 죄악은 깊이 새겨져 있다. 너무나 야만적이었기 때문이다. 이것을 증언할 많은 목격자와 증언자가 있다. 여러분들이 방문했던 마을들은 한국군에 의해 집단적 만행이 이루어졌던 곳이다. 수없이 많은 여성들이 강간을 당하고 죽음을 당했다. 심지어는 우리가 아직 비문명적이라고 부르는 소수부족들[5]까지.

물론 너무 당연한 일이겠지만 집단학살 당한 주민들은 한국군의 만행을 쉽게 잊지 못한다. 그럼에도 불구하고 우리 인민들은 정부가 주장하는 '과거를 닫고 미래를 보자' 라는 방침을 받아들이고 있다. 이건 베트남 인민들이 정부의 방침이 갖고 있는 진실을 알기 때문이다.

우리 베트남 사람들은 증오와 분노와 복수가 다시 전쟁을 불러올 것을 알고 있다. 우리는 이런 분노와 증오를 잘 극복하는 것이 평화로 가는 길임을 알고 있다.

자유롭고 행복하고자 하는 요구는 전 세계 모든 민족이 갖는 욕구다.

여러분들이 방문했던 마을의 사람은 여러분들이 원하는게 평화와 화해라는 것을 안다.

여러분들이 과거 한국군에 의한 민간인 학살을 이해하려고 하는 것이 증오심과 분노를 불러일으키려고 하는 것이 아니라 극복하려는 것임을 잘 알고 있는 것이다. 그리고 이러한 양심이 우리들의 증오와 분노를 점점 더 가볍게 할 것이라는 것까지. 그렇기 때문에 그들은 여러분들에게 마음을 열어보였을 것이다.

나는 한국 정부의 침묵을 이해할 수 있다. 한국 민족 전체가 과거의 잘못을 저지른 건 아니다. 그 잘못은 군대를 파병한 당시 한국 정부에 있다. 스스로 자신의 잘못을 인정하는 것은 쉽지 않다. 시간이 걸리는 일이다. 한국에서 좋은 사람들이 많아지고, NGO들의 활동이 이어지고, 베트남전에 대한 인식이 확대될 때 이것은 가능한 일이다.

미국도 노근리의 잘못을 인정하는 데 시간이 필요했던 것처럼 한국 정부도 시간이 필요할 것이라고 생각한다. 우리가 성급하게 요구할 수 있는 게 아니다.

우리 세대가 원한과 증오와 복수심을 가졌다면 이것을 극복하는 책임도 우리 세대에게 있다. 여러분들의 세대가 그 책임을 져야 하는 것은 아니지만 여러분들의 이런 노력이 증오와 분노를 지워가는 데 큰 역할을 할 것이다.

이들의 상처와 이들의 고난과 이들의 억울한 사연들이 한국에 알려진 건 불과 2년 전의 일이다. 30년이 넘는 세월 동안 묻혀 있던 진실에 대해 우리는 이제 마악 이야기를 시작하고 있을 뿐이다. 좀더 이들의 이야기를 귀기울여 들을 때 우리는 우리가 무엇을 해야 할지, 야만과 폭력에 뭉개진 이들의 삶 앞에 우리가 어떻게 해야 할지, 이들의 영혼 깊숙히 박힌 총탄을 어떻게 빼낼 수 있을지 알 수 있을 것이다.

"아가, 네가 남주띤이냐."

얼굴과 손을 쓰다듬던 할머니, 주머니 가득 바나나를 챙겨넣어 주던 할아버지, 번지는 눈물을 닦으며 "미안해, 미안해" 하던 아주머니는 정부의 방침을 되뇌던 관료와 지식인들이 아니었다. 그러나 우리로 하여금 원혼의 목소리를 듣게 하고, 상처입은 인간들의 아픔에 고개 숙이게 한 건 이들이었다. 이들의 눈물과 응시가 우리를 베트남의 중부 지방, 그 끝없는 황토 벌판을 맨발로 헤매다니게 만들었다.

전쟁의 목적과 해석

시인 이니는 베트남 사람들의 마음을 다음과 같이 표현했다.

언젠가 한 미국문인을 만난 적이 있다. 그는 베트남전 당시 미군병사로 전쟁에 참전했다.

과거에 총을 들고 싸웠던 여전사인 나를 보자, 그는 끊임없이 내가 예전에 당신을 쏘았다면 하고 질문했다. 사실 우리는 미국인에 대해 평상심을 갖고 있다. 베트남 사람들은 그런 질문을 하지 않는다. 그러나 미국인들은 그런 극단적인 질문을 한다. 때로 감동을 받기도 하지만 나에겐 낯선 일이다. 미국인들이 베트남전을 형상화한 글은 아주 흥미롭다. 미국인들이 베트남전에 그렇게 천착하는 것은 결국 그 전쟁을 해석하지 못하기 때문이다. 그건 한국군인들 역시 마찬가지다. 전쟁에 대한 피해의식은 침략을 당했던 베트남 사람들보다 침략을 했던 미군이나 그것을 도왔던 한국인들에게 더 강하다는 것을 느낀다. 우리 베트남 사람에게는 우리 스스로를 지키는 전쟁이었다. 전쟁의 목적이 명확했다. 당연히 싸워야된다고 생각했다. 똑같은 전쟁이 발생한다면 나는 또 싸울 것이다. 그러나 한국은 다를 것이다. 베트남전에 참전했던 한 한국군인이 야만적이고 참혹한 짓을 저질렀다면 분명 그는 이 행동을 설명할 수 없을 것이다. 그것은 이 전쟁을 해석할 수 없었다는 말이 된다. 내가 했던 행위를 설명할 수 없는 불확실함이 점점 더 나를 미궁으로 몰고 갈 것이다. 수많은 사람을 죽였지만 도대체 내가 무엇 때문에 사람을 죽인 것인지, 내가 왜 그곳에 갔는지를 해석하지 못하기 때문에 그들은 결국 전쟁으로부터 벗어나지 못하고 있는 것이다. 여기에 비한다면 베트남 사람들은 자신의 전쟁을 해석할 수 있다.

나는 과거의 잘못을 후회하고 어떤 형태로든지 전쟁의 상처를 메우려고 하는 여러분들의 노력에 감동한다. 그것은 인간이 인간으로서 가지는 인간의 가치다. 과거를 직시하고 비판하는 노력은 우리 세대에 있어서는 극히 드문 일이다. 사람들은 점점 탈정치화되고 과거에 대해 정직한 시선을 주지 않는다.

하노이에서 만난 소설가 바오닌은 다음과 같이 말했다.

민족해방에 대한 신념으로 전쟁을 치루었고, 우리는 전쟁에서 승리했기 때문에 절망감은 없다. 미국이라는 거대한 나라와 싸우면서 많은 사람이 죽었지만 시간이 상처를 덮도록 도와주었다. 잊어버릴 수 없었다면 죽었을 것이다. 몽고와 중국과 프랑스와 미국과 그 오랜 전쟁을 치루며 망각이라는 강이 없었다면 우리는 죽었을 것이다. 그렇지만 베트남 전쟁은 한국 전쟁과는 의미가 너무 다른 전쟁이었다. 베트남전은 명확하게 미국의 침략에 대한 독립 전쟁이었다. 베트남은 오랜 세월 전쟁을 겪으며 평화를 지향하는 민족이 되었다. 코소보 내전에 우리가 이렇게 격렬하게 반응하는 것도 다 그런 이유다.

새로운 기운

해방 전쟁은 필요했고 많은 피를 흘렸지만 피할 수 없는 것이었다.

북베트남 성인 남자 17명 중 1명 꼴이 남베트남 땅에서 죽어갔고 공습과 폭격으로 북쪽이 입은 손해는 GNP 17억불이었던 당시에 4억불이었다고 한다. 그야말로 '상처 뿐인 승리'였다. 그러나 이들의 역사를 보면 이러한 희생은 역사 속에서 계속 살아남아 새로운 기운으로 작용할 것임을 알 수 있다. 그들은 그들 자신의 스타일대로 일을 추진해왔기 때문이다. 과거의 역사가 앞으로의 역사의 지평을 열 듯 앞으로의 역사가 과거 역사의 진실을 또한 보여 주는 것이 아닌가. 7천 명이 죽었고 4만 명이 투옥된 3.1 운동을 실패했다고 말할 수 없듯이 그리고 그 운동의 기억이 독립을 향한 두어 세대의 역사를 너끈히 지탱했듯이 인간의 역사는 그리 단순한 것이 아니다. 그들이 수행해온 민족해방운동 과정이 민주적이고 현실적이며 민중적이었다면 그만큼 그 작업은 쉽게 이루어질 것이다. 이 해방 전쟁의 경험이 앞으로의 역사에 중요하게 살아남을 것이다. 긴 전쟁에서 살아남은 기쁨과 모두가 같은 선에서 출발하여 보다 나은 삶을 만들어 가려는 새로운 기운이 베트남을 이끌어 갈 것이다.[6]

주

1. 녹두콩을 섞어 지은 찰밥. 다른 두 세력이 공존하는 지역이라는 뜻.

2. 《한겨레 21》

3. 《강에 대한 그리움》 《눈의 계절》 《얼굴》 《강줄기와 같이 가다》 등의 시집을 낸 베트남의 대표적 시인.

4. 《한겨레 21》 324호

5. 베트남의 종족분포는 동남아시아의 다른 국가들과 같이 복잡다양하다. 다수 종족은 베트남족으로서 전 인구의 88%를 차지하고 있으며, 홍하 삼각주와 메콩강 삼각주에 주로 거주하고 있다. 이들은 평야지대에 살면서 역사적으로 중국문화의 영향을 받아 왔다. 다수민족인 베트남족 외에 소수 민족으로는 크메르족과 참(Cham)족, 그리고 중국인 화교가 중부 도시에 분포하고 있으며 이밖에 50여 개의 소수 민족들이 산악지대에 거주하고 있다. 크메르족은 메콩강 유역이 캄보디아의 영토였을 때 그곳에 살고 있던 캄보디아인들의 후예로 약 75만 명 정도이다. 이들은 인도문화의 영향을 받아 소승불교를 신봉하는 등 문화적인 면에서 베트남인들과 많은 차이가 있다. 이밖에 규모가 큰 종족으로는 주로 도시에 거주하는 중국인들과 메오(Meo)족 이라는 소수 종족이 있다. 산간지대에는 베트남인들이 모이(Moi) 라고 부르는 각종 소수 산악민족들이 살고 있다. 그밖에 주요한 소수 종족으로 므응(muong)족, 메오(meo)족, 능(nung)족, 흑타이(black thai)족, 바나르(bahnar)족, 자라이(jarai)족, 라데(rhade)족 등이 있다.

6. 조혜정, '하노이 기행', 《글읽기와 삶읽기 2》

7장

살아남은 자의 슬픔

7장 살아남은 자의 슬픔

소리의 마을 안칸

온통 소리 뿐이다. 바람이 나뭇가지를 흔들고, 나뭇잎 들은 몸을 떨며 흐느낀다. 대숲을 휘젓는 바람과 서걱이 는 대나무, 소리내어 흐르는 강물……. 빈딘성 떠이손현 따이빈사 안칸촌 안빈마을로 들어서는 길에는 온통 소리 뿐이다.

마을의 끝에는 푸른 강이 흐른다. 강수면은 햇빛에 반 사되어 투명하게 빛난다. 그 강의 이쪽과 저쪽을 잇는 긴 나무다리를 가리키며 보 도안 빈이 말한다.

"저 다리를 건너 한국군이 들어왔어요."

한국군이 들어올 때 그는 어머니의 뱃속에 있었다. 그 가 태어나는 걸 보지 못하고 아버지는 그날 한국군에 의 해 죽었다. 보 도안 빈은 이제 그 당시의 아버지 나이가 되어 한국 사람인 우리를 안내한다.

좁고 운치 있는 고샅길을 돌아가면 당서기장 응웬 떤

런의 집이 나온다. 그는 집에 없다. 그의 집 마당엔 바나나 나무와 망고나무, 이름을 알 수 없는 열대의 꽃나무들이 심어져 있다. 정결하고 단정한 집이다. 조금 있으니 다리에 흙을 잔뜩 묻힌 그가 들어선다. 농사일을 하고 있었나보다. 우물가로 가 손과 발을 닦고 그가 들어오고, 보 도안 빈도 함께 들어온다.

자리에 앉자 비가 내리기 시작한다. 방금 전까지 맑았던 하늘이 어두워지고, 바닥에 떨어지는 빗소리가 선명하다. 비는 바나나 나무 이파리에 떨어지고, 망고나무 가지에 떨어지고, 우물에 떨어진다. 우리는 모두 버우다[1]를 한잔씩 돌려마셨다. 비는 바람에 흔들리고, 나는 소리에 흔들린다.

빈딘성 떠이손현 따이빈사는 베트남 문화통신부 기록에 따르면 한국군 최대 민간인 학살지다.

1966년 1월 23일(음력)부터 26일(음력)까지 모두 15개 지점에서 맹호부대 3개 중대에 의해 집단 학살 사건이 일어났다. 이 과정에서 실종자를 포함해 모두 1,200여 명의 주민이 학살당했으며, 그 중 신원이 확인돼 명부에 올라있는 공식 사망자수만 해도 728명이다. 그 가운데는 어린이 166명, 여성 231명, 60~70세 노인 88명이 포함되어 있으며, 일가족 전체가 몰살을 당한 경우도 8가구나 된다.[2]

특히 2시간만에 320명의 민간인이 한국군에 의해 죽음을 당했다는 고자이마을은 기록만 있을 뿐 단 한 명의 생존자도 없었다.

이 민간인 학살은 미 군항이 있던 퀴년에서 캄보디아 국경까지 베트남 중부지방을 동서로 관통하는 19번 도로를 확보하기 위한 싸움에서 일어났다. 빈딘성 떠이손현 따이빈사는 이 19번 도로와 가장 가까운 곳에 위치해 있었기 때문에 그 피해정도와 규모가 더욱 컸다.

전쟁박물관

1966년 2월 15일(음력) 새벽 2시께 첫 포성이 울렸다. 런은 어머니, 여동생과 함께 땅굴로 급히 몸을 숨겼다. 오전 10시께가 되자 포음은 더욱 거세졌다. 정오 무렵에는 멀리 푸퐁, 푸캇 방면에서 들려오던 포음이 바로 옆마을인 안빈지역에서 들려왔다.

"아무래도 오늘은 저들이 직접 마을로 밀고 들어올 모양이다."

런의 가족은 점심이라도 먹어둘 요량으로 땅굴에서 나왔다. 땅굴 밖으로 올라오니 포탄 연기와 집들이 불타고 있는 것이 보였다. 포연 사이로 시야가 흐릿했다. 그때 갑자기 크고 작은 총성이 울리고 런의 땅굴에서 서북쪽 방향으로 700미터 거리에 군청색 군복에 철모를 쓴 군인들의 모습이 나타났다. 한국군은 런의 가족을 레칸씨의 논으로 끌고 갔다.

그곳엔 이미 많은 사람들이 끌려와 있었다. 한국군은 사람들에게 땅에 얼굴을 박고 엎드리도록 했다. 그리고 오후 3시 쯤 갑자기 다연발 총을 쏘고 수류탄을 던졌다.

수류탄 한 발이 런의 가족이 있는 방향으로 날아왔다. 그의 발목에 수류탄이 떨어지는 순간 그는 벌떡 일어나 네다섯 발자국 정도 뛰어 굴렀다. 어머니는 두 다리가 잘려나갔고, 여동생은 그 자리에서 숨졌다. 기절을 했다가 깨어난 런은 울타리를 따라 기어가 논구석에 있는 땅굴로 숨어들어갔다. 살아남은 사람들 몇 명이 땅굴에 숨어 있었다. 기절했다 깨어난 어머니는 저녁 때쯤 땅굴이 있는 곳까지 기어왔다.

어머니는 신음하다, 울고, 비명을 지르고, 내 이름을 불렀지요. 런, 런, 아아, 런 어디 있니 …… 당해보지 않은 사람은 몰라. 밤은 왜 그렇게 길고, 어머니는 왜 그토록 오래, 질기게도 내 이름을 불렀는지. 그러나 나는 어머니를 위해 아무 일도 할 수 없었어.

다음 날 어머니는 돌아가셨다.

어머니의 신음과 울부짖음은 그대로 내 살에 박혀 내가 되었습니다. 피부를 쓸어내면 거기 어머니의 비명이 묻어나고, 귀를 파면 한웅큼 어머니의 신음이 따라나오지요.

어머니와 여동생의 시신은 마을 사람들이 묻어주었습니다. 나도 부상이 심했으니까. 돗자리에 말아서 …… 묻었습니다.

그의 몸을 만져본다. 부드러운 다리 속에 파편이 만져진다. 섬뜩한 이물감이다. 살 속에 파고든 금속덩어리는 녹슬지도 않고 없어지지도 않고 차갑게 그의 살을 파고든다. 나이가 들며 총탄은 더욱 시리게 그의 몸을 떠다닌다.

비는 점점 거세진다. 우리는 다시 버우다를 한잔씩 돌려마신다. 투두둑, 나뭇잎 위로인지 마음 위로인지 빗물이 떨어진다.

최근 베트남 정부의 방침이 과거를 닫고 미래를 보자니까 나도, 주민들도 증오심을 발산하지 않으려고 합니다. 올해가 양민학살 35주년이었습니다. 많은 사람들이 모여 기념식을 했지요 …… 당의 방침이 바뀌지 않았다면 여러분들과 이렇게 가까이 마주앉아 이야기하지 않았을 것입니다. 그 소리, 그 고통을 평생 각인하고 있습니다.

그의 눈에서 금방이라도 눈물이 뚝뚝 떨어질 것 같다.

저는 아직도 어머니와 여동생의 죽음 …… 에 대해 이야기하려면 가슴이 아파요 …… 그때 당시의 내 생각은 …… 원한은 반드시 갚아야 된다고 생각했어요. 그 당시는 전쟁 중이었거든요.

바람이 거칠게 나뭇가지를 흔든다. 사방이 점점 더 어두워진다. 번개가 치고 우릉우릉 천둥소리가 들리기도 한다.

전쟁이 끝나고 양민학살 피해에 대해 조사했었는데 대단했습니다. 피해자 숫자만 해도 엄청났어요. 가족마다 상처가 없는 가족이 없었어요. 그 당시에는 혼자 살아남아서 슬픈 기억이 강하게 남아있어요. 결혼을 하고 자식을 낳고 …… 세월이 가면서 상처가 아물어가고 덜어지고 있습니다. 아내 덕분이 커요. 내 고통을 이해하고 감싸준 사람이니까.

그가 부인을 돌아보며 말했다. 아까부터 레몬쥬스를 갖다주고, 술을 갖다주고 하던 그의 부인 응웬 티 산이 자신의 이야기가 나오자 쑥스러운 듯 자리를 뜬다.

아버지는 북베트남군으로 당시 북쪽에 있었죠. 69년 B52 전투기에 폭격당해 돌아가셨습니다. 형은 산에서 게릴라 활동을 했는데 67년에 폭격을 맞아 죽었다고만 들었습니다. 아버지와 형의 시신이 어디에 있는지 나는 모릅니다. 우리 베트남에는 전쟁 때 죽은 시신을 찾아주는 무당들이 있어요. 나도 아버지와 형의 시신을 찾고 싶습니다. 어디에서 죽었는지 그 자리라도 알고 싶은 마음이 왜 없겠어요. 그러나 생활이 어려워서 아직 찾지 못하고 있습니다.

거실에는 아버지의 사진과 형의 사진이 나란히 걸려 있다. 베트남 산하 어딘가에 묻혀 다시 나무가 되고, 사탕수수가 되고, 벼가 되었을 형과 아버지. 그들의 몸은 다시 베트남이 되었고, 그 베트남을 다독이고 일궈 그들의 생명을 다시 키워낸 이들이 바로 살아남은 이들이다. 죽은 이들과 살아남은 이들은 서로를 쓰다듬고 가꾸고, 서로를 먹고 먹이며 서로의 생명을 푸르게 했다.

이 마을에 다시 사람들이 들어온 건 1978년이었습니다. 해방이 되고도 3년이 지나서야 사람들은 마을로 되돌어왔습니다. 양민학살 이후 이곳은 죽음의 땅이었죠. 모두가 이곳을 버리고 떠났으니까요. 마을은 참혹했습니다. 돌아온 사람들은 황폐해진 논을 개간하고, 집을 짓고, 씨앗을 뿌리기 시작했습니다. 아내와 아이들이 먼저 들어오고 나는 1981년에 다시 이 마을로 들어왔어요. 나는 군인으로 계속 남아 있어야 했으니까요. 당시에는 개인 논이 없었어요. 합작사만 있었지.

응웬 떤 런의 말에 계속 등장하는 부인에게 말을 건다.
"이쪽으로 오세요."
아이구 참, 하던 응웬 티 산이 옷을 단정하게 갈아입고서야 우리 쪽으로 와서 앉는다.
이목구비가 단정하고 결기가 느껴진다.

"두 분은 어떻게 만나셨어요?"

"산에서 만났죠. 그때는 규율이 엄해서 눈으로만 사랑을 했어요."

우리는 모두 웃는다. 마음이 조금 풀어진다.

"난 1972년에 산으로 갔어요. 왜 갔냐구? 우리 민족을 해방시키겠다는 의지를 가지고 갔죠. 같은 동네에 사는 언니와 함께. 그 당시에는 두 가지 길밖에 선택의 여지가 없었어요. 각오와 의지와 인식을 가지고 혁명의 길을 가든, 부패한 사이공 정부에 복무하든."

"힘드셨겠어요."

"산에 있는데 그럼 안 힘들어"

응웬 티 산이 살짝 눈을 흘긴다.

"내가 한 일은 생산활동이었어요. 지금처럼 농사를 짓는 거죠. 우리 대원들이 먹고 활동해야 하니까."

"사랑한다는 걸 어떻게 알게 되셨어요?"

"부대원들이 마을에 활동을 나갔는데, 이 사람이 나갔다 들어오면서 담배 3갑을 사다줬어요. 담배가 참 귀하던 시절이었는데, 그때부터 사랑이 싹트기 시작했죠."

모든 것이 죽어버린 황막한 벌판에 사랑의 싹이 움트기 시작한 것이다.

"안스러웠어요. 남조선 군대에 가족을 모두 잃고 혼자 된 이 사람이 너무 가여워서 사랑을 하게 됐어요."

해방이 되고 이듬해인 1976년 결혼을 했다.

"1978년에 이 마을로 들어왔어요. 그때는 정말 힘들었죠. 애를 봐 줄 할아버지, 할머니도 안 계시지, 혼자 농사 지어야지. 말도 말아요. 그때는 정말 얼마나 힘이 들었는지. 집이라고 황토 흙바닥에서 그냥 잤어요. 돗자리를 깔고 생활했는데 아이가 오줌을 싸면 그야말로 흙바닥이 난리가 났지. 밥그릇도 변변이 없었어요. 정말 있는 게 아무것도 없었어요."

정말 아무것도 없는 속에서 그녀는 이 많은 것들을 다 만들어냈다.

예쁜 그릇들, 차곡차곡 쌓인 옷장의 옷들, 깨끗한 이불들, 가구, 쌀, 오리, 닭, 나무, 책, 술······ 희망, 미래.

그녀가 만들어낸 것들이다.

오후의 햇빛이 길게 그늘을 드리우고, 벼들이 바람에 건들대고, 사탕수수 자라는 소리가 들리는, 오리떼가 강을 떠다니고, 아이들의 노래가 나른한 한낮을 깨우는 오늘의 베트남, 평화롭고 풍요로운 베트남을 만든 것은 '그녀'의 사랑이었다.

많은 베트남 사람들은 전쟁도 힘이 들었지만 전쟁 후가 더 힘들었다고 말한다. 전 국토가 초토화되고, 숲은 망가지고, 우물은 다시 파야 하고, 수많은 지뢰를 제거해야 하고, 게다가 이런 일을 할 장정들은 다 죽어없어지고.

마당에서 오토바이 소리가 난다. 이 집의 막내아들이 학교에서 돌아왔다.

"큰 애는 하노이대학에서 공부를 하고 지금 고향에 돌아와서 설탕공장에 다니고 있죠. 둘째는 군대 갔다와서 대학입시를 준비하고 있고, 막내도 대학입시 준비를 하고 있어요. 나는 우리 아이들이 아주 어렸을 때부터 한국군에 의한 양민학살 이야기를 했어요. 반드시 들어야 하는, 알아야 하는 이야기니까."

아들의 얼굴엔 그늘이 없다. 문득 '사망통지서'[3]에서 쑤언이 했던 말이 떠오른다.

"나는 스물네 살인 내 아들이 잔디 깎는 것을 보면 마음이 안 놓여요. 혹 실수라도 해 다칠까봐. 그런데 나는 열네 살에, 겨우 열네 살에 삶과 죽음을 결정해야 했죠."

1987년 10월부터 따이빈사 당서기장을 맡아 일하고 있어요. 당서기장
일은 힘든 일이죠. 주민들이 나를 신임하지 않으면 일을 못해요. 제일
힘든 일은 인민들의 염원을 잘 수렴해서 정책이나 방침을 내오는 것
이죠. 인민들의 염원을 정부의 정책에 반영해야 하니까.
현재 따이빈사 인민들의 염원은 삶의 질을 높이는 것입니다.
이 지역은 깊은 산골지역이고 전쟁의 후유증이 매우 깊은 곳입니다.
감정적 골도 깊어요. 희생자들은 많은 고통을 안고 살아가고 있습니
다. 이 고통을 줄일 수 있는 방법을 함께 모색했으면 하는 바램입니다.
우리 인민들에게 가장 절실한 것은 도로에 대한 지원과, 학교를 세우
는 일입니다. 1985년인가 1986의 일입니다. 당시는 한국과 베트남이
수교 전이기 때문에 한국에서 외교연락부 정도가 나와 있었는데 그곳
으로 서신을 띄운 적이 있습니다. 학교를 세울 수 있도록 도와달라고.
긍정적인 회신이 왔었죠. 한국대표가 와서 부지도 선정을 했어요. 그
런데 이곳이 너무 외지다고 19번 도로 근처에 학교를 세웠어요.

전시행정의 표본이다. 학교를 세웠으면 눈에 보여야 하는데 이곳은 너
무 외져서 보이지가 않는다. 누군가 한번 사찰을 오려고 해도 힘이 든다.
그러나 정작 학교가 필요한 곳은 이런 골짜기 마을이 아닌가.

기대에 들떴다가 물거품이 된거죠. 그래서 우리 주민들이 있는 대로
돈을 거둬서 학교를 세웠습니다. 그래도 아직 학교가 굉장히 많이 부
족한 편입니다. 비가 오고 강이 넘치면 아이들은 학교에 갈 수가 없어
요.

낡은 교실 속에서 환하게 웃는 베트남 아이들

셋째는 밀라이 같은 전시관에 대한 절실한 기대입니다. 전시관이 건립되면 과거의 상처를 메울 수 있는 큰 역할을 할 수 있을 거라고 생각합니다. 사실 작년에 어떤 한국 참전 군인이 와서 전시관을 지어주겠다고 해서 설계도까지 다 완성했는데 그 이후론 연락이 없습니다. 그렇지만 우리 주민들은 정말 아주 절실하게 전시관을 짓기를 소망하고 있습니다. 이러한 일들이 여러분들의 도움으로 이루어졌으면 좋겠군요.

이 마을은 벌써 두 번째 한국인들로부터 일종의 '배신'을 당하고 있다. 학교 문제도 그렇고, 전시관 문제도 그렇고. 지킬 수 없는 약속을 하고 떠난 이는 누굴까. 이 마을 사람들은 아직도 그가 전시관을 건립하는 데 도움을 줄 거라고 생각하고 있는 듯 하다. 그건 어쩌면 전시관에 대한 아주 강렬한 소망일지도 모른다. 기억에서 역사로. 이들의 바램대로 이 곳에 한국인의 손으로 전시관이 지어진다면 골깊은 이 상처를 메우는 작은 시작이 될 것이란 생각이 든다.

　우리는 그들을 잊었다. 월남 패망, 으시시한 음악과 함께 붉은 글자로 우리들의 가슴에 각인된 월남 패망은 그러나 곧 잊혀져갔다. 패망한 나라의 사람들은 어떻게 되었는지, 2차세계대전 때 쏟아부은 폭탄의 2배가 쏟아졌다는 그 땅에 과연 곡식은 자라는지, 고엽제로 불타버린 밀림엔 생명이 자라는지 아주 까맣게 잊었다. 무서운 망각이었다.

　그곳에서 벌어들인 돈으로 고속도로를 닦고, 경제개발을 하고, 빌딩을 올리느라 부산을 떠는 동안, 그들은 폐허 위에 집을 짓고, 들판을 다독여 쌀을 수확하고, 새우를 양식하고, 염전을 만들었다. 고난의 세월이었다. 땅을 파면 수습되지 않은 뼛조각들이 누워 있고, 지뢰는 도처에 묻혀 있어 언제 터질지 몰랐다. 그들은 오열로 시신을 수습하고 통곡으로 영혼을 달랬다. 가난과 결핍 속에서 아이들을 키우고, 사탕수수와 땅콩을 심고 강마다 오리떼를 키웠다.

　이제 월남, 베트남에서 열대의 나무들은 그늘을 드리우고, 들판은 풍요롭고, 물소들은 한가로이 풀을 뜯는다.

　그러나 인간의 몸과 마음에 새겨진 상처는 어찌할 수 없도록 아직도 선연하다.

유배지에서 보낸 한 철

　사람을 만날 때면 때로 몸보다 영혼이 먼저 보이는 이들이 있다. 시인 탄타오도 그런 사람 중의 한 명이다. 그에게 세상은 유배지처럼 보인다. 어울리지 않는 곳에서 한철을 보내는 사람처럼 그에게 세상은 어색하고 불편해 보인다. 그러나 이건 어디까지나 내 개인적인 생각일 뿐 탄타오는 쯩선산맥을 건너 포탄이 쏟아지는 전선에서 종군기자로, 문예전사로 활약한 전사였다.

큰 키에 마른 몸, 섬약하고 부드러운 윤곽 어디에도 해방전사의 모습은 잘 찾아지지 않는다.

탄타오는 외아들이었다. 아들이 하나밖에 없을 경우는 최전선에서 제외되었다. 지원하지 않았다면 탄타오는 굳이 전선으로 가지 않아도 되었다. 그러나 그는 밀림 속으로 들어갔다. 그림자처럼 소리 없이.

호치민루트,[4] 꾸앙빈에서 캄보디아 국경과 맞닿아 있는 송베까지는 1,700km 장정의 길이었다. 험한 산악의 길을 4개월을 걸었다. 어떤 이들은 1년에 걸려 내려오고, 어떤 이들은 끝내 목적지에 도달할 수 없었다. 무수히 많은 사람들이 길 위에서 쓰러져 죽었다. 굶어죽고, 포탄맞아 죽고, 병들어 죽었다. 그 역시 말라리아에 걸려 열병을 앓았다. 고열과 구토, 설사, 청년 탄타오는 무엇으로 열병을 이겨냈을까.

무엇이 가장 그리웠나? 늘 그렇듯 표정 없는 얼굴의 그가 질문을 한번 되뇌인 후, 낮은 목소리로 대답했다.

쯩선산맥을 건너며 내가 가장 그리웠던 건 가족도 아니고 애인도 아니고 조국도 아니었습니다. 그것은 내가 한때 먹었던 음식이었습니다. 특별한 것도 아니었고 일상적으로 늘상 먹던 음식이 가장 그리웠어요. 4개월 동안 야채를 한번도 먹은 적이 없습니다. 사람들이 탐하는 건 고기가 아니라 야채였지요. 이건 아마 쯩선산맥을 건넌 사람들만이 이해할 수 있을 것입니다. 극도의 결핍, 내가 그리웠던 건 결핍을 채울 수 있는 그 무엇이었겠죠.

장편서사시 ≪밀라이의 아이들≫은 탄타오의 대표작이다.

미군에 의한 민간인 학살 직후 그는 밀라이에 들어갔다. 생존자들을 만나고 그들로부터 학살의 전말을 들을 수 있었다. 그렇게 해서 쓰여진 시가 ≪밀라이의 아이들≫이다.

우리 대신 그들이 죽었다고 탄타오는 쓰고 있다. 우리 대신 아이들이 죽었다고, 우리가 조금만 일찍 왔더라도 아이들은 죽지 않았을 거라고 탄타오는 지금도 생각할 것이다.

사실 그는 서사시를 즐겨쓰지는 않는다고 한다. 그럼에도 불구하고 9 편의 장시를 썼던 건 짧은 시의 형식으로는 격동의 시대, 그 기운을 다 담아낼 수 없었기 때문이라고 말했다. 당대를 살아가는 시인들의 상황이 절박했고, 시대가 그것을 요구했기 때문이라고.

탄타오는 언젠가 베트남전에 참전한 경험이 있는 미국의 한 시인으로부터 이런 질문을 받은 적이 있다고 한다. 나는 평생 전쟁 이야기만 썼다. 남은 평생도 전쟁에 대해서만 이야기 할 것이다. 당신은 어떠냐?

"아니오. 나는 나에 대해서만 쓸 겁니다. 왜냐하면 전쟁이 내 안에 있기 때문입니다. 나에 대해 쓴다는 것은 전쟁에 대해 쓰는 것입니다. 내가 더 이상 전쟁에 대해 직접 쓰지 않는다 하더라도 내 머릿속엔 전쟁의 파편과 흔적들이 떠오릅니다. 그것들이 머릿속에 글 속에 떠돕니다."

함께 간 김현숙 교수가 미국대학에서 베트남 전쟁에 대해 가르친다고 하자 탄타오가 질문했다.

"미국의 참전 군인들은 참전했다고는 하지만 그 기간이 6개월에서 2 년 사이입니다. 그럼에도 불구하고 전쟁은 그 사람의 삶 전체를 지배합니다. 정체성의 혼란과 전쟁의 기억에 대한 지배로부터 벗어나지 못하는 참전군인들이 대부분입니다. 수십 년 전쟁을 해온 베트남 사람들보다 훨씬

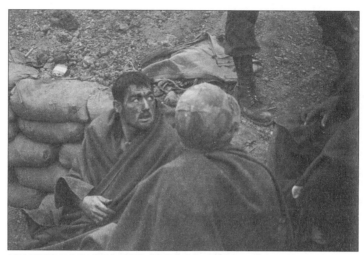
미국 대통령 존슨은 베트남 전쟁을 "실패작"이라고 불렀다.

더 무겁게 지배받지요. 왜 그렇다고 생각하십니까?"

"글쎄요."

김현숙 교수가 고개를 갸웃한다.

탄타오와의 만남은 이 질문에서부터 시작되었다.

"왜 미국은 베트남에서 벗어나지 못하는가?"

탄타오는 이에 대해 다음과 같은 대답을 했다.

"여러 가지가 있겠지만 나는 공동의 경험과 개인의 경험이라는 면을 지적하고 싶습니다. 베트남 사람들에게 전쟁은 모두의 문제였습니다. 전쟁으로 인한 고통을 함께 나누고 공동으로 치유할 수 있었죠. 전쟁으로 인한 슬픔과 비탄은 개인의 문제가 아니고 공동으로 나누어야 할 과제였지요. 그러나 미국의 참전군인들에게 전쟁은 개인의 문제였습니다. 전쟁의 경험은 철저하게 개인의 경험으로 치부되었고, 전쟁에서 받은 상처는 함께 감싸야 할 공동의 고통이 아니라 그 전쟁에 참여한 개인이 혼자 풀어야 하는 무거운 짐이 되었기 때문이라고 저는 봅니다."

김현숙 교수는 이에 동의했다.

미국에서 홈리스 개념이 처음 생긴 것이 베트남 전쟁 이후였다고 한다. 전쟁이 중반을 넘어서면서부터 미국에서는 반전운동이 전개되었다. 밀라이 학살이 공개되고 난 이후부터 반전운동은 더욱 광범위하게 확대되었고 전쟁에서 돌아온 참전군인들은 공동체 속에 편입되지 못한 경우가 많았다. 냉대와 소외가 이뤄지기도 했고, 참전군인들 역시 그 자신이 겪었던 전쟁의 공포와 광포함을 해석하지 못해 그들의 삶은 구겨지고 망가졌다.

이것은 반대로 미군들이 평화운동을 하게 되는 계기가 되기도 했다.

스스로의 정체성을 찾기 위해 미국 참전군인들이 선택할 수 있었던 건 반전평화운동이었다.

베트남에는 수천 년 저항의 역사가 있습니다. 이 전통은 집단 공동의식을 발전시키지요. 그리고 항미 전쟁 당시는 베트남에서 사회주의적 이상이 실현되고 정착되는 과정이었습니다. 사회주의의 집단, 집체 시스템이 개인에게 작용해 개인화를 허락하지 않았습니다. 사회주의는 집단, 공동의식을 고양시키고 발전시키는 제도지요. 그리고 무엇보다 중요한 건 베트남의 어느 가족도 상실이 없는 가족이 없었습니다. 나 혼자 특별히 불행하다고 느껴지지 않을 정도로 고통과 아픔은 모든 사람의 것이었습니다. 나만 특별하게 불행하다고 느껴지지 않는 고통에 대해 사람들은 덜 무겁게 느끼는 법이지요. 그러나 미국의 경우, 대부분의 미국 가정이 상실의 경험을 한 건 아닙니다. 참전군인들은 그 개인들이 불행한 사람들일 뿐이었고, 그들은 아웃사이더가 될 수밖에 없지 않았을까요.

탄타오는 미국의 참전군인들에 대해 오래 이야기 했다. 미국 참전군인들과의 만남은 탄타오에게 깊은 인상을 남긴 듯 했다. 전쟁이 끝나고 30여 년의 세월이 흘렀음에도 불구하고 전쟁의 늪으로부터 벗어나지 못하는 미국 참전군인들에 대한 연민과, 그 고통을 감싸안지 못하는 사회제도에 대한 질타가 함께 묻어났다.

탄타오가 한국의 참전군인들을 만난다면 어떤 생각을 갖게 될까.

한국의 참전군인들과 미국의 참전군인들이 돌아와서 겪어야 했던 사회적 경험은 많이 다르다. 전쟁이 중반을 넘어서면서부터 미국에서는 베트남전이 잘못된 전쟁이었다는 인식이 확산되어 있었고, 베트남에서의 민간인 학살 등으로 참전군인들에 대한 시선이 곱지 않았다. 이것은 물론 참전군인 개개인이 져야 하는 짐이 아니었지만, 미국에서 베트남전에 참전을 했다는 것은 자랑거리가 될 수 없었다. 그러나 한국에서는 상황이 달랐다. 한국에선 여전히 월남의 자유와 평화를 수호하러 갔던 귀신잡는 해병대에 경의를 표했고, 아무도 베트남에 가서 무슨 일을 했는지 묻지 않았다. 참전군인은 한 집안을 일으킨 장본이기도 했고, 경제발전의 주역이기도 했다. 월남전의 성격에 대해 말하는 이도 없었고, 민간인 학살에 대해 이야기하는 이는 더더욱 없었다. 그와 함께 참전군인들이 겪어야 했던 혼돈과 갈등 또한 묻혀졌다. 살이 썩어들어가고 온 몸에 얼룩같은 반점이 생겨도 그것이 고엽제로 인한 피해인지조차 모른 채 전쟁의 상처를 혼자 견뎌내야 했다.

　

한국 전쟁과 베트남 전쟁은 많이 다릅니다. 한국 전쟁은 사람들을 비관적으로 만들고, 자기 안으로 움츠러들게 만들었지요. 전쟁에 대한 냉소와 인간에 대한 불신을 낳았습니다.

학생 시절, 한국의 4.19 혁명에 깊은 감명을 받았다는 탄타오가 한국 전쟁과 베트남 전쟁의 차이에 대해 언급했다.

한국 전쟁이 낳은 게 어디 그 뿐이랴. 한국 전쟁은 '빨갱이 콤플렉스'와 '반공이데올로기'를 낳았다. 나는 새도 떨어뜨리고, 우는 아이도 그치고, 팥으로 메주도 쑬 수 있는 반공이데올로기.

한국 전쟁이 분단과 상실과 이산, 기형적 사회구도를 낳았다면 베트남전은 무엇을 낳았는가.

"중요한 건 우리는 통일을 이루었다는 것입니다. 휴전과 통일은 전후의 사회를 재건하는 데 현격히 다른 모습을 보여줍니다."

휴전은 끊임없는 군비경쟁을 낳았고, 국가보안법을 낳았고, 최장기 양심수를 낳았고, 색깔론을 낳았다. 군사문화가 사회를 지배했고, 사상과 양심의 자유를 억압했으며, 언론, 출판, 집회, 결사의 자유도 보장되지 않았다. 사이렌이 울리면 가슴이 덜컥 내려앉고, 전쟁의 긴장은 많은 사람들을 주눅들게 했으며, 군대에서는 폭력이 난무해도 문제제기를 할 수 없는 기형적인 사회의 원죄는 휴전선에 있었다.

그러나 통일을 이루었다고 해서 모든 문제가 한꺼번에 다 풀린 것은 아니었죠. 베트남 전쟁은 처음부터 미국과의 전쟁이었습니다. 그러나 미국이 베트남전의 베트남화로 전략을 바꾼 이후 이 전쟁은 동족끼리의 전쟁이 되었습니다. 물론 우리의 주적은 미국이었지만 우리에게도 이 전쟁은 커다란 문제를 야기한 전쟁이었지요.

북베트남이 전쟁에서 승리하고 난 후 베트남에는 100만 명의 남베트남 군인과 그 가족들이 있었다. 한 마을에 북베트남을 지지했던 사람과 남베트남을 지지했던 사람이 섞여 살아야 했고, 심지어 한 가족 안에도 북베트남에 가담했던 자식과 남베트남에 가담했던 자식이 있었다.

갈등과 오해가 없을 리 없었죠. 남베트남 군인 출신의 가족들은 10년 정도 국가로부터 차별을 받았습니다. 대학에 입학은 했지만 승인이 이뤄지지 않았습니다. 이 문제가 풀리지 않으면 공동체는 해체되는 것이라는 생각을 했습니다.

탄타오는 이 문제를 본격적으로 제기하고 차별에 대한 싸움을 시작했다. 대학입시에서의 차별과 이력에 대한 차별철폐운동을 벌이기 시작한 것이다.

빈딘성에서 남베트남 대위 출신의 한 청년이 대학에 합격했으나 입학 허가가 떨어지지 않은 사건을 계기로 탄타오는 본격적인 싸움을 시작했다. 끈질긴 탄타오의 투쟁은 승리를 얻어냈다. 청년은 대학에 입학했고 졸업했다. 1985년을 계기로 이러한 차별은 사라졌다.

전쟁이 끝나고 갈등은 사회전반에서 뿐만 아니라 문학계 내부에서도 치열했다. 문학의 존재이유는 곧 탄타오의 존재이유이기도 했다.

한 시절 예술은 정치적 도구라고 이야기되던 적이 있었습니다. 전쟁 당시 이 말은 긍정적인 힘을 발휘했습니다. 정치적 도구라는 말을 단 언적으로 얘기하면 선전의 도구라는 의미겠죠. 그러나 문학은 절대로 도구일 수 없습니다. 극단적인 시기에 일시적으로 그 역할을 할 수는 있겠죠. 왜냐하면 모든 시인들은 그가 사는 사회로부터 자유로울 수 없기 때문입니다. 그러나 문학은 궁극적으로 인간의 운명에 관한 것 입니다. 모든 인간이 지닌 비밀을 하나하나 폭로하는 것, 인간과 인간 의 관계를 이해하는 것이 문학이죠. 문학은 인간에 대한 천착이며 인간에 대한 이야기입니다.

사회주의 리얼리즘은 인간의 운명을 해석하고 풀어나가는 데 적당한 형식이 되지 못했다. 인간이 만든 어떠한 장르도 무익하다고는 생각하지 않지만 전형의 창출과 미래에 대한 낙관, 운명을 헤쳐나가는 인간의 불굴의 투지는 인간의 비밀을 풀어나가는 데 적당한 열쇠는 아니었다고 탄타오는 말한다.

1980년대 초반은 베트남 작가들이 사회주의 리얼리즘을 탈피하기 위해 노력한 시기였습니다. 사회주의 리얼리즘은 문학의 발전을 저해하는 요소였다고 나는 생각합니다. 문학이라고 하는 것은 어떤 전형이나 모형이 존재할 수 있는 것이 아닙니다. 반드시 낙관적이지도 않고 반드시 비관적일 수도 없습니다. 내 친구의 커다란 공로로 나는 마르께스를 만났습니다. 그는 마르께스의 모든 작품을 번역했습니다. 그것은 큰 수확이었죠. 저 개인에게도, 베트남의 문학에도.

탄타오가 사회주의 리얼리즘을 비판한 1980년대 초반 우리는 막 사회주의 리얼리즘을 받아들여 그 형식적 실험들을 해보던 때였다. 사회주의 나라에서 살고 있는 작가가 사회주의 리얼리즘에 대해 비판하는 것이 쉽지 않았듯, 반공이 국시인 나라에서 사회주의 리얼리즘을 수용하는 것 또한 쉽지 않은 일이었다. 그러나 사회주의 리얼리즘을 비판하고 거부하는 것도, 수용하는 것도 다르지 않은 싸움이었다. 새로운 형식과의 만남을 통해 억압 구조를 부수는 것, 다양한 형식을 통해 진정한 작가정신을 구현해내는 것이 한편에선 사회주의 리얼리즘을 비판하는 것으로, 한편에선 사회주의 리얼리즘을 수용하는 것으로 드러났을 뿐, 영혼의 자유를 위한 작가들의 싸움은 언제나 현실을 거부하는 것으로, 새로운 별을 찾는 것으로 드러났다.

탄타오는 끊임없이 인간의 운명에 천착했다.

> 시를 쓰는 사람, 창작을 하는 사람은 작품 속에 나의 운명을 담게 됩니다. 내가 작품 속에서 다른 사람의 운명에 대해 얘기한다 해도 나의 운명에 대해 이야기하는 것에 다름 아닙니다. 내 운명을 통해 다른 사람의 운명에 맞닿게 되기 때문이죠. 내가 다른 사람의 운명과 만나게 되는 것, 나와 다른 운명을 지닌 인간에 대해 공감하는 것. 다른 사람의 운명을 인식하는 것이야말로 그 사람의 운명을 통해 나의 운명을 감지하는 것이 될 것이고 그것이 바로 문학일 것입니다.

나의 운명과 탄타오의 운명은 어떻게 맞닿아 있을까. 탄타오의 운명을 통해 나는 내 운명을 엿볼 수 있을까. 뫼비우스의 띠처럼 운명이란 것은 시작도 끝도 없이 타인과 연결돼 있는 것일까. 탄타오의 운명에 절대적인 영향을 행사한 베트남 전쟁은 내 인생엔 어떤 식으로 작용할까.

> 전쟁이란 모두에게 똑같은 것입니다. 전쟁이 어떻게 작용하느냐에 따라 개인의 운명이 달라진다 하더라도 전쟁은 파괴, 참혹함, 비탄입니다. 베트남전이 독립을 되찾고 자유를 되찾은 정의로운 전쟁이라 하더라도, 그래서 혹자는 성전, 축제로 말을 하지만 아무리 전쟁의 성격이 정의롭다 하더라도 전쟁은 수없이 많은 비극을 낳습니다. 내가 경험한 전쟁이 내 동포들이 겪었던 전쟁에 비해 감도가 낮았다 하더라도 내 운명도 비극으로부터 벗어날 수 없습니다.

그를 관통하는 것은 고통과 비극이다. 전쟁이 끝난 이후 수없이 많은 사람이 지금까지도 직접적으로 전쟁 때문에 죽어가는 것처럼, 그 역시 전쟁으로부터 벗어날 수 없는 것처럼 보인다. 그의 운명 한 부분은 전쟁의 고통과 슬픔과 맞닿아 있다. 그가 행복에 대해 쓰고 있다 하더라도 전쟁의 포성이 그의 행복 속으로 쏟아져 들어오는 것처럼.

그러나 그는 소리 지르거나 탄식하지 않는다. 긴 팔이 만들어내는 우아한 동선에 무심함이 묻어날 뿐.

꾸앙응아이에 가면 그가 있다.

감자 익는 냄새와 아카시아 향내가 도시를 휘감는 꾸앙응아이, 아침이면 늘 안개가 끼고, 오렌지색 달이 뜨는 그 도시에는, 어느 먼 별에서 유배를 온 것 같은 시인이 살고 있다.

불꽃의 시인 이니

모든 개인의 운명을 조국의 운명이 결정하던 시대였습니다. 나는 호치민루트를 타고 남부로 내려왔지요. 내 운명 역시 조국의 운명과 밀접하게 관련될 수밖에 없었으니까요.

전쟁이 최고조에 달했던 1968년 이니는 하노이종합대학 인문사회과학대 어문학과를 졸업했다. 이니가 대학에 들어간 해, 첫 학기를 마치고 하노이대학은 폭격을 맞아 해산하고 서부 고원지대에서 다시 대학이 열렸다. 제대로 된 교실도 책상도 없는 4년 동안의 학창시절. 그녀는 폭격과 학살, 죽음과 마주치며 시를 쓰고 공부를 했다. 부러진 안경테를 고무줄

베트콩 소탕작전에 나선 미군 병사들

로 묶어 쓴 교수의 강의는 열정적이었고, 졸업과 동시에 총을 메고 떠나
는 선배들의 뒷모습은 매혹적이었다.

이니에게도 졸업은 전사의 길로 들어섬을 의미했다. 죽음은 옆구리에
찬 수통처럼 아주 가까이 있었지만 생명은 두려움을 몰랐다. 혁명의 길에
죽음은 늘 예비되어 있었지만 죽음마저도 찬란했다. 어찌할 수 없도록 푸
른 청춘의 나이였다. 아무도 그에게 수심을 일러준 일이 없기에 도무지
바다가 무섭지 않은 흰나비처럼[5] 이니는 혁명의 바다에서 날개짓을 시작
했다. 졸업을 한 이니는 17도선 접경지역인 꾸앙빈으로 내려갔다. 병사들
의 고통과 투쟁을 함께 겪으며 시로 표현하는 문예전사의 일이 그녀의 임
무였다. 한살짜리 아들을 떼어놓고 가는 길이었다.

전쟁은 인간의 운명을 예상할 수 없게 만든다. 여섯 달 된 딸아이를 두
고 군대에 지원했던 선배가 죽었을 때, 이니는 자신도 아이를 두고 죽을
수 있다고 생각했다.

그럼에도 불구하고 내게 있어서 전쟁의 시기는 가장 아름다운 시절이었습니다. 전쟁은 참혹했고, 조국을 위해 모든 걸 바쳐야 했던 시기였지만 내 생애 가장 의미 있고 순수했던 시간이었습니다.

무엇이 이니로 하여금 이 시절을 아름다운 시절로 기억하게 하는 것일까.

문득, 80년대에 청춘을 보낸 한 선배의 이야기가 떠오른다.

"내가 80년대에 배운 게 있다면 인간을 사랑하는 법이야. 앞으로 내가 어떤 삶을 살더라도 나를 관통하는 건 아마 그 시절일 거야. 인간이 만들어내는 희망이 얼마나 눈부신 건지 나는 보았으니까."

임무를 마치고 집으로 돌아왔을 때 아이는 엄마를 알아보지 못했다.

전쟁이 끝나고 이니는 함께 싸웠던 동료의 시신을 찾기 위해 동료의 남편과 함께 전장을 다시 찾았다. 포탄과 화염에 휩싸였던 땅은 초토화되어 있었다. 무한한 사막, 황량한 모래벌판이 끝없이 펼쳐진 폐허 위에 신기하게 나무 한 그루만이 살아 있었다. 그 나무는 유격대원들이 접선하던 곳이었다. 나무는 허허벌판 위에 이해할 수 없을만큼 청정하고 푸르렀다. 시신은 끝내 찾을 수 없었다.

그 시기의 고통은 상상할 수 없는 것입니다. 쌀도 옷도 없었습니다. 얼마나 많은 동포가 싸우다 죽었는지. 전쟁이 끝나고 집집마다 제단에 새로운 사진이 없는 집이 없었습니다. 한 어머니 밑에 해방군[6]과 남베트남군 아들의 사진이 나란히 걸리기도 했지요.

해방 후 남베트남 사람들과 북베트남 사람들이 처음 만났을 때, 아무런 문제가 없을 것 같았다. 그러나 삶과 죽음을 오가며 패인 감정의 골은 해방의 기쁨이 가라앉으면서 금방 그 모습을 드러냈다. 1975년 수많은 사람들이 프랑스와 미국으로 목숨을 걸고 간 것은 그 갈등을 보여주는 모습이었다.

해방 이후 오늘에 이르기까지 아무런 갈등이 없었던 시간이 아니었습니다. 그러나 기본적으로 한 혈육, 가족, 친지, 동포라는 생각이 이 갈등을 해결하는 기본 토대였습니다. 그 다음엔 시간이었죠. 사상과 이념과 생활방식이 다른 사람들이 한 땅에서 살아야 했습니다. 우리에게 공통점이 있었다면 '상처'였습니다. 그리고 우리 앞에 놓인 것은 폐허의 땅이었죠. 어렵고 힘든 시간을 함께 보내면서 서로에 대한 이해와 용서, 화해가 이루어졌습니다. 우리 집의 경우도 마찬가지였습니다. 남편은 북베트남에서 남베트남으로 내려와 활동한 혁명전사였지만 3명의 동생은 남베트남군에 복무했었습니다. 해방이 돼 우리가 만났을 때 처음엔 과거의 이력들이 심각한 문제를 일으키리라곤 생각하지 않았습니다. 우린 한 형제였으니까요. 그러나 그 이후에 갈등이 생겨나기 시작했습니다. 형제였기 때문에 갈등은 오히려 더 첨예하기도 했습니다. 갈등을 푸는데는 서로에 대한 애정도 중요하지만 더 중요한 건 정부의 정책이었습니다. 남베트남 군대에서 포병대위를 지냈던 동생은 오랜 개조 교육을 받고 지금 현재는 미국에서 살고 있습니다.

미국에 살고 있는 베트남인들이 다시 베트남으로 돌아오기 시작한 건 1986년 중반 도이모이[7] 이후다. 낯설고 물설은 미국이라는 나라에서 억척을 떨어 번 돈으로 어머니의 금반지를 사고, 조카들에게 줄 나이키 운동화를 사서 돌아온 고향에서 그들은 부모 형제들과 껴안으며 뜨거운 눈물을 흘렸다. 이산의 아픔은 겪어보지 않은 사람은 모르는 것이었다.

나는 한국인들이 어떠한 전쟁도 거치지 않고 통일하기를 진심으로 원합니다. 얼마전 남과 북의 이산가족들이 만나는 장면을 보았습니다. 늙은 어머니와 늙은 아들의 해후 장면에서 나는 눈을 뗄 수가 없었습니다. 30~40년만의 첫 만남이 어쩌면 마지막 만남이 될 수 있는 그 장면을 계속 지켜보며 똑같은 아픔을 겪었던 사람으로서 남과 북은 꼭 전쟁 없는 통일을 이루기를 진심으로 바랬습니다.

전쟁 중에도, 전쟁이 끝나고도 이니는 시를 썼다. 항미시대 시인 그룹으로 분류되는 그녀 시의 배경은 전쟁이지만, 반드시 포성과 총탄이 빗발치는 곳만이 전장이라고 그녀는 생각하지 않는다.

어느 시대든지 작가는 전사여야 한다고 이니는 거침없이 말한다.

시인은 언제나 선봉이어야 합니다. 권력자에게 비판의 푸른 칼날을 들이댈 수 있어야 합니다. 통상적으로 작가를 좋아하는 권력자는 없죠. 어쩔 수 없이 인정하는 것일 뿐입니다. 권력의 본질은 현재를 긍정하는 것이고, 작가의 본질은 현재를 부정하는 것입니다. 권력과 작가는 늘 싸우는 관계에 있습니다. 탄환이 날아오지 않고 전장이 아니라 하더라도 작가의 역할은 현실의 부조리와 불합리와 싸우는 데 있습니다. 의식 있는 작가라면 감당할 수 있어야지요.

시는 특히 그렇습니다. 산문을 쓰는 사람들은 줄거리와 인물을 통해 자신을 표현하지만 시인은 심장에서 나오는 이야기를 그대로 토해내는 사람들입니다. 걸러지지 않은 날 것, 심장에서 바로 토해놓는 싱싱

한 언어가 바로 시입니다. 시인은 장르를 열어가는 선봉의 역할을 해야 합니다.

이러한 현실인식과 반골기질로 이니 역시 한 차례 풍랑을 겪기도 한다.

프랑스 라디오 방송에서 이니를 인터뷰한 적이 있다. 그 인터뷰에서 이니는 베트남의 문제에 대해 이야기했고 그것이 일부 사람들을 불만스럽게 했던 것 같다고 그녀는 이야기했다.

불꽃의 시인 이니(젊었을 때의 모습)

두 가지 이야기가 걸린 것 같아요. 첫 번째는 문인회에 대한 비판이었습니다. 문인회라는 것이 권력을 옹호하는 단체가 되어서는 안 된다, 정권을 비판하는 문인이 나왔을 경우 문인회의 역할은 그 문인을 보호하는 것이다. 정부의 입장을 지지하여 문인을 비판하는 것은 문인들 스스로 무덤을 파는 것에 다름 아니다라는 이야기가 여과 없이 방송되었습니다. 그리고 1975년 이전의 남베트남 작가들의 작품을 베트남 민족의 가치로 받아들여야 한다는 이야기도 받아들이기 어려운 문제였을 수도 있습니다. 1975년 이후 해외에서 작품활동을 하는 작가들 역시 베트남의 작가로 인정하는 문제도 마찬가지인 듯 합니다. 어쨌든 이러한 이야기가 방송된 후 여러 곳에서 비판이 날아왔습니다. 어머니는 이걸 보고 두려워 하셨죠. 그러나 나는 아무것도 두렵지 않았습니다. 어머니를 위로하며 이렇게 말했죠. 어머니 걱정하지 마세요. 틀린 말 한 건 아무것도 없으니까요. 붓을 든 사람이라면 자유롭게 말할 수 있어야지요.

베트남 문인회에서 여성의 비율은 10%에 불과하다. 이니는 그 속에서 두려움 없이 말하고 쓴다.

내 시에 나오는 여자들은 가장 많은 사랑을 하는 사람들입니다. 희생하고 고통을 견디는 여자들이기도 하죠. 딸을 낳게 되면 운명이 보입니다. 인류의 역사에서 여성은 언제나 가장 많은 고통을 감당하는 주체죠. 결코 변할 것 같지 않은 이 현실을 어떻게 변화시켜야 하는지 나는 그 방법을 모릅니다. 나는 여성의 문제만큼 정치적인 문제는 없다고 봅니다. 그러나 내 세대는 이렇게 생각을 하지요. 개선할 수 있겠지만 변화시킬 수는 없다. 시인은 선봉의 역할을 해야 하는데 여성문제에 있어서 나는 선봉의 역할을 하지 못하고 있습니다. 그러나 여러분들은 우리 세대보다 훨씬 더 행복해지기를 바랍니다.

이니는 새이름이다. 프랑스와의 독립 전쟁 때 항불혁명투사였던 아버지가 감옥에서 지은 이름이다. 딸 아이를 낳으면 붙여주라던 이름, 이니.

아무도 본 적이 없는 상상의 새 이니가 오늘도 베트남의 산야를 날아다니며 노래한다.

살아남은 자의 슬픔

물론 나는 알고 있다. 많은 친구들이 죽었는데
나만 살아남은 것은 단지 운이 좋았기 때문인 것을. 지난 밤 꿈 속에서

이 친구들이 나에 대하여 이야기하는 소리를 들었다.

"강한 자는 살아남는다"

그러자 나는 내 자신이 미워졌다.

— 베르톨트 브레히트의 시 '살아남은 자의 슬픔' 전문

서울발 비행기는 새벽 한시에 이륙할 것이다.

술이 조금 취한다 해도 기내에서 잠을 자면 되니까 걱정하지 않아도 된다. 사실 우리는 모두 조금씩 취했다.

오늘 따라 사이공은 정전이다. 식탁 위엔 촛불 두 자루가 켜져 있고, 작고 귀여운 은색 도마뱀이 벽 위를 사삭거리며 지나다닌다.

잘 익은 망고는 파티를 즐겁게 한다. 그가 가져오는 망고는 특별하다. 유난히 달콤하고 과즙이 많다. 저녁 무렵 그는 망고를 한 바구니 들고 나타났다. 망고를 좋아하는 은희를 위해 그는 늘 오토바이 앞자리에 망고를 가득 싣고 온다. 적어도 은희는 그의 영화에 출연한 주요 인물이다.

반 레는 영화감독이다. 그는 2주 동안 우리와 함께 다니며 카메라의 렌즈를 통해 우리를 들여다보았다.

그가 이번에 찍은 영화는 민간인 학살에 대한 다큐멘터리다. 그는 민간인 학살 문제를 풀어가는 한국 사람들을 그의 카메라 속에 담았다. 마침 베트남평화의료연대가 꾸앙응아이에서 진료를 하고 있었고, '나와 우리' 역시 2차 답사를 간 터라 우리는 본의아니게 그의 카메라에 잡히게 되었다.

그들 덕분에 우리는 응옥의 이야기도 찾아내고, 베트남에서 영화를 찍는 과정을 지켜볼 수도 있었다.

카키색 셔츠를 즐겨입는 반 레는 장난기가 담긴 동안이다. 반 레는 유

반 레

쾌한 농담으로 지친 사람들에게 웃음을 던지곤 했는데, 은유와 풍자로 빚어내는 그의 언어는 때로 감탄을 자아내기도 했다.

사실 그는 시집을 낸 시인이기도 하고, 소설가이기도 하다.

문학적 감수성과 영화적 시선으로 세상을 바라보는 사람과의 만남은 종종 함께 있는 사람까지 풍요롭게 한다.

답사를 무사히 마치고 사이공으로 돌아온 우리는 한국음식을 준비해서 반 레와 영화 스텝들을 초대하기로 했다.

김밥을 말고, 떡볶이를 하고, 불고기를 재는 동안 그들이 왔다.

무슨 이야기를 나누었던가.

반 레는 김지하의 시를 좋아한다고 했다. 김지하의 시를 좋아하는 베트남 사람을 위해 우리는 그의 시 '타는 목마름으로'를 열창했다.

오랜만에 불러본 이 노래는 어떤 복받쳐오르는 감정을 우리에게서 끌어내는 효과를 발휘했다. 우리는 내친 김에 김남주의 시를 노래로 만든 '함께 가자 우리 이 길을', 뭐 이런 노래들도 불렀다.

그러고 보니 이 자리에 앉아 있는 재홍과 수정, 은희와 나는 모두 80년대에 대학을 다녔다. 80년대는 단순한 숫자로 기억되는 시대가 아니어서 어떤 노래나 어떤 단어, 어떤 사물은 우리로 하여금 일치하는 기억과 영상을 떠올리게 한다.

우리의 노래가 끝나자 반 레는 자신도 노래를 한곡 하겠다고 했다.

행진가풍의 그 노래를 반 레가 부르기 시작하자 시나리오 작가 빅뚜이도 함께 손을 흔들며 합창하고, 한국어과 학생인 짱과 히우도 큰 소리로 따라했다.

그 노래는 밀림에서 부르던 노래였다고 한다.

추억의 노래들

전투 중에도 쌀로 술을 빚어서 먹었어요. 전장에서 싸우고 돌아오면
술이 아주 조금 남아있어요. 그러면 물을 타서 마시면서 우리는 이렇
게 얘기했죠.

"올해 우리 인민들의 수확이 참 적어요."

술 같지도 않은 술을 마시면서 우리는 취해서 노래하고 춤추고 했죠.

그날들엔 그랬어요. 싸우러 나가서 많은 사람이 죽고도 돌아와서 노
래를 부를 수 있었죠.

전투를 하러 나갔다 돌아올 때 청년선봉대원들이 땅을 파고 있어요.
이 전투에서 죽은 사람들을 묻기 위해.

"깊게 파세요. 깊게 파세요. 얕게 파면 내가 벌떡 일어나서 소리칠 테
니까."

내일이고 모레고 우리 역시 그곳에 묻힐 것이었지만 우리는 웃으며
그런 말을 하곤 했습니다. 보통 한번 나가면 대여섯 명씩 죽었죠. 구정
대공세 때는 아.무.도 돌.아.오.지. 않은. 부대가 많았습니다.

밀림에서 부르던 노래는 경쾌하면서도 비장했다.

"으윽, 우리가 한 수 밀리는데."

재홍이 말했다.

그랬다. 우리는 확실히 반 레에게 한 수 밀렸다.

우리가 쏟아지는 최루탄 이야기를 하면 그는 빗발치는 총탄을 이야기
했다.

하늘을 날던 한 마리 새에게서 우리가 자유를 찾으면, 그는 죽음으로 찾고자 했던 자유를 이야기했다.

"단 한줄의 노래에도 나는 죽을 채비가 되어 있었다"고 반 레가 말했다.

나는 그것이 무엇인지 안다.

구체적으로 목숨을 거는 것, 구체적으로 목숨을 거는 사람들의 아름다움을 나는 80년대 나의 벗들을 통해 보았다.

자유

평화가 아름다운 건 개인의 자유가 있기 때문입니다. 전쟁의 시대에 개인이 상실하는 건 자유지요. 젊은 세대가 우리를 이해하지 못하는 건 당연한 일입니다.

그러나 평화를 지켜야 하는 건 사람과 사람의 관계 때문입니다.

이 아름다운 관계를 유지시켜 주는 건, 평화입니다.

"우리가 얼마나 오만했는지 아세요."

문선대 활동을 했던 재홍이 일어나며 말했다.

"세계의 진보적 인민들이여 지도를 펴고 한반도를 보라. 조국은 싸우고 있다. 백만학도의 사랑, 투쟁, 영광. 오늘 청춘은 싸운다."

반 레가 일어났다.

"우리가 얼마나 세계의 주목을 받았는지 아십니까. 서베를린에서는 2만여 명의 시위대가 호치민을 연호하며 우리의 싸움에 연대를 표시했고, 파리에서는 학생들이 쎄느 강 좌안의 중심가를 '영웅적인 베트남 지구'라는 이름으로 바꿔 불렀죠. 소르본느 대학 도서관에는 남베트남 민족해방전선의 깃발이 휘날렸습니다. 세계 어느 도시에서나 사람들은 거리로 뛰쳐나와 남베트남 민족해방전선의 깃발을 흔들며 외쳤죠. '우리 그들과 함께 하리라.' '호 호 호치민, 남베트남 민족해방전선에게 승리를.' 이 구호가 온 세계에 메아리쳤죠. 우리는 세상의 한 가운데 있었습니다."

그랬다. 1968년, 세계는 경탄에 휩싸여 베트남을 보았다. 그들은 베트남을 통해 희망을 보았고, 베트남을 통해 의심을 찬양했다. 그러나 그 희망과 환희는 베트남 사람들의 피로 이루어진 것이었다.

전쟁

부상을 당하면 후방으로 이송을 했습니다. 모두가 내가 하겠다고 나서지요. 너무너무 배가 고프니까, 가는 중간에 이 사람이 죽으면 그의 밥을 먹을 수 있으니까.
전쟁은 그만큼 참혹한 것입니다.
전쟁 때는 늘 먹을 게 없었어요.
우리가 밥을 먹고 있으면 꼬마들이 우리가 밥 먹는 걸 쳐다보았습니다. 당시는 인민들이 총을 들고 싸우는 사람에게만 밥을 주고 자기 애기들한테는 감자같은 것을 주었거든요. 애들이 뭘 알겠어요. 전사들이 밥 먹는 걸 말끄러미 보고 있으면, 그 기분은 참…… 그럼에도 불구하고 우리는 그 밥을 먹을 수밖에 없었습니다. 그리고 녀석들한테 소리를 지르지요.
"저리 가지 못해 이 녀석들. 쳐다보지 마."
내 친구가 죽기 전에 그러더군요. 네가 살아남는다면 아이들한테 "미안하다"고 전해달라고.
"이 새끼야, 쳐다보지마"라고 얘기했던 것, 정말 미안했다고.
전쟁은 그런 것입니다.

네이팜탄의 공격을 받은 북베트남. 집결지에 건설된 집들이 불타고 있다.

한 부대가 폭격 속에 갇혀 있었죠. 상부에서 그 부대를 지원하라는 명
령이 떨어졌습니다. 우리 부대가 그 부대를 찾아가는 데 폭탄이 비오
듯 쏟아졌어요. 엎드렸다가 일어나보니 숲이 사라졌어요. 눈 앞에서.
미국과의 전쟁 때는 숲뿐만 아니라 인간 내면의 문화가 사라져갔어
요. 전쟁 속에서 너무나 많은 사람이 사라져갔습니다. 숲이 사라져갔
던 것처럼. 사람들은 더 이상 죽어가는 것에 대해 안타깝게 바라보지
않았습니다. 인간 내면에 갖고 있던 문화성의 뿌리가 송두리째 사라
지는 것이 전쟁입니다.

면역되지 않는 두려움이 있다고 나는 얘기했다. 가두 투쟁을 나갈 때
도, 교문 앞 싸움에서도 늘 어떤 두려움이 있었고, 두려움은 나를 많이 비
겁하게 했다고 나는 고백했다. 당신은 두렵지 않았느냐고, 최루탄도 아닌
총탄, 아스팔트도 아닌 전장, 무엇이 당신을 버티게 했느냐고 나는 물어
본다.

두려움

어머니는 내게 우는 걸 가르쳐줬고, 아버지는 나에게 고개 숙이지 않
는 법을 가르치셨죠.
내가 군대를 가기 전에 아버지는 나에게 삼국지 안에 나오는 시를 보
여줬어요.
'전쟁이 난 조국의 젊은 아들은 칼을 들어야 한다.'
어머니는 나에게 말씀하셨죠.
"너는 반드시 두려움을 알아라. 두려움을 모르는 건 참으로 끔찍한 일
이다."

두려움은 일상적인 것이었죠. 가장 두려운 건 혼자 있을 때였어요. 두 세 사람이 되면 두려움은 점점 가벼워졌어요. 그리고 전선에서 멀어질수록 더욱 두려워졌어요. 전선으로 가까이 갈수록 두려움은 오히려 줄어들죠. 폭격 소리가 멀리 있으면 굉장히 커요. 그런데 가까이 있으면 아주 작게 들리죠.

사람은 다가오지 않는 것, 내가 아직 잘 모르는 것에 대한 두려움이 가장 크다는 것을 알았죠.

그가 가져온 포도주가 바닥이 났다. 맥주를 좀 더 사 오자고 합의를 본 우리는 서로 돈을 내겠다며 지갑을 꺼냈다. 서둘던 반 레의 지갑에서 사진 하나가 툭 떨어진다.

까만 아오바바를 입은 맨발의 여자가 이쪽을 향해 방그레 웃고 있다.

분명 항전구에서 찍은 사진 같은데, 전쟁 중이라고는 믿어지지 않을만큼 부드럽고 다사로운 미소를 짓고 있다.

반 레가 다른 한 장을 더 꺼낸다.

책을 보고 보고 있는 모습이다. 죽음이 예견되는 전장터에서 지을 수 있는 표정이 아니군, 나는 속으로 생각한다.

내 부대에 같이 있던 여전사입니다.

아직 사랑이라고 부르기엔 뭔가 아스라한, 하지만 아무리 애를 써도 자꾸 눈이 가는 그런 사람이었다.

언젠가 그는 그녀에게 반지를 주었다. 전과를 올린 사람에게 나오는 구리반지, 미군 비행기 동체를 녹여 만든 그 반지를 그녀는 한번도 끼지 않았다.

반 년 정도 전선에 나갔다가 돌아왔을 때 여전사는 죽어 있었다.

그녀가 죽기 직전에 반지를 꺼내 바라보았다고 동료들이 전해 주었다.

사랑

청춘 시절에 난 여자들을 보며 참 많은 감동을 했지요.

여자들은 나를 기쁘게 하기도 했지만 곤혹스럽게도 했습니다.

내 친구들이 말하기를 사랑에 빠지는 순서대로 죽는다고 했죠.

그러나 나는 사랑을 저버릴 순 없었죠. 설사 죽는다 하더라도.

사이공으로 작전을 나갈 때면 여학생들이 길 안내를 하곤 했어요. 늪지대나 진흙땅에서 여학생이 바지를 무릎까지 걷어올리고 걷죠. 햇빛이 투명한 종아리에 반사되는 그 순간, 모든 걸 완벽하게 잊어버리죠. 마치 섬광이 터지는 것처럼, 광선이 종아리를 관통하는 그 순간엔 모든 게 깜깜해지고 그 순간만 남죠. 아름다움에 대한 가슴떨림 같은 거, 이렇게 오랜 세월이 지났어도 때로 전율처럼 그 떨림이 전해오곤 합니다.

그녀는 반 레를 바라보고 있을 것이다. 그리고 반 레는 평생 그녀로부터, 그의 동지들로부터 자유롭지 못할 것이다.

왜 아직도 사진을 가지고 다니냐는 말에 반 레는 대답했다.

"난 이 여자가 잊혀지기를 바라지 않습니다."

반 레를 이루고 있는 건 살아남은 자의 슬픔이었다.

반 레의 몸 속에는 반 레만 있는 게 아니었다. 그의 몸 속에는 죽어간 사람들, 그들의 기억과 그들의 웃음과 그들의 비밀이 함께 살고 있었다. 그들이 반 레가 되기도 하고, 반 레가 그들이 되기도 했다.

살아남은 자의 슬픔

쯩선산맥을 따라 북에서 남으로 올 때 300명이 넘었어요. 그 중에 다

섯만이 살아남았죠. 그 안에 내가 있습니다.

스스로도 알 수 없는 건 그 모든 것으로부터 내가 어떻게 살아남았는지, 어떻게 죽음을 피해 달아날 수 있었는지 하는 것입니다. 그걸 행운이라고 말할 수 있을까요. 살아남은 것을 행운이라 말할 수 있을까요. 앞으로 우리가 시를 쓰게 될 지, 영화를 만들게 될 지 알 수 없었던 그 시절, 미래의 시인도 영화감독도 다 죽었습니다.

가장 총명한 사람들은 그때 당시에 다 사라졌죠.

반 레는 그의 본명이 아니다.

반 레는 죽은 친구의 이름이다. 목마르게 시인이 되고 싶어했던.

반 레가 시인이 되었을 때 그는 친구의 이름을 썼다. 그 친구가 이름 속에서 영원히 살기를, 내가 시를 쓰는 것은 그 친구의 바램을 실현하는 것일 뿐이라고 반 레는 생각했다.

반 레는 늘 렌즈를 통해 우리를 들여다보았다. 렌즈 속에 비친 우리는 어떤 모습이었을까. 그리고 그의 영화 속에 우리는 어떤 모습으로 등장할까.

베트남 국립영화제작소 '해방영화사' 소속인 반 레가 '한국군에 의한 민간인 학살'이란 주제를 잡은 것은 그에게도 용기가 필요한 일이었다. 이 주제는 베트남에서도 민감한 문제다. 그가 이 영화를 통해 말하려고 하는 것은 한국군의 민간인 학살일 수도 있고, 베트남 사회에 대한 말걸기일 수도 있다.

그는 렌즈를 통해 감동을 만났다고 말했다.

민족의 문제, 인간의 문제를 꺼안고 고민하고 싸우는 한국의 젊은 사람들의 모습을 보여주는 것, 영화를 관통하는 것은 양심과 용기가 될 것이라고.

예술

참족[8]의 말 중에 이런 것이 있습니다.

'진실은 언제나 사람을 매혹으로 이끈다.'

진실은 언제나 스스로 자신의 존재방식을 찾지요. 진실의 조각들은, 삶 속에, 사람 속에, 자연 속에 존재합니다. 이 편린들을 통해 진실은 드러나지요.

나뭇잎 하나가 떨어지면 가을이 오는 것처럼 말입니다.

나는 전쟁에 빚지고 있습니다. 나는 병사였고 그 전쟁에서 수백만의 사람들이 죽었습니다. 그 전쟁에 대해 말해야 한다고 늘 생각합니다. 전쟁을 그려내고 말하는 것이 나를 인간으로 만드는 길이라고 말이죠.

나는 종종 내가 80년대에 20대가 아니었다면 내 삶은 어떤 모습을 하고 있을까를 상상해보곤 한다.

가두 투쟁, 사회구성체, 민중, 화염병…….

어느 시대를 살든 청춘이야 항상 들끓었겠지만, 80년대에 청춘을 건너지 않았다면 나는 오늘 반 레를 만나지 않았을지도 모른다.

조국

나는 내가 베트남 사람으로 태어난 걸 원망해본 적이 한번도 없습니다. 전쟁 때 태어난 걸 후회해 본 적도 없습니다. 조국은 아무런 죄가 없고, 청년들에게도 아무런 죄가 없습니다.

전쟁 당시에 미국은 굉장히 강하고 많은 나라로부터 옹호를 받고 있다고 우리는 생각했습니다. 나는 내가 전장에서 죽더라도 그것이 개인이 주권을 지키는 것이라고 생각했습니다. 져도 좋다, 나는 싸운다.

예전 그 당시에는 내 앞에 있는 사람이 적으로만 보였지요. 이 나이가
되니, 그 대상이 인간으로 보입니다. 우리 조국의 가난을 탓한 적도,
끊임없이 싸워야 했던 것도 원망해본 적이 없습니다.

그렇게 말할 수 있는 건 당신이 사회주의 교육을 받은 탓이라고 나는
말했다. 사실 나는 딴지를 걸고 싶었다. 뭐라구, 원망해본 적이 없다구, 그
래, 좋아, 하지만 당신은 그 세월 동안 괴로웠잖아, 화염과 시체, 불안과
긴장의 연속, 배고픔, 당신은 이걸 당신의 운명이라고 보냐고 물어보고
싶었다.

운명
나는 인간의 운명을 아직 보지 못했습니다.
추한 것과 아름다운 것의 투쟁, 이 과정에서 아름다운 부분으로 가깝
게 가기 위해 기여하는 것. 그것이 인간의 운명이 아닐까요.

그는 확신을 가지고 행복하게 혁명의 한 가운데 있었다. 그 혁명의 끝
에 삶의 평화가 있으리라, 난파선 위에서도 희망을 잃지 않는. 리얼리스
트지만, 불가능한 것을 요구하는……

반 레의 사회주의
열반에 도달하지 못한 사람은 열반에 대해 말해선 안 됩니다.
구체적인 현실 속에서 행복하게 살아갈 수 있는 길을 모색하는 것.
그것이 이상이 아닐까요.
이상은 언제나 아름답지만 그 이상을 실현하는 건 힘들죠.
희망을 잃어서는 안됩니다. 그러나 어떤 것도 절대적인 것은 없습니

다. 베트남에서 항상 하는 얘기가 있죠. *"가라 그냥 그렇게 계속 가라.*
그러면 바로 그곳에 도달할 것이다."
바로 그곳, 당신이 마음 속에 꿈꾸는.

비행기 시간이 다가왔다. 이제 공항으로 가야 할 시간이다.

우리는 어깨를 걸고 아침이슬을 부른다. 이번 그의 영화의 주제음악이
다.

행복

나는 아주 슬플 때 일해요.
무구한 행복이란 없다고 생각하지요.
하나를 얻으면 하나를 잃죠.
사랑을 잃고 나는 씁니다.

그의 영화 '원혼의 유언'은 개봉되어 많은 베트남 사람들이 보고 있
다.

주

1. 베트남의 전통술.
2. 베트남 문화통신부 자료.
3. *Regret to Inform*(1999) 베트남 전쟁에서 남편을 잃은 바바라 소네번(Babara
   Soneborn)이 자신의 체험을 기록한 다큐멘터리. 비디오 아티스트인 바바라는 이 작품의
   감독이기도 하다
4. 2차세계대전 이후 북베트남과 남베트남, 라오스, 캄보디아를 연결하는 게릴라 보급로. 특
   히 베트남 전쟁 때 북베트남측의 중요한 보급로였음.
5. 김광섭 시 '바다와 나비' 중.
6. 베트남 사람들은 북베트남군을 해방군이라 불렀다.

7. 베트남의 개방·개혁 정책. 1979년 경제개혁노선이 부분적으로 도입되고 1986년 반린 (Van Linh) 당 총서기가 취임하면서 사적 부문, 특히 농산물의 상품화에 대한 규제를 완화하고 외국자본의 유치를 적극 권장하며 사기업 설립을 인정하는 등 대대적인 경제개혁 및 개방정책을 추진하고 있다. 도이모이(Doi Moi: 쇄신)정책으로 명명된 이러한 대서방 개방 및 시장경제 정책 도입은 1987년 외국인 투자법, 1993년의 상속권·담보권·사용권 등을 인정하는 사회주의 국가로서는 획기적인 토지법 개정, 1994년의 파산법 등의 제도화가 이루어짐으로써 본 궤도에 올랐다. 특히 2000년대에는 주식시장 개설도 추진하고 있다.

8. 베트남 소수부족 중의 하나. 중부 해안지대에 산재하여 살고 있는 참족은 예전 참파왕국의 후손들로 크메르인과 마찬가지로 인도문화를 수용했으나, 인종적으로는 인도네시아계의 종족에 속한다.

8장

참전군인, 그 혼돈과 절망

8장 참전군인, 그 혼돈과 절망

아빠의 훈장

"내가 사죄를 해야 할까요?"

그가 물어온다.

"사죄를 해야 할 일을 하셨나요?"

내가 되묻는다. 순간 기내의 불이 꺼진다. 고도 3만 5천 피트 상공에서 그와 나는 '죄'에 대한 문제를 불편한 자세로 이야기 나눈다.

"우리 딸은 나에게 용서를 빌고 오라고 해요."

베트남을 떠난 지 30년의 세월이 흐른 후, 그는 지금 사이공으로 향하는 비행기에 앉아 있다. 우주는 어둠에 싸여 있다.

그를 먼저 알아본 건 나였다. 2차 답사를 가기 위해 비행기를 탔을 때 나는 어디선가 본 낯익은 얼굴을 발견하고 먼저 인사를 했다. 알고보니 그는 ≪한겨레 21≫의 참전군인 인터뷰 코너에 나온 K였다. 그는 인터뷰에서 고의적인 민간인 학살은 없었다고 말했다.

사이공으로 향하는 다섯 시간 동안 우리는 이런저런 이야기를 나누었다.

내가 백마부대원이었거든. 9사단. 근데 이 백마가 6.25 때 지리산 토벌을 할 때 공을 많이 세운 부대였어요. 내가 어렸을 때 지리산 근처에 살았어. 구례, 알죠? 아홉 살 때 기억이 아주 생생해. 군인들이 차 본네트 위에 시체를 싣고 내려와. 빨치산들. 그때 빨치산들이 지식인들이 많았잖아. 어떤 때는 발가벗긴 여자 빨치산 시체를 매달고 오기도 했고. 어린 마음에도 참 안 됐다는 생각이 들어. 그 시체들을 지서 앞마당에 죽 늘어놓으면 일가 친척들이 시체를 찾으러 와. 그래서 시체를 보고 우는 사람은 다 빨갱이지. 그 토벌작전에서 공을 세운 부대가 바로 백마와 청룡이거든. 근데 내가 그 백마부대원이 되어 베트남에 가게 될 줄 어떻게 알았겠어.

그는 베트남에서 2년 6개월을 복무했다. 1년 만기를 채우고 연장근무를 신청했다.

베트남 민간인 학살 이야기가 터지면서 우리 딸이 일주일간 말을 안 하더라구. 참전군인 중에 훈장을 탄 사람이 1,200명 정도 되는데 나도 훈장을 탔거든. 국가유공자란 말이야. 그래서 우리 애들은 학비도 안 내고 다녔잖아. 그런데 그게 베트남 사람들을 죽인 대가라는 거야. 그리고 훈장을 치우라는 거야. 으스스하고 금방 원귀라도 나올 것 같다나. 그러니까 나는 할 말이 없잖아.

자랑스럽게 걸어두었던 아빠의 훈장.

청춘과 용맹과 자유를 상징하던 훈장은 갑자기 모든 가치를 상실하고 깨진 거울처럼 섬뜩한 물건이 되어버렸다. 훈장의 대가로 얻었던 것들은 부끄럽고 죄스런 것들로 변했다.

과거를 의심하고 따져묻는 딸에게 그는 무어라 대답했을까. 네가 그만큼 먹고 사는 게 다 뉘 덕인 줄 아냐고 한 주먹 날리기라도 했을까.

나는 술집에 가도 우리 딸 또래가 옆에 앉으면 만지지도 않아. 내가 여기서 이러면 우리 딸도 어디가서 험한 꼴을 당하지 않을까 하고. 나는 우리 딸을 정말 사랑하거든. 내 제2의 생명이야. 8.18 도끼만행사건 났을 때, 우리 딸이 국민학교 다녔다구. 그때 내가 기도했어. 전쟁만은 나지 말아야 한다고. 내 눈으로 봤잖아. 죽은 엄마 시체 붙들고 젖 빠는 아이, 부모 잃고 우는 전쟁고아들. 정말로 전쟁은 나면 안돼. 우리 아이들이 성인이 될 때까지만 전쟁 나지 않게 해 달라고 내가 기도했다구.

베트남전에 참전했던 한 장교는 귀국하자마자 이민을 떠났다. 몸으로 겪은 전쟁은 '참혹하다'라는 말을 넘어서는 것이었다. 전쟁의 긴장이 높은 땅에서 아이들을 키우고 싶지 않은 것이 이민의 이유였다.

한반도의 긴장은 우리가 생각하는 것보다 훨씬 높은 것일까.

답사의 과정에서 만난 많은 베트남 사람들이 남북의 긴장에 대해 잘 알고 있었다.

그리고 말의 말미에 늘 너희는 우리처럼 전쟁을 겪지 말고 통일을 하라고 축원해 주었다. 촌로에서 지식인에 이르기까지 한국의 통일을 언급했다. 그 말은 곧 한반도의 긴장이 밖에서 봤을 때는 늘 아슬아슬한 상태라는 것을 의미한다고 할 수도 있겠다.

전쟁을 겪어본 나라 사람들은 남의 나라를 침략하지 않는다고 베트남 사람들은 말하곤 했다.

그러나 그들의 믿음은 순진한 것이다. 우리는 한국 전쟁을 겪고 그 상처가 아물지도 않은 채 이들의 땅에 와서 이들을 죽이는 데 참여했다. 전쟁이 얼마나 끔찍하고 무도한 것인지 몸으로 겪었으면서도 우리는 아무것도 모르는 채 눈 뜬 장님 행세를 하며 이들의 땅에 왔던 것이다.

그는 훈장을 치웠는지에 대해서는 말하지 않았다.

"해서는 안 될 일도 많이 했어. 죽여서 안 되는 사람들도 너무 많이 죽였고."

"민간인들도 포함된다는 이야기인가요?"

"민간인들인지 아닌지 어떻게 알아. 총알이 날아온다구. 그럼 나도 쏴야지."

이야기는 다시 상황논리 속으로 빠져들었다.

"2년 6개월 동안 있었지. 부모님께 황소 한 마리 사 드리려고 갔었어. 너무 못 살았거든."

"황소는 사셨나요?"

"논 서너마지기 샀지."

"다행이예요. 살아서 돌아오시고 논도 사게 돼서 …… 죽은 사람도 많았잖아요."

"아, 그러니까 왜 우리가 어렵게 싸운 이야기는 안 하냐구."

"지금까지 우리 나라에서 베트남전 이야기를 할 적이면 늘 그 이야기만 했잖아요. 귀신잡는 해병대부터 시작해서 안케고지 전투, 생사를 같이

밀라이 박물관에 세워진 동상

했던 전우의 죽음 …… 베트남에서 민간인을 죽였다라는 이야기가 처음
나오는 이야기가 아닌가요. 이제 그 사람들 이야기도 할 때가 된 것 같은
데요."

　그도 나도 잠시 입을 다물었다.

　탄선넛 공항에 도착하자 K와 두 명의 참전군인은 약간 긴장하는 듯
했다. 수속을 마치고 밖으로 나오자 후끈한 베트남의 열기가 덥쳐왔다.

　"총소리도 안 나고 하니까 좋구만."

　이들에게 베트남, 아니 월남은 늘 총소리와 함께 연상되는 곳일까. 공
항에 도착해 이들이 한 첫 마디는 이것이었다.

　2박 3일 동안 꾸앙응아이에 머물며 우리는 함께 밀라이 박물관도 가

고 지엔니엔학교도 갔다.

"우리가 나쁜 짓 많이 했지."

지엔니엔 가는 길에서 그가 중얼거렸다.

무슨 나쁜 짓을 했는지 물어보려다 그만두었다. 그는 말하지 않을 것이다. 이야기는 상황 논리 속으로 빠져들고 그는 맴맴맴맴 맴돌 것이다.

베트남에 가야겠다고 마음 먹었을 때부터 그는 혼란스러웠을 것이다.

30년, 20대의 그와 50대의 그 사이에 놓여져 있던 30여 년 세월이 갑자기 사라져버리고 50대의 그 앞에 20대의 시간이 닥쳐왔을 때의 곤혹스러움을 지금 그는 몸으로 겪어내고 있는 것이다. 그에게 베트남에서 보내게 될 이 시간은 혼란의 파도에 휩쓸리는 시간들이리라.

바깥경치를 보던 그는 또 무심히 툭 뱉었다.

"민간인 학살이 있었을 마을이네."

그러다가 갑자기 운전사의 뒷통수에 대고

"야 이 새끼, 너 우리가 누군지 알아. 우리가 얼마나 무서운 사람들인지 알아."

뜬금없이 소리를 치기도 했다. 물론 한국말이기 때문에 운전기사는 알아들을 수 없다.

그는 지엔니엔 가는 길 내내 총소리가 들리는 것 같다고 말했다.

"총소리가 들리는 것 같아. 어쿠, 따쿵, 금방이라도 총알이 날아올 것 같은 느낌이 들어."

그는 연신 사방을 두리번거렸다.

"홍길동 떴다. 서울 아리랑……."

그의 입에서는 당시에 사용했던 암호문이 그대로 흘러나왔다. 무의식 속에서 하나도 잊혀지지 않은 모양이다.

누구의 인생에나 '치명적인 시간'이 있어 상대방의 숨소리까지 기억

나는 시간들이 있다. 전쟁의 경험 또한 그럴 것이다. 그에게 베트남에서 보낸 시간들은 절대로 잊혀지지 않는 시간일지도 모른다.

베트남에서 돌아온 처음 얼마동안 그는 조용한 곳에서는 잠을 잘 수가 없었다고 한다. 때로는 천둥 번개가 몰아치는 곳에서 텐트를 치고 잠을 잤다고도 했다.

그가 겪었을 경험들이 얼마나 엄청난 것들이었을까 이해가 되면서도, 혼돈과 갈등에 휩싸인 그를 바라보는 것은 힘들었다.

고엽제 피해도 안 당하고, 부상도 당하지 않았다. 2년 6개월 연장 복무를 한 덕에 논도 사드리고 소도 사드렸다. 그는 집안을 일으키고 나라를 일으킨 사람이었다.

아무도 그가 월남에서 무슨 일을 했는지 묻지 않았다. 그러므로 그도 말하지 않았다.

그런데 지금 그는 혼돈을 겪고 있다.

베트남에서 당신은 무얼 했느냐는 물음 앞에 그는 당황하고 있다.

이 혼돈은 어디로부터 오는가.

32년 동안 한번도 열어보지 않은 문 앞에 그는 서 있다.

꾸앙응아이에 머무는 동안 답사를 다녀오는 일정 외에 이들은 호텔 안에만 머물렀다. 다리를 건너면 꾸앙응아이 시내니까 시장에도 갔다오고 시내 구경도 하라는 내 말에 K는 나가기가 겁이 난다고 했다.

"사람들이 나를 한국인으로 알아볼 것 같아서. 아까도 어떤 사람이 날 유심히 쳐다보더라구."

"그거야 외국인이니까 쳐다보죠. 저도 돌아다니면 쳐다보는 걸요."

"그게 아니야. 내가 한국인인 걸 알고 혹시 날 어떻게 하면 어떡하냐구."

베트남전 당시 빈호아사 유격대장이었던 팜 반 꾹

장난이 아니었다. 이들은 진짜로 긴장하고 있었다.

베트남전 당시 빈호아사 유격대장이었던 팜 반 꾹은 말했다.

참전군인들이 자꾸 와서 서로 만났으면 좋겠다. 핏방울이 우리를 만나게 하는 것 아니냐. 복수를 당할까봐 두려워하지 말라. 만약 한국 참전군인이 온다면 과거에 여기에서 어떤 일이 있었는지 알려주고 당신도 여기에 참여했었느냐고 물어볼 것이다. 얼마 전 미국 참전군인들이 여기에 왔다. 이곳은 유명한 반뚱전투지이다. 베트남의 입장에서 보면 미군을 상대로 대승리를 거둔 지역이지만 미국의 입장에서는 대패한 작전지역이다. 미국 참전군인들은 2대의 차에 나누어타고 와서 그 장소만 보고 갔다. 인민위원회도 만나지 않고 주민들도 만나지 않았다. 작전지역에만 가지 않고 나를 만났다면 나는 그들과 많은 이야기를 나누었을 것이다. 과거에는 적이었지만 이제 우리는 나누어야 할 이야기가 있을 것이다.

아주 멋진 눈썹산을 가진 팜 반 꾹은 한쪽 다리가 없다. 전투 중에 잃었다.

"여기 이 가려운 데 바르는 약이 없을까."

아무래도 고엽제[1] 상처인 것 같았다. 그의 옆에 있던 그녀의 딸 역시 가려움증에 시달린다고 했다.

꾸앙응아이의 미짜 호텔에는 서양관광객들도 꽤 많이 머무른다. 이들이 이곳에 오는 이유는 한 가지, 밀라이 박물관을 보기 위해서다. 때로 60대 정도의 남자 단체관광객들이 있는데 그들 대부분은 미국 참전군인들이다.

엘리베이터 안에서 우연히 그들과 이야기를 나누었다.

"참전군인인가?"

"그렇다"

"밀라이 박물관은 다녀왔는가?"

"그렇다."

"기분이 어땠나?"

"지독했다. 앞으로는 그런 일이 없어야겠지."

그러나 그들은 잠을 못자는 것 같지도 않았고, 신변의 위협을 느낀다고 생각하지도 않는 것 같았다.

베트남과 전쟁을 치른 주상대국 미국에서는 베트남전에 대한 다양한 해석을 한 책과 영화와 다큐멘터리가 나오고, 베트남전 당시 국방장관이었던 로버트 S 맥나마라는 자신의 회고록에서 "베트남전 참전은 돌이킬 수 없는 실책"이라고 했다. ≪베트남의 비극과 교훈≫이라는 제목의 회고록은 '잘못된 전쟁'에 관한 '후회'로 가득하다. 전쟁의 수렁으로 빨려 들어간 자신과 미국의 결정이 얼마나 무모했는가를 고백하고 있는 것이다.

그들은 반성을 통한 성찰로 죄의식의 늪으로부터 빠져나와 평화운동을 하며 스스로의 정체성을 찾아 활동하고 있다.

'용병'의 자격으로 참전했던 나라의 군인들은 이제 혼돈을 겪고 있다. 이 혼돈은 베트남전에 대한 해석으로부터 그 실마리를 풀 수 있을 것이다. 은폐와 기억의 왜곡은 손바닥으로 해를 가리는 격이다. 베트남전의 성격을 규명하고 민간인 학살의혹에 대한 진상을 규

대량학살에서 벗어난 할아버지와 두 명의 손자. (밀라이 박물관)

명하는 것은 참전군인들이 치뤄내야 할 통과의례다. 이 제의를 거쳐 그들은 그들의 청춘과 스스로의 정체성을 해석해 낼 수 있으리라.

밀라이 박물관은 K에게도 충격적이었던 것 같다. 나중에 K는 다음과 같이 말했다.

> 전시장에서 설명해주던 베트남 처녀가 "한국군은 용병이지만 세계에서 가장 악랄한 군대였다"고 얘기하면서 눈물을 흘렸다. 눈시울이 뜨거워졌다. 나는 일부러 내내 선글라스를 꼈다. 충혈된 눈을 들키지 않으려고.

K와 같이 동행한 C의 경우 참전기간도 짧고 직접 전투에 참가하지는 않았다고 한다. C는 범죄수사대에서 일했다고 했다.

나는 이 두 사람의 기억 역시도 다르다는 생각을 했다. 밀라이를 다녀온 저녁, C는 K에게 "너는 사과해야 한다"고 말했다.

K가 왜 나만 사과를 해야 하냐고 항변하는 걸 들으며, 나는 참전군인들 내부에도 너무나 다른 기억이 산재한다는 생각을 했다. 그냥 한 마디로 '참전군인'이라 부르기에 그 기억은 너무 다르고 그 거리는 너무 멀었다.

아들과 함께 한 베트남 답사

'나와 우리'가 기획한 '2001 시민과 함께 가는 베트남 답사'에는 참전군인들과 그의 가족들이 동행했다. 9박 10일의 일정을 함께 하며 우리는 참전군인들의 이야기는 물론 그의 가족들의 이야기도 함께 들을 수 있었다. 베트남 전쟁이 끝난지 25년, 이제는 기억 속에 묻힐 법한 전쟁은 아직도 진행중이었다.

7월 26일부터 8월 6일까지 진행된 답사에는 3명의 참전군인이 함께 했다. 그 중의 한 사람인 J는 부인과 여섯 살짜리 아들 예슬이를 동행했다. 답사를 가기 전, 사전모임을 하는 자리에서 그를 만났을 때, 나는 쓴웃음을 짓지 않을 수 없었다. 해병대 셔츠와 해병대 허리띠, 해병대 반지. 일상에서도 그는 해병대였다. 이런 사람과 과연 한국군에 의한 민간인 학살 현장 답사가 가능할까. 베트남으로 향하는 비행기에 오르면서도 나는 내심 불안했다.

하노이를 거쳐 다낭, 참전군인들이 위령비를 세우는 과정에서 문제가 발생한 하미마을에 가서 위령비를 참배했다.

답사팀은 향불을 올렸고, J 역시 오래 눈을 감고 있었다.

그날의 생존자인 팜 티 호아 할머니를 뵈러 갔을 때, J는 예슬이를 인사시켰다. 예슬이는 배꼽께에 양손을 모으더니 "안녕하세요" 이쁘게 인사를 했다. 허리가 아파 제대로 앉아 있지 못하던 팜 티 호아 할머니가 환하게 웃으며 아이에게 오라는 손짓을 했다. 양 다리가 다 날아간 이국의 할머니, 낯설 법도 하건만은 예슬이는 팜 티 호아 할머니에게 다가가 답싹 안겼다. "예슬아 '사랑해요' 해야지." J의 말에 예슬이는 신통하게 할머니의 뺨에 제 뺨을 부비며 등을 톡톡 두드렸다. 모두 마음이 따스해졌다. 헤어질 때 J는 오래 할머니의 손을 붙잡았다. "잘못했습니다……." 그의 눈이 빨개졌다. 알고보니 이 호이안 지역이 그의 주둔지역이었다. 케산에서 6개월을 있다가 이곳으로 왔다고 했다. 1972년, 열 아홉의 나이에 베트남에 왔던 그는 30년이 지나 쉰의 나이가 되어 다시 베트남을 찾아온 것이다.

그 이후로도 위령비를 참배할 적이면 J는 정성스레 향에 불을 붙였고, 그의 아들 예슬이는 생존자 할머니들께 허리를 굽혀 절을 했다. 턱이 반이 날아가 늘상 침이 흐르는 응웬 티 니 할머니에게도 예슬이는 뽀뽀하고 안기고 등을 톡톡 두드렸고, 그런 아들을 J는 코끝이 빨개져서 바라보곤 했다. 때때로 그는 슬그머니 사라졌다가 나타나곤 했는데 그럴 때면 늘 눈이 젖어있곤 했다. 특히 밀라이 전시관에서 그는 초반 몇 장의 사진만 보고는 밖으로 나가버렸다.

"도저히 못 보겠네요."

중부 답사를 마친 답사팀은 후에로 가기 전에 중간평가 시간을 가졌다.

모두가 둘러앉은 자리에서 그가 입을 열었다.

기억하지 않으려 했던 부분에 대한 기억들이 그대로 되살아납니다.

정말 기억하고 싶지 않은 지역이었죠. 위령비 앞에서 기도했습니다. 우리들이 왔다. 용서해 달라. 영혼이여 천국에 가서 평안을 누려라. 팜 티 호아 할머니를 만났을 때는 차마 얼굴을 똑바로 쳐다볼 수가 없었어요. 비록 제가 직접 한 일은 아니지만 남이 했다라고만은 할 수 없으니까요. 예슬이에게 할머니를 안아드리라고 한 건, 아버지가 지은 죄에 대한 용서를 구하는 심정이었습니다. 갈피를 잡을 수가 없었어요……. 처음 베트남에서 귀국해선 잠을 잘 수가 없었어요. 누군가를 죽였는데 꿈에 안 나타날 수가 있겠습니까. 제 이야기 해도 되죠?

침묵 속에 그의 이야기가 이어졌다.

이건 제 실제 경험입니다. 신병이었고 일등병이었습니다. 낮에는 늘 정찰수색을 나갔지요. 정찰수색은 일렬횡대로 하는 건데 월남에선 종대로 했죠. 줄칼로 숲을 헤쳐나가는 데 어느 날 지하동굴을 발견했어요. 가스를 굴에 넣으니까 남자 1명과 여자 2명이 나왔습니다. 72년이었습니다. 부대로 돌아와 바로 나무에 묶었습니다. 심문이고 통역이고 아무것도 없었습니다. 그리곤 "신참 앞으로" 하는 명령이 떨어졌죠. 담력을 키워준다며 착검을 하고 찌르라고 했습니다. 나무에 묶인 사람들은 모두 눈을 뜨고 있었습니다. 분대장에게 말했습니다. 눈을 뜨고 있는 사람은 못 죽이겠다고. 찔러 죽이라고 했습니다. 도저히 할 수 없다고 하자 머리에 총을 갖다댔습니다. 명령불복이라더군요. 착검, 찔러 총. 나는 허벅지를 찔렀습니다. 다음 사람이 복부를 찔렀죠. 바로 돌아서서 토했습니다. 조금 있다 '꽈방' 소리가 나더군요. 없앤 겁니다……."

그때 J의 부인이 말을 막았다. "그만 해요. 지금 무슨 소리를 하는 거야. 쓸데없는 소리는 왜 해. 애도 있는데."

예슬이는 엄마의 무릎을 베고 잠들어 있었다.

그러나 J는 말을 이어갔다.

근무를 설 수가 없었어요. 그 사람의 얼굴이 아른거려서. 처음으로 사람을 죽였으니 제정신이었겠어요. 수색도 정찰도 거부하고, 고참에게 대들기도 했습니다. 그러다 영창에 갔습니다. 근무도 안 서고 규율도 제대로 안 지키니까 영창에 보내버린거죠. 거기서 말라리아에 걸렸어요. 그래서 다시 풀려났고 말라리아도 나았습니다. 복귀를 했지만 작전이고 뭐고 나가기가 싫었어요. 고참들의 눈알이 왜 그토록 번들거리는지 이유를 알 것 같기도 하고. 그러다 어느 날 다시 수색을 나갔습니다. 긴 강 양쪽으로 둑이 있었고, 숲이 우거져 있었어요. 줄칼을 가지고 나무를 치면서 나가는 데 바로 내 앞에서 부비트랩이 터졌어요. 내 앞에 있던 동료가 흔적도 없이 사라졌더군요. 아주 흔적도 없이. 판초에 살점을 주워 무전을 때려 실어보내고 계속 작전을 나갔습니다. 다들 제정신이 아니었죠. 전과를 올리자고 눈이 돌아갔습니다. 나도 겁이 없어지면서 마음이 이상해졌습니다. 그때부터 나도 미쳐날뛰기 시작한 거죠…….

"아우, 제발 그만 해요. 지금 뭐 하는 거야."

J의 부인이 귀를 막았다. 이야기는 결국 중단됐다.

"이 허벅지 상처가 그 때 생긴 거지요. 한참 작전을 하는데 뭐가 뜨끔해요. 끝나고 후송되어야 하는데 안 간다고 버텼죠. 원수를 갚겠다고."

그가 한 '작전'이 무엇이었는지 더 들을 수는 없었다. 그러나 그는 자신의 삶이 바로 그 순간부터 바뀌었다고 했다.

"군대 가기 전에는 온순한 성격이었어요. 그런데 그 시간을 기점으로 나는 더 이상 과거의 내가 아니었죠."

전쟁에서 돌아온 그는 마음을 잡지 못했다. 친구들은 모두 대학을 가서 생활하고 있었다. 믿을 수 없는 또하나의 세계를 경험하고 온 그에게 펼쳐진 평화로운 일상은 영혼을 분열시켰다. 인간의 이중성에 대한 분노와 세상에 대한 배신감은 그를 일상에서 살아갈 수 없도록 만들었다. 기억을 지배하는 건 전쟁과 살인, 학살에 관한 것 뿐이었다. 그가 경험한 야만의 시간은 그대로 내부에 쌓여 점점 그를 점령해갔다. 스스로를 주체하지 못하는 자신을 보는 것은 더욱 끔찍한 일이었다. 결국 J는 흔히 말하는 조직폭력배가 되었다가 80년 삼청교육대에 가게 된다. 보스의 죄목까지 같이 쓰고. 청송교도소에서 그는 모범적인 수인이었다. 감형을 받고 출소한 J는 신학대학에 갔다. 인생을 어떻게 살아야 할지, 그는 다시 생각하기 시작했다. 그리고 그때부터 교도소 교화 등 사회봉사활동을 시작하고, 결혼도 했다. 40 중반 나이였다. 50의 나이에 그의 아들이 여섯 살인 건 그 때문이다. 몸은 비록 떠나왔지만 30년이 넘는 시간 동안 그의 영혼은 늘 베트남에 있었다.

나이를 먹어 다시 베트남에 오니 그 상황을 기억하고 싶지가 않네요. 이걸 어떻게 헤쳐나가나, 내 죄를 어떻게 씻나 하는 생각 뿐입니다. 마음이 착잡하구요. 지금도 나는 안 그러려고 하는데 누가 와서 말을 시키면 말이 거칠게 나와요. 싸움이 일어나면 나도 나를 제어할 수 없게 되고 '너를 죽이고 말겠다' 하는 생각이 실제 드니까요. 정신이 들어오면 그런 제 자신이 다시 무서워지구요.

그의 눈물과 함께 한 베트남 답사에서 우리는 국가폭력의 문제를 생각했다.

베트남에서 민간인에게 총을 겨누었던 대부분의 젊은 청년들은 '거부' 할 수 없었다. 사람을 죽이라는 명령, 때로 군인이 아닌 민간인을 죽이라는 명령을 받았을 때도 '거부' 할 수 없었다. 군인은 명령에 복종해야 한다라고만 교육 받았고, 상관의 명령이 곧 법이었으며, 복종하지 않는 군인은 처벌의 대상이자 조롱의 대상이었다.

전쟁에서 명령을 거부하는 것은 가능한가. 내 신념과 의지와 다른 명령이 내려졌을 때 그 명령을 거부할 수 있는가.

이것은 체제와 시스템의 문제이다. 곰곰 생각해보면 전장에서 이들의 몸의 주인은 이들이 아니었다. 국가의 명령으로 이들은 총을 쏘고, 집을 불태우고, 사람들을 죽였다.

징집에서 전투까지 국가는 개인을 점령하고 지배한다. 개인의 의지와 가치판단은 무력해지고 군대 혹은 국가의 의지가 나를 움직인다.

그러나 전쟁이 끝났을 때, 몸의 기억은 온전히 개인의 몫으로 남는다. 몸이 기억해내는 혼란과 절망은 고스란히 개인의 몫이 되고, 국가는 이들의 기억 중에 필요한 부분한 선별하여 재생한다.

국가폭력은 한 개인의 꿈과 상상력을 제한하고 망가뜨린다.

내가 그 현장에 있었다면 나는 J와 다르게 행동할 수 있었을까. 국가라는 거대한 실체의 명령이 나의 신념과 다를 때 나는 어떻게 거부할 것인가.

엊그제 J에게 전화가 왔다.

"마산 한번 안와요? (그는 마산에 산다) 회도 먹으면서 회포 한번 풀어야지."

"가야죠. 그 때 듣지 못한 이야기도 마저 들어야 하구요."

"이번 주에는 통영에 가요."

"통영엔 왜요?"

"통영상륙작전 기념식을 하거든요."

"통영상륙작전이라뇨?"

"6.25 때 해병대 작전이요. 해병대들이 다 모이거든요."

…….

짜빈동² 가는 길

'나와 우리'가 기획한 '2001 시민과 함께 가는 베트남 답사'에 참전군인들과 그의 가족들이 동행한 건 참전군인 김영만씨의 노력과 열정이 있었기 때문이다. 사실 그는 베트남평화의료연대와 함께 이미 한 차례 짜빈동을 다녀온 터였다.

> 참 많이 울었습니다. 언젠가 꼭 한번은 가야겠다고 늘 생각했던 그 자리. 내 생에 가장 큰 상처로, 화두로 남아 있는 그 자리를 30년의 세월이 흘러서야 다시 찾아갈 수 있었지요. …… 가슴이 먹먹하데요. …… 회한과 슬픔과 …… 한 마디로 설명할 수 없는 복잡한 마음이었습니다. 갔다오고 나서 한참 동안 멍한 상태로 있었습니다. 시간이 조금 흐르고 마음이 정리가 되니까 다시 한번 가야겠다는 생각이 들었습니다. 언젠가는 해야겠다고 생각했던 일, 앞으로 남은 내 인생에서 꼭 풀어야 하는 숙제가 베트남입니다.

9박 10일의 일정을 함께 하며 우리는 참전군인들의 이야기는 물론 그의 가족들의 이야기도 함께 들을 수 있었다. 베트남 전쟁이 끝난지 25년,

이제는 거의 속에 묻힐법한 전쟁은 그러나 아직도 진행 중이었다.

　　도대체 왜 그런 일이 일어났을까. 무엇이 우리로 하여금 그런 일을 하도록
　　만들었나. 나는 아직도 설명할 수가 없습니다. 이 문제를 풀지 않는 한 나는
　　베트남 문제를 풀었다고 할 수 없습니다. 어떻게 그런 일이 일어날 수 있었
　　을까. 나는 아직도 그때의 우리 모습을 설명할 키워드를 발견하지 못했습니
　　다.

　　그는 시민단체 '희망연대'의 의장이다.
　　피가 튀고 살이 터지는 전장터, 인간의 극한을 본 그가 '희망'이라는
발음을 하기까지 그의 삶은 어떤 여정을 겪었을까.

　　1967년 5월 12일 밤,
　　그녀는 그를 만난 날을 정확하게 기억했다. 라일락 향기가 도시를 감
싸고 미풍이 감미롭던 봄밤이었다. 그녀는 친구와 함께 거울을 사러 시장
에 갔다. 미래가 보일 듯한 신비스런 거울이라도 사려던 게였을까. 봄꽃
처럼 싱그러운 웃음을 터뜨리며 돌아오는 길에 친구의 남자친구를 만났
다. 그 옆에 있던 이가 바로 그였다. 커피를 마셨던가. 손수건을 꼭 잡고
입을 다물고 있는 그녀 앞에서 그는 사람 죽이는 이야기만 했다. 월남에
서 부상당해 귀국한 지 한 달, 그는 그날 밤 온통 월남이야기만 했다. 그
의 나이 겨우 스물 셋이었다.

　　베트남의 첫 모습을 나는 잊을 수가 없습니다. 전쟁을 하려고 온 그 나라는
　　너무나 아름다웠어요. 다낭항을 통해 베트남에 첫발을 디뎠습니다. 부드러
　　운 해안선과 햇빛을 받아 반짝이는 모래, 꿈처럼 서 있는 야자수, 마치 그림

같더군요. 이 땅에서 전쟁을 한단 말인가 이토록 아름다운 땅에서. 꿈을 꾸는 것처럼 나는 다낭항을 바라보았지요. 하얀 아오자이를 입은 여학생들도 인상적이었습니다. 부드럽고 따뜻한 느낌은 베트남 땅이 주는 인상과도 같았습니다. 3모작을 하는 비옥한 땅은 전쟁 중에도 곡식을 길러내고 있었습니다. 그러나 베트남의 현실은 첫인상과는 정반대였습니다. 헬기 소리, 험한 욕설, 총성 ⋯⋯그 와중에 나는 전쟁이 끝나면 베트남에서 살아야겠다고 생각했습니다. 이건 진심이었어요. 베트남어를 열심히 배웠던 것도 그 이유였지요.

젊은 시절의 나는 이국적으로 생겼다는 이야기를 많이 들었지요. 눈이 크고 피부가 까무잡잡하고 검은 머리가 허리까지 내려오는 나를 사람들은 베트남 여자 같다고들 했습니다. 우리 남편도 그 이야기를 했지요. 남편은 어쩌면 나에게서 아련한 베트남의 향기를 맡았을 수도 있지요. 베트남, 아주 오랜 동안 우리의 삶에 어떤 식으로든 개입했던 베트남이 어쨌든 그와 나를 만나게 했습니다.

전투는 잦아졌고 총소리와 포탄이 고막을 찢고, 비명을 지르며 쓰러진 전우의 시체, 팔다리가 잘린 채 피투성이가 돼 울부짖는 전우를 부둥켜안고 우리는 점점 제 정신을 잃어갔습니다. 불과 몇달 사이에 인근 3개 중대가 베트콩의 기습을 받고 전멸되었다는 비통한 소식과 함께 입대동기들이 전사했다는 비보를 들으면서 우리는 점점 증오와 복수심에 불타는 전쟁의 화신으로 변해가기 시작했습니다.

어릴 적엔 참 온순했다고 하대요. 눈이 커다래가지고 눈물도 잘 흘리고. 몸이 약해서 운동도 많이 하고. 장손이라는 데 대한 부담감도 컸었던 것 같아요. 장손으로서 나약한 모습이 아니라 뭔가 결단력 있는 사람으로 보이고 싶었겠죠. 그도 그렇게 말하더군요. 사나이가 되고 싶어서 해병대에 입대했다고.

해병대가 되어 전쟁에서 내가 한 일은 수평통제원이었습니다. 포탄이 떨어지는 지점을 계산해 핀을 꽂아 포사격 부대원들에게 명령을 내리는 일이었죠. 내가 꽂은 핀 때문에 온 마을이 완전히 초토화되기도 했습니다. 그날은 보병 중대가 마을 입구로 수색정찰을 나갔다가 부비트랩에 걸린 거예요. 한 사람은 날아가고, 한 사람은 중상을 입었나 그랬어요. 저녁식사 하려고 그릇을 들고 앉아 있는데 긴급하게 무전이 왔어요. 그 마을이 한 40호쯤 됐는데 …… 보병중대를 철수시키고 바로 그 마을에 무차별적으로 4.2인치 포사격을 했어요. 밤 내내.

다음 날 보병들이 마을로 진입했을 때 살아 있는 생물은 하나도 없었다고 하대요. 온 마을이 피바다고, 닭인지 돼지인지 소인지 사람인지 붉은 살점만 떨어져 있다고 하더라구요. 주민들에게 피신하라는 말조차도 안 했으니 …… 민간인 학살입니다.

개인적으로 한 인간으로만 그를 보면 너무 가슴이 아프죠. 몇 시간을 울어도 시원치 않을거예요. 자식을 키우다보니 더 그런 생각이 들어요. 아들이 이십대 초반일 때 그런 생각이 들대요. 저 사람이 저 나이에 갔구나. 내 눈에 아직 철부지, 불안하게만 보이는 저 나이에. 만약 아들을 전쟁터에 보낸다고 생각하면, 가슴이 터지죠. 절대로 그런 일은 안 했을 겁니다. 어린 나이에 전쟁이 무엇인지도 모르고 끌려가서 감당해야 했던 생과 사의 갈림길, 얼마나 무서웠겠어요.

이제는 잡초더미 속에 묻힌 한국군이 지은 초소. 내부에 "집에 가고 싶다"란 말이 벽에 쓰여 있다.

꾸앙응아이성에 있는 짜빈동이라는 마을은 가구 수가 한 100여 호 됐어요. 안전마을이었죠. 우리가 보호해 주는 마을이었는데, 그곳을 뺀 모든 마을은 다 무조건 적으로 간주했지요.

종종 11중대원들이 수색정찰을 갔다오면 베트콩 용의자를 체포해와요. 그날도 베트콩 용의자를 체포해왔어요. 그런데 전투가 없으면 심심하니까 용의자를 데리고 장난을 많이 쳤어요. "가라"고 한 뒤 뒤에다 총을 쏜다든지, '꿇아박아'를 시킨다든지. 군대에서 포로든 용의자든 잡으면 포로수용소 같은 데로 이첩을 해주는 게 상식이잖아요. 그 당시는 그런 게 없었어요. 베트콩 용의자를 잡으면 무조건 2~3일 뒤에 그 부대현장에서 처치해버렸어요.

그런데 어느 날 내 선임이 한 명 쫓아오더니 그저께 잡아온 베트콩 용의자 한 명을 우리가 처치하게 됐으니까 몇 명 같이 가자, 하더라고. 그래서 네 명이 한조가 돼서 갔죠. 베트콩이라고 무조건 확신을 한 거죠. 용의자인

데 …… 그 마을에서 잡아온 청년이예요. 30대 초반쯤 됐나. 하여간 우리가 선발이 된 거예요. 하지 말아야 한다는 저항감도 전혀 없었고 …… 그래서 갔지. 뒤에서 총으로 쿡쿡 쑤시면서 원형 철조망을 지나 진지 밖으로 100여 미터 나갔죠. 그 도중에 베트콩 용의자가 생똥을 싸더라고 …… 죽으러 가는 줄 아는지. 야전삽을 던져주면서 구덩이를 파라고 그랬어. 근데 누군가가 이 친구를 그냥 총으로 쏘아죽이기 아깝다는 거야. 삽으로 죽이자는 둥 옥신각신 하다가 그래도 빨리 죽도록 총으로 죽이자 했지. 네 명서서 구덩이에 세워놓고 총으로 쏘았어요. 한 3미터 앞이었나? 머리를 쏘니까 피보다 골이 많이 나오는 것 같더라고. 그래 대충 묻어놓고 왔어요. 전쟁이 얼마나 사람을 무감각하게 만드는지, 꼭 아편 먹은 것처럼 만들거든요. 총소리를 듣고 비명소리를 들으면 늘 뇌에서 무엇이 나온다는 생각이 들었어요.

사람을 죽이는 일은 아무 느낌이 없었어요. 태연히 시간이 흘렀지요. 그날 저녁. 진지 입구에서 보초를 서던 중대원 한 명이 달려왔어요. 어떤 할머니가 와서 자꾸만 울면서 아무리 가라 해도 가지 않는다는 거였어요.

해가 막 지기 시작했을 때인데, 날이 흐렸어요. 할머니를 딱 쳐다보니 …… 우리 고향 할머니처럼 키가 작고 얼굴이 동글동글했어요. 우리 할머니가 한국 사람치고 키가 굉장히 작았어요. 베트남 사람들이 키가 참 작거든요. 꼭 우리 할머니하고 형제라 해도 될 만큼 닮은 할머니가 눈물을 흘리며 서 있더라고. 손짓발짓 해서 왜 그러느냐 물어보니 …… 내 아들이 이틀 전에 한국군에 잡혀왔다는 거예요. 그 순간에 '앗' 하는 생각이 딱 들더라고. 아 그러느냐고 하면서 내가 뭐라고 거짓말을 했냐면 "그 사람은 오늘 아침에 헬리콥터 타고 포로수용소로 갔습니다" 했지. 그러니 할머니가 "거짓말"이라는 거야. "오늘 비가 와서 헬기가 안 떴다"는 거예요. 사실 안 떴거든요. 그날 아침도 비가 부슬부슬 왔기 때문에. 내 거짓말이 금방 들통난 거예요. 그래서 당황했어요. 그럼 뭐라고 말을 해야지 하는데, 할머니가 꼭 약탕기

같은 그릇에 나뭇잎사귀로 뚜껑을 했고, 짚 같은 걸로 손잡이를 만든 걸 들고 있더라고. 그걸 손에 들고 울면서 나한테 뭐라 말을 하더라고. 아들한테 갖다주라는 소린 것 같아. 그걸 열어봤어. 고기 같은 것에다 죽을 쒔드라고. 그래서 내가 그걸 진지 내로 들고 왔어. 참 난감한 거야. 그래 고민하다가 땅바닥에 부어내버렸어요. 한 그릇이었으니까 그걸 몽땅 다 먹었다 그러면 거짓말 인 것 같아서. 20~30분쯤 있었지. 사람이 먹는 것처럼 시간을 끈 거야. 죽을 조금 남겨갖고 나가니까 …… 비가 억수같이 쏟아져요. 열대의 스콜은 순식간에 쏟아지니까. 그런데 아까는 할머니 혼자 밖에 없었는데 그 옆에 7~8살 되는 아이 둘이 울면서 할머니 양쪽 팔을 잡고 있더라고. 억수같이 쏟아지는 빗속에서 셋이서 울고 있는데 …… 아무 말도 못하고 빈 그릇을 보여주면서 가라고 했지. 할머니가 그걸 열어보더니 그 자리에 털썩 주저앉아요. 그리고는 통곡을 하더라고. 그러니까 애들도 할머니를 껴안고 울고, 말도 붙여볼 수가 없는 거지. 아무리 가라 해도 안 가고. 그렇게 우는 상태로 날이 캄캄해지기 시작했어. 더 이상은 어쩔 수 없어서 그냥 부대로 들어왔어요. 그리고 이틀 뒤 짜빈동 전투가 벌어졌습니다. 나는 그 전투에서 죽을 뻔 했다가 살아났지요. 천벌을 받은 겁니다.

이사를 31번을 했다면 믿으시겠어요? 나는 그 사람이 화랑무공훈장을 받았다는 것도(그 사람은 찾지도 않았지만) 몰랐어요. 원호심사를 받기만 했어도 상해 1급 판정을 받아 원호혜택을 받을 수 있었다는 것도 최근에 알았어요. 그러면 경제적으로 그렇게 힘들진 않았겠죠. 그 사실을 알고 배신감이 느껴지더군요. 아이들 학비를 제 날짜에 못 주는 걸 뻔히 보면서도 …… 그 원호신청인가를 하기만 했다면 이렇게 힘들진 않았겠죠.

내 관심은 하루라도 빨리 제대를 하는 것이었죠. 전쟁이라는 말은 듣기도 싫었고, 두번 다시 입에 담기도 싫었어요. 그날을 하루라도 빨리 잊기 위해 전쟁은 두번 다시 내 인생에 들어오지 않아야 할 단어였습니다. 베트남 전쟁으로 내가 돈을 받는다면 나는 사람을 죽인 대가로 돈을 받는 것입니다.

나는 베트남과 관련된 혹은 전쟁과 관련된 책과 영화는 다 찾아서 봅니다. 그를 이해하기 위해, 그를 해석하고 정리하기 위해. 그러나 전쟁 이야기 그 어느 곳에도 가족 이야기는 없었습니다. 참전군인의 가족이 겪어야 했던 고통과 혼돈. 나는 이 이야기를 해야 한다고 생각합니다. 참전군인의 문제는 한 개인의 문제가 아니라 가족이 해체되고 망가지는 일이라는 걸 보여주고 말해야 합니다. 그래야 세상의 모든 가족들이 자기 자식을 전쟁에 보내지 않을 것입니다. 나는 늘 전쟁 영화가 조금만 사실적이라면 얼마나 좋을까 생각합니다. 전쟁이라는 것이 얼마나 참혹한 것인지, 사람이 사람의 배에 칼을 꽂고, 아기에게 총을 쏘는 것이라는 걸 솔직하게 보여주어야 한다고 생각합니다. 그 속에 용감한 사나이 신화는 없다는 것을. 이 세상 어느 전쟁에도 자식들을 내보내서는 안됩니다. 전쟁은 영혼을 망가뜨리고 정신을 파괴합니다.

월남갔다 와서 얼마 안 있어서의 이야기입니다. 길거리에서 교통사고가 났는데 어떤 노인이 피를 흘리며 쓰러져 있어요. 못보겠더라구요. 그래서 고개를 돌렸습니다. 순간 이상한 생각이 들대요. 월남에서는 정말 피가 강처럼 흐르는 데도 아무렇지도 않았거든요. 사람을 쏘면서도 '이래서는 안 된다'라는 생각이 안 들었어요. 퍽 하고 뇌수가 터지고 그 피가 내 옷에 묻어 피냄새가 진동을 하는 데도 옷도 안 갈아입고 점심을 먹었거든요. 정말 아무렇지도 않았어요. 그런데 이게 뭘까, 나는 평생을 그 생각을 하면서 살고 있

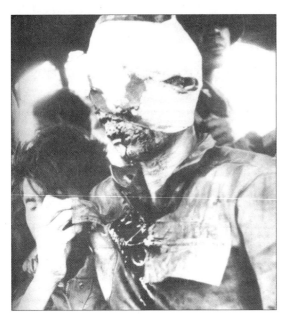

전쟁의 슬픔

습니다. 그러니까 교육으로 가능했다는 이야기이기도 합니다. '죽이지 마라. 아이들은 죽이지 마라. 전쟁에도 룰이 있는 거다.' 이런 식으로 교육을 했으면 그렇게 막무가내로 죽이지는 않았을 겁니다. 그러나 내가 받은 교육은 이 새끼들도 크면 다 베트콩이 된다는 것이었습니다. 애비가 베트콩이면 자식도 베트콩이다. 왜 다 베트콩이 된다고 생각했을까. 우리야말로 베트남의 자유와 평화를 지키러 간 건데, 우리는 도대체 왜 그들을 죽였습니까.

나는 참전군인뿐 아니라 그의 가족들 역시 피해자라는 이야기를 하고 싶습니다. 그리고 물을 것입니다. 누가 베트남 전쟁에 젊은이들을 보냈나. 누가 내 남편에게 총을 쏘라고 명령했나. 내 남편이 사람을 죽이고 그 대가로 평생을 죄의식에 사는 동안, 전쟁을 일으킨 자들과 파병했던 자들은 어디서 무엇을 하고 있었나. 나는 그들의 얼굴을 보고 싶습니다.

우리에게 한번만이라도 "민간인 죽이지 마라. 아이나 노인이나 여자 죽이지 마라. 강간하지 마라." 한번이라도 얘기했다면 그렇게까지는 안 했을 겁니다. 단 한번도 나는 그런 이야기를 들어본 적이 없습니다. 월남 가는 교육을 받으면서부터, 배 안에서, 월남에 도착해서 내가 들은 이야기는 "강간을 하고 나서는 반드시 죽여라, 죽이지 않으면 말썽이 생긴다. 아이들도 베트콩이니까 다 죽여야 한다"였습니다. 베트남전의 성격˝을 알기만 했더라도, 베트남의 역사를 한번이라도 읽었더라도 나는 그렇게는 안 했을 것 같아요. "김수병님 우리 비겁하게 싸우다가 용감하게 귀국합시다." 아끼던 후배였던 오용석 일병이 하던 이야기였지요. 월남전의 성격을 그대로 말해주는 것이었는데. 오일병은 그날 짜빈동에서 전사했습니다.

내가 이번 베트남 답사에 동행한 건 그 사람의 원죄의 장소에 가 보고 싶은 이유 때문이기도 합니다. 얼마 전 처음으로 베트남에 다녀왔던 일들을 이야기 하면서 울먹이던 그 사람의 표정을 잊을 수가 없습니다. 얽힌 매듭을 풀기 위해선 그 첫마디를 풀어야겠지요. 짜빈동, 그곳에 가서, 실컷 울고 싶기도 하네요.

나는 이 나라가 자유와 민주가 보장되지 않는 한 한 개인은 언제라도 남의 전쟁에 끌려가 개처럼 죽을 수 있다고 생각합니다. 박정희는 내 인생을 망친 장본인입니다. 나뿐 아니라 베트남 사람들과 참전군인들을 죽음으로 몰고간 사람입니다. 그런 그의 기념관이 서고 그와 함께 우리를 파병했던 자들이 권력의 핵심에 있는 것은 아직도 이 땅에 정의가 서지 않았다는 이야기입니다. 이 땅의 민주화가 이루어지지 않는 한 나는 늘 벼랑에 서 있는 것과 마찬가지지요.

34년이 지난 지금까지 내 머릿속에는 전쟁이 종결되지 않았습니다. 전쟁으로부터 자유로워지고 싶었지만 따라다니는 죄의식으로부터 풀려날 수 없었습니다. 무슨 일이 안 되거나 큰 사고가 날 때면 죄의 대가라는 생각이 들었습니다. 나는 세상에서 가장 불행한 군인입니다. 내가 죽인 사람의 어머니의 눈빛과 통곡을 눈 앞에서 본 사람보다 더 불행한 군인이 있을까요. 내 정신의 외상엔 늘 피가 흐릅니다. 내 손으로 직접 죽였던 그 영령을 위로하고 우리 때문에 피해입었던 민간인들 앞에 고개 숙여 용서를 비는 것이 내 생에 마지막 할 일입니다. "죄가 너무 많아" 하셨다가도 차마 고개를 못 들고 우는 저에게, "그때 따이한들도 20대 초반이었지. 뭘 알고 했겠어. 불쌍하게 왜 그래"라고 말해준 그 베트남 할머니를 어떻게 잊을 수 있겠습니까. '전쟁의 상처를 극복하고 아픔을 나누는 데 가장 적절한 방법은 무엇이겠는가' 가 내 화두입니다.

답사 도중 우리는 베트남전 당시 남베트남민족해방전선 유격대장의 집을 방문하기도 하고, 북베트남 정규군 출신인 탄타오 시인을 만나 이야기를 나누기도 했다.

노을이 지는 빈호아사의 구릉, 30년 전 적으로 만났던 사람들이 서로의 손을 잡고 머리를 숙이는 모습은 다른 답사팀원들의 가슴을 뭉클하게 만들었다. 앞으로 이 일을 풀어나가는 과정에서 참전군인의 역할이 얼마나 소중한 것인가를 보여주는 모습이기도 했다.

가장 중요한 건 김선생님의 목소리입니다. 직접 참전했던 사람의 목소리가 가지는 힘은 아주 큰 것입니다. 그렇지만 그것은 또한 가장 어려운 일이기도 하지요. 진정한 협력과 우애는 과거사에 대한 해결 노력이 없고서는 불가능합니다. 진정 필요하고 무엇보다 중요한 일이 바로 참전군인들 스스로 상처를 치유하는 과정이라고 생각합니다.

아름다운 청년이었을 적에 총을 들고 만나야 했던 탄타오와 김영만이 서로의 손을 잡았다. 30년 전 총을 들어야 했던 건 개인의 의지가 아니었지만, 탄타오의 손을 맞잡은 건 김영만의 의지다. 인간의 의지다.

탄타오 시인은 한국 참전군인들이 짜빈동을 답사할 수 있도록 많은 도움을 주었다.

그녀 역시 많이 울었다. 팜 티 호아 할머니의 잘려진 다리를 붙잡고, 도안 응히의 출렁이는 눈빛 앞에서, 응웬 티 니 할머니의 얼굴을 마주보며 그녀는 울었다. 베트남의 상처, 베트남의 눈물, 베트남의 고통 위로 그녀의 눈물이 스몄다.

눈물과 눈물이 만나 이루는 것은 무엇인지, 상처와 상처가 만나는 자리에 어떤 이야기가 만들어질 지 나는 아직 알지 못한다.

그러나 눈빛과 눈빛이 만나 희망을 일구어냈던 경험을 그들은 갖고 있다. 그리고 이제 희망과 희망이 연대할 때 어떤 이야기들이 만들어질 지 어쩌면 그들은 이미 알고 있을지도 모르겠다.

인간은 참으로 신비로운 존재이기도 합니다. 극한의 절망과 공포와 혼돈을 겪고도 그것을 이겨내려고 하는 것이 또한 인간이니까요.

전쟁의 슬픔

베트남 사람들이 전쟁을 선연하게 기억하고 있듯 참전군인들 역시 전쟁에서의 일들을 어제일처럼 생생하게 기억하고 있었다. 베트남 사람들이 전쟁으로부터 자유롭지 않듯 이들 역시 오랜 세월이 지났음에도 불구하고 포성이 들리는 전장의 한가운데 서 있었다.

한국에서 베트남으로 갔던 대부분의 병사들은 가난한 집의 아들이었다.

그들 대부분은 베트남이란 나라가 어디에 있는지, 그곳에서 해야 하는 일이 무엇인지도 모른 채 베트남으로 향하는 배에 올랐다. 말로만 듣던 야자수, 정글 너머로 태양이 이글거리는 남국의 정취가 묘한 동경심을 불러 일으켰고, 돈을 벌 수 있다는 것은 더욱 구체적인 욕망이었다. 당시의 사병들에게 40~50불 정도의 돈은 생명의 위협을 무릅쓰고 한번쯤 참전을 결심할 수 있는 매력을 풍겼다.

베트남전에 참전했던 32만 모두가 전투에 투입된 것은 아니었다. 한 명의 병사가 전투를 하기 위해서는 각종 후방 지원부대와 많은 지원병사가 필요한 것이 군사 시스템이다. 그러다 보니 베트남 전쟁이 전후방이 없는 전쟁이었다고는 하지만 어떤 이들은 보병 전투부대에 투입되었고, 어떤 이들은 후방 지원부대에서 참전 복무 기간을 마치기도 했다.

베트남 민간인 학살을 부정하는 사람들, 충분히 그럴 수 있지요. 사실 후방에서 복무했던 군인들이야 베트콩을 구경도 못해 봤을 수가 있지요. 실제로 제 동기 중 한 명은 대대본부에 행정병으로만 근무하다보니 어쩌다 베트콩 포로가 대대본부를 거쳐 이송되는 일이 생기면 베트콩이 어떻게 생겼나 하고 구경하러 갔다고 저에게 말하더군요. 똑같이 베트남전에 참전을 했어도 그런 사람들이야 민간인 학살 안 했다고 하지요. 그러나 그들이 안 했다고 민간이 학살이 일어나지 않았다고는 할 수 없습니다. 사실, 실제 전투에 참가한 사람들은 베트남전에 대해 말하지 않습니다. 입을 다물지요.

짜빈동 전투에서 부상당한 김영만씨의 말이다.

사돈의 팔촌 하나만 인사계에 있어도 전투지역으로 들어가지 않았다는 말이 성행했던 시절이었다. 보병 전투부대로 빠진 대부분의 병사들이 돈 없고 빽 없는 이들이었음은 사실이다.

전쟁이 슬픈 건 가난한 사람끼리 서로 죽고 죽이는 현장이기 때문이다. 전쟁은 가난한 사람을 제일 먼저 굶주리게 만들고, 제일 먼저 죽어가게 만든다. 어디에도 안전하게 깃들곳 없는 가난한 사람들은 그 혼돈의 와중에 억울한 '죽음'을 당하는 경우가 많았다.

그 죽음을 목격하고 돌아온 이들 역시 편안한 삶을 살지는 못했다. 영혼의 상처는 가해자에게도 깊은 생채기를 남겼다. 해 질 무렵이면 돌멩이를 잔뜩 싸들고 옥상으로 올라가 바닥을 향해 던지며 "엎드려" 소리를 지르고는 귀를 막는다는 한 참전군인에게 전쟁은 아직도 끝나지 않고 있었다.

참전군인들은 다양한 생각을 하고 있었다.

이 다양한 의견들이 억눌림 없이 이야기되어야 하는 시점이 온 것 같다. 한겨레신문사에 난입해 기물을 파손한 사람들, 월남전에 대해 비판적 성찰을 하는 사람들, 가치관의 혼란을 겪는 사람들까지.

'참전군인' 이라는 하나의 틀로 이들을 묶을 수는 없는 일이다.

참전군인들의 다양한 기억들이 공식적으로 발언되는 것은 억압의 기억들이 풀려나는 일이 될 것이다.

혼란을 극복하는 것은 자기고백에서 출발한다. 자신의 기억을 풀어놓고, 해석하고, 이해할 수 없는 부분을 함께 이야기나누는 그곳이 바로 마음의 평화, 그 싹이 떨어지는 지점이다. 목구멍에 늘 가시처럼 남아 있는, 아직도 꿈속을 서성이는 비명과 아우성, 새벽의 식은땀은, 피하지 않고 기억을 정면으로 마주볼 때 극복할 수 있을 것이다.

협박과 위협 속에서도 베트남에서의 체험을 솔직하게 말하는 참전군인들이 나오고 있다. 그들의 용기와 양심은 화해로 가는 길에 심어진 묘목이 될 것이다. 이 어린 나무들이 뿌리를 내려 잎맥 무성한 나무로 성장할 때 우리의 역사 속에 푸르른 평화의 숲이 생기리라.

밀라이

손미마을 가는 길은 조선땅과 똑같다. 하늘에 뜬 낮달과 미루나무, 풀을 뜯는 소들, 그 아래 허리 굽혀 일하는 농부들과 눈 순한 아이들. 마음이 절로 푸근해진다.

꾸앙응아이성으로부터 624번 도로를 타고 북쪽으로 13km를 달려가면 베트남 중부 지방의 한 전형적인 마을이 나타난다.

마을 앞으로는 푸른 바다가 넘실거리고, 그 주위로 코코넛 나무와 과수원, 묘지들, 황금빛 모래해변이 그림처럼 펼쳐져 있는, 그곳에 밀라이 박물관이 있다.

밀라이 학살사건은 미군에 의해 일어난 최대의 민간인 학살사건이다. 그 학살지역에 세워진 박물관이 밀라이 박물관이다.

많은 외국인들에게, 특히 서양 사람들에게는 그늘을 드리우는 대나무들과, 줄지어진 커다란 논들 때문에 마을과 마을의 경계를 구분하는 일은 어려운 일이었다.

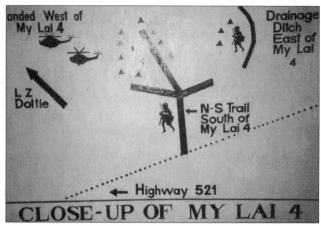

밀라이 학살지

전쟁을 하러 베트남에 들어온 미군들은 오래된 마을과 마을의 경계를 무시하고 함부로 다른 이름을 붙였다.

손미마을은 4개의 부락으로 이루어져 있다. 그러나 미군들은 밀라이 1, 밀라이 2, 밀라이 3, 밀라이 4로 불렀다.

손미지역에서 일어난 학살사건이 밀라이 학살사건이라 불리워지게 된 데는 미군의 작전지도에 표시된 이 지명 때문이었다.

오랜 전통과 문화와 역사는 미군들에겐 아무런 의미가 없었다. 미군의 작전지도에 손미는 그저 붉은 잉크로 커다랗게 표시되어 있는 지점일 뿐이었다.

베트남 사람들의 삶의 터전인 손미는 미군들에겐 그저 자유살상지역[3]이었고, 비루한 인디언 부족 마을이나 같았고, 핑크 빌[4]이었을 뿐이다.

작전은 1968년 3월 16일 아침에 개시되었다.

손미지역의 작은 마을인 솜랑에 로켓 헬기의 기관총으로 엄호사격을 받으며 군인들이 투입되었을 때 주민들의 저항은 전혀 없었다. 그러나 이들은 도망가는 주민들을 쏘고, 집을 불태웠다. 이어 증파된 군인들도 마을 사람들을 모이게 해놓고 무차별 사격을 가하였다. 여자들이 윤간당했고 잔악한 방법으로 살해당했다. 미군의 피해는 이 끔찍한 학살에 혐오감을 느껴 빠져나오기 위해 자신의 발등을 쏘아서 부상을 입은 흑인병사 한 명 뿐이었다.

이 사건은 전형적인 민간인 학살사건이었다. 깨끗하게 죽이고, 깨끗하게 불태우고, 깨끗하게 파괴하는. 베트남전 당시 밀라이 이외에도 수많은 민간인 학살이 있었지만 밀라이 학살이 유독 전 세계 사람들에게 알려진 것은 사진 때문이다. 학살의 전 과정을 마치 한 편의 드라마처럼 찍어놓은 이 사진들은 민간인 학살이 어떤 것인지를 생생하게 보여준다.

작은 박물관에는 헬기를 타고 도착하는 순간부터 주민들을 집에서 끌어내는 장면, 학살하는 장면, 집에 불을 지르는 장면, 한곳에 모아놓고 사살하기 직전의 장면, 한 노인을 우물에 빠뜨려놓고 총을 쏘기 직전의 장면,[5] 작전을 끝내고 담배를 피며 웃는 미군들, 통역으로 따라온 남베트남 군인의 복잡미묘한 표정들이 아주 일목요연하게 진열되어 있다. 즉 이 사건은 우발성에 의한 살인이 아니라 사진기자까지 대동하고 이 모든 학살의 과정을 기록해가면서 저지른 치밀한 범죄라 할 수 있다.

베트남전 당시 다른 민간인 학살 역시 이러한 과정을 거치며 이루어졌을 것이다.

이 사진은 헤브럴즈가 찍었다.

종군사진기자로 베트남전에 간 헤브럴즈는 밀라이 학살사건의 가장 중요한 목격자가 되었다.

그는 이날 3통의 필름을 가지고 있었는데, 2통은 흑백필름이었고, 1통

손미지역 학살사건을 폭로한 신문들. 사진 속의 소녀는 생존자로 세계 여러 나라들 돌며
밀라이 학살을 증언했다.

은 칼라필름이었다. 학살 후 그는 40장의 흑백사진을 군대에 주었고, 18
장을 남겨두었다. 18개월 후 이 학살에 대한 조사가 미국에서 이루어졌을
때 헤브럴즈는 18장의 칼라 사진을 공개했다. 사진들은 미국과 전 세계
사람들을 충격에 빠지게 했다.

　헤브럴즈는 이 사진들을 찍을 당시의 정황들을 정확하게 기억하고 있
었고, 사진들에 대한 설명을 덧붙였다.

　그는 1968년 3월 16일 동이 아직 트기 전에 찰리부대에 합류했다. 그
는 국방성으로부터 밀라이 '작전'을 공식적으로 기록하라는 임무를 받
았다. 손미마을로 가는 헬기를 탈 때까지 그는 이 작전에 대한 어떤 설명
도 듣지 못했다. '작전'의 성격을 알게 된 것은 헬기에서 내리는 순간부
터였다. 귀를 찢는 총소리가 사방에서 들렸다.

　"오른쪽으로 발사해라."

　"머리 하나가 나타났다 오버."

미군들은 움직이는 것들에 대해 닥치는 대로 총을 쏘기 시작했다.

움직이는 것은 베트콩이고, 움직이지 않는 것은 노련한 베트콩이었다.

15명으로 보이는 여자와 아이들이 100야드 쯤 떨어진 곳에서 걸어가고 있었다.

미군들은 그들을 정조준해서 총을 쏘았다. 뼛조각이 공중으로 튀어올랐다.

그는 자신의 눈을 믿을 수가 없었다. 그러나 얼굴을 돌릴 수가 없었다. 그는 셔터를 누르기 시작했다.

　　미군들이 그 오두막에 들어갔을 때, 그 가족은 아침 식탁에 둘러앉아 고구마를 먹고 있었습니다. 군인들은 밥과 고구마가 차려진 식탁에 둘러앉은 사람들을 향해 무차별로 총을 쏘기 시작했지요. 손자는 입에 고구마를 문 채 죽었어요.

그는 그 손자의 사진을 찍었다.

　　한 노인은 미군들에 의해 수염이 잡힌 채 마당을 질질 끌려다녔습니다. 그리고 심하게 두들겨 맞았습니다. 미군들은 수염과 턱을 잘라버렸습니다. 그리고 총으로 위협해서 우물에 밀어넣었지요.

우물에 빠진 노인을 찍기 위해 그는 카메라를 갖다댔다. 우물 속에 자신의 그림자가 비쳤다. 노인은 우물벽을 짚고 있었지만 고개를 들진 않았다. 사진을 찍은 후 우물을 향해 사격이 시작되었다.

사람들을 감동시킨 사진 중의 하나는 논길에 엎드려 누워 있는 두 아이의 사진이다. 조금 큰 아이가 작은 아이를 감싸고 엎드려 있는 이 사진은 죽음의 순간에 동생을 지키려했던 아이의 마음을 보여준다.

그러나 이 두 명의 아이에게도 총알이 날아갔다.

여자들은 죽기 전에 참혹한 짓을 당했다.

헤브럴즈는 여자들과 아이들에게로 다가가는 군인들을 보았다.

그들은 까만색 베트남옷을 입은 15세 가량의 한 소녀를 지목했다. 그리고 마을 사람의 무리로부터 그 소녀를 끌어내 소녀의 블라우스를 벗겨내리기 시작했다. 그러자 여자들과 어린이들은 비명을 지르고 소리내어 울기 시작했다. 이때 한 미군이 웃으며 말했다.

"이 여자는 도대체 무엇으로 만들어졌는지 한번 볼까."

다른 한 미군이 소리쳤다.

"이 계집애는 베트남 붐붐(창녀)이야"

그때 소녀의 어머니로 보이는 노파가 미친 듯이 격분하면서 사병들의 희롱을 막기 위해 싸웠다. 그녀는 덤벼드는 사병 두세 명을 막으며 온 몸으로 싸웠다. 이 통에 사병들은 주춤거릴 수 밖에 없었다. 헤브럴즈는 사진을 찍기 위해 이 여인들 속으로 들어갔다. 그리고 소녀가 엄마 뒤에 숨어서 블라우스의 단추를 채우고 있는 사진을 찍었다.

사진을 찍고 있는 헤브럴즈를 보자 미군 가운데 한 명이 총의 개머리판으로 노파의 머리를 쳤고, 그 사이에 또 한 명이 등을 내리쳤다.

헤브럴즈가 여자들의 무리 속에서 나오자 한 군인이 물었다.

"어떻게 할까."

"죽여버려."

총소리가 들렸다.

"우리가 뒤돌아섰을 때 모든 이들은 죽어 있었습니다."

12살의 소녀와 17살의 소녀가
미군에 의해 끌려 가고 있다.

켈리중위는 도랑 안쪽에 서서 살아 있는 사람들을 쏘았습니다. 그 도랑은 순식간에 피가 흥건해지고 시체들로 가득찼습니다. 다른 도랑에서도 똑같은 학살이 이루어졌습니다. 다른 미군들은 마을 사람들을 불러내 철조망 옆에 둥그렇게 세웠습니다. 그들 중에 여자들은 강간을 하고 15피트 정도 뒤로 물러서서 그들을 향해 총을 쏘았습니다. 시체들이 쌓였지요.

이 학살사건에서 미군측에서도 한 명의 흑인이 부상을 당했다. 흑인병사 카터는 이 야만적인 학살행위를 참을 수 없어 스스로의 발등에 총을 쏘았다. 그가 이 학살현장에서 빠져나올 수 있는 유일한 방법은 스스로에게 총을 쏘는 것이었다.

이 피비린내나는 학살을 한 것은 찰리부대였다.

찰리부대의 중대장은 메디나 대위였다. 1936년 뉴멕시코에서 태어난 그의 별명은 '미친개'였다. 별명 그대로 그는 미친 듯이 베트남 사람들을 죽였다. 1소대 소대장은 윌리암 켈리 중위였다.

증언에 의하면 손미 학살은 학살이 있기 전날인 1968년 3월 15일에 메디나 대위가 직접 학살 명령을 내렸다고 한다.

이 손미 학살 현장에는 두 명의 베트남통역관이 따라갔다. 그들은 자신의 동족들이 무차별하게 사냥당하는 것을 보아야했다. 헤브럴즈의 사진에 이들은 복잡한 표정으로 찍혀져 있다.

두엔 민과 니엔 딘 푸 하사가 그 작전에 동행했던 통역관이었다.

푸의 증언이다.

1968년 3월 15일에 수뇌부인 바커는 미군병사들에게 맥주를 실컷 먹
게 해서 놀려줬다. 나는 다음 날 학살작전이 있을 거라는 걸 들었다.
나는 반신반의했다. 취해 있었기 때문에 사실이 아닐 거라고 생각했
다. 그러나 그것은 사실이었다.

당시 26세였던 두엔 민 역시 10년 뒤 입을 열었다.
"이 끔찍한 장면을 목격하고 나는 즉시 메디나를 만나러 가서 이 잔인
한 행동에 대해 항의했다. '마을사람들이 모두 총에 맞아 죽고 있다.' 메
디나가 말했다. '그들은 모두 적들이야.' '무장하지 않은, 저항하지 않는
주민들을 죽여서는 안 된다.' 메디나가 반복해서 말했다. '그들은 우리
군대에 대항해서 싸웠다구.'"
"만약 그랬다면 그들의 무기를 포획하거나 아니면 군인 중에 다친 사
람이 있어야 한다. 그렇지만 진실은 정반대다. 살해당한 사람은 적들이
아니다." 메디나는 결국 당혹해서 말했다.
"나 역시 그렇게 하도록 명령받았다." 메디나는 짜증이 난 것처럼 보
였다."
다음 날 두엔 민은 다른 부대로 보내졌다.
미군들은 "VC, VC" 하면서 짚을 쌓아 그들을 불태웠고, 오두막도 불
태웠다. 팔과 다리가 오그라들고 아이의 시체들은 엄마의 시체 밑에 묻혀
서 발견되었다.
많은 사람들이 찢겨죽었다.
집들이 불타고, 가구가 불타고, 나무들이 불타고, 무소, 오리, 닭들도
죽었다.

잠깐 동안 마을은 죽음의 지역으로 변해버렸다.

학살이 한창 진행 중일 때 하늘에서 이 장면을 목격한 사람이 있었다. 헬기 파일럿이었던 휴 톰슨 준위는 손미를 비행하는 임무를 띠고 비행 중이었다.

나는 부상자를 보았고 무전기를 통해 즉각적인 도움을 요청했다. 누군가 부상자에게로 왔다. 나는 그가 부상자를 도울 것이라고 생각했다. 그런데 그는 부상자를 향해 총을 쏘았다.

메디나 부대가 철수했을 때, 손미는 불과 화염과 죽음의 마을이었다. 마을은 매캐한 연기로 가득차고, 도랑과 논과 마을길은 피범벅이었다.

594명의 사람이 죽었다. 182명이 여자, 17명이 임산부, 173명이 어린아이, 56명이 5개월 미만, 60세가 넘은 노인이 60명, 중년의 사람이 89명이었다.

밀라이 학살은 구정대공세 직후에 이루어졌다.

구정대공세는 1968년 1월 31일 시작되었다.

약 6만 7천 내지 8만 4천의 민족해방전선 게릴라들이 거의 모든 도시를 동시에 집중공격해 점령했다. 44개의 지방수도 중에서 36개를 공격했으며, 242개의 읍들 중에서 64개를 공격했다. 사이공도 기습해 미국대사관 마당까지 침입했다.

구정대공세는 미국 지도자들과 언론, 일반 국민에게 결정적인 심리적, 정치적 충격을 주었다. 미국인들은 정부의 발표처럼, 베트남에서 미국이 정치적으로도 군사적으로도 결코 승리하고 있지 못했다는 것을 여실하

월남 치안국장이 베트콩 포로의 머리에 권총을 발사하는 장면.

게 목격했다. 민족해방전선에 대한 실체도 목격했다. 군사적 승리의 환상
이 여지없이 무너지고, 정부에 대한 국민의 신뢰감이 무너졌다. 미국의
베트남 개입이 미국의 힘의 한계를 넘은 무모한 시도이며 실수라는 인식
이 강한 설득력을 갖게 되었다.[6]

미국의 TV들은 죽어넘어간 미군 시체들을 연일 보도했다. 또 사이공
대통령궁을 공격한 13명의 특공대원이 인근 아파트에서 저항하는 장면
을 16시간이나 방영하였다. 그 중에서도 더욱 결정적인 장면은 월남 치안
국장이 베트콩 포로의 머리에 권총을 발사하는 장면이었다. 이것은 미국
과 전 세계는 물론 남베트남 사람들에게도 충격을 준 끔찍한 장면이었다.

구정대공세는 제3세계 민족해방운동이 군사적으로도 충격적인 저력
을 가질 수 있다는 것을 보여준 국제적인 사건이었다.

또한 이 전술은 전투의 승패를 떠나 심리적, 정치적 목적을 달성하기
위한 효과적인 정치전이었다. 구정대공세는 미국 내에 반전 무드를 조성
하고, 심리적 압박을 가하는 데 크게 성공했다.

구정대공세 이후 미국은 베트남 전쟁의 베트남화를 추진한다. 베트남에서 '명예로운 은퇴'를 하기 위한 모색을 시작하는 것이다.

그것은 베트남에 대한 무차별적인 파괴와, 캄보디아를 비롯한 인근지역으로 전장을 확대하는 정책을 동시에 추진한다는 것을 의미했다.

구정대공세 이후 미국이 전개한 베트남 파괴전략은 세 가지 형태를 띠었다.

첫째, 대량공습작전이었다. 특히 B-52 폭격기를 동원한 융단폭격과 전투기들에 의한 네이팜탄 공격이었다.

둘째, 지상군을 이용해 베트남 마을들을 체계적으로 파괴했다.

셋째, CIA가 진두지휘한 피닉스작전을 통해 대량체포, 고문 및 암살을 자행했다.

협상테이블에서 보다 많은 양보를 얻어내기 위해 전 베트남 민족을 대상으로 대량파괴와 인간적 고통을 가하는 것이 미국에게 남아 있는 유일한 수단으로 인식된 것이었다.[7]

이 과정에서 밀라이 학살사건이 일어났다. 밀라이 학살사건은 결코 우발적이고 일회적인 사건이 아니었으며 미국이 추구한 전략의 하나였다.

학살 직후 미군사령부는 진실을 왜곡한 채, 학살사건을 거대한 승리로 바꾸려고 했다. 출라이에 있는 미군본부는 수백 명의 기자들에게 1968년 3월 16일 저녁에 뉴스를 제출했다. 이 보고서에 따르면 미군들은 밀라이 마을에서 작전을 수행했고, 이 전투는 자정 늦게까지 지속되었다는 것이다. 결과는 128명의 적군을 사살했고, 13명의 용의자들이 체포됐고, 총 3자루를 노획했다고 발표했다. 사이공에 상주하던 기자들이 제공한 뉴스에 따라 이 기사는 ≪뉴욕 타임즈≫와 다른 신문들의 1면을 장식했다.

전투가 지나고 며칠 후에 윌리암 웨스트모어랜드 미사령관은 다음과 같은 메시지를 보냈다.

"3월 16일, 꾸앙응아이성 북쪽 공격에서 적군에게 큰 타격을 입히고 뛰어난 성과를 거둔데 대해 찰리부대에게 축하를 보낸다."

그러나 학살당시 손미지역을 비행하던 휴 톰슨이 공군부대의 사령관에게 보냈던 보고서 때문에 그 학살은 출라이의 미군본부에 알려졌다. 적어도 미군들은 이 지역에서 어떤 일이 일어났는지를 알고 있었다.

찰리부대의 부대원들은 베트남에서 고향으로 돌아와 일상으로 복귀했다.

몇 명은 학살의 후유증에 시달리기도 했지만, 나머지 사람들은 과거에 있었던 일들을 잊으려고 노력했다.

그러나 진실은 다른 곳에서 밝혀지고 있었다.

찰리부대의 병사도 아니었고, 이 사건에 연관이 없었던 한 사람이 그 학살에 대해 제소를 준비하고 있었다.

헬기 기총소사 사격원이었던 아리조나주 출신의 로널드 라이덴아워는 학살 후에 손미의 하늘을 비행하라는 임무를 부여받았다. 마을은 완전히 황폐화된 상태였다. 새소리 하나 들리지 않는 죽음의 마을이었다.

라이덴아워와 조종사는 논 위를 날면서 좀 더 가까운 거리에서 관찰하기 위해 기체를 아래로 하강시켰다.

그것은 분명히 여자였습니다. 이 여자는 사지를 벌려 마치 독수리가 두 날개를 펴고 선 그런 자세로 누워 있었습니다. 마치 자기의 몸을 보이려는 듯이 …… 두 다리 사이에는 11연대의 기폭이 떨어뜨려져 있었어요. 이것 역시 남에게 보이기 위한 시위인 것처럼 보였습니다. 명예스러운 훈장처럼 말입니다.[8]

1968년 4월~11월 사이에 라이덴아워는 몇 명의 사람을 만났다. 그로버, 테리, 도티, 라커로익스, 베르나하르드트 등 그날 학살에 참여했던 소대원들은 라이덴아워에게 손미마을에서 있었던 학살에 대해 솔직하게 이야기했다.

1968년 12월 초 라이덴아워는 제대해 고향인 피닉스로 돌아왔고, 그 학살사건을 제소하기로 마음먹었다.

그는 손미에서 들었던 끔찍하고 잔혹했던 일들에 대해 긴 편지를 썼다. 그리고 이 사건에 대한 공식적인 조사를 요구했다. 라이덴아워는 그 편지를 닉슨대통령과 국방부장관, 외무부장관, 상하원의 스텝들에게 보냈다.

미국 정부와 군대는 그 사건을 무시할 수 없었다.

1969년 9월초 제1소대장은 손미에서 109명을 의도적으로 죽였다는 죄목으로 피소됐다. 1969년 10월부터 1970년 3월까지 대위 메디나와 월링 갬을 포함해서 15명의 미군이 피소됐다.

국방부 보좌관은 윌리암 피어저를 손미조사단의 단장으로 임명했다.

그러나 윌리암 피어저는 베트남 중앙고원에 있는 플레이 쿠 마을을 완전히 파괴하고 민간인을 학살했던 인물이었다. 고양이에게 생선을 맡긴 격이었다.

조사결과는 불을 보듯 뻔했다. 조사단의 결론에 따르면 14명 이상의 장교가 군 규율을 어겼다는 것이었다. 그러나 철저한 조사나 결론을 내리진 못했다.

미국 정부와 군이 미적지근하고 꺼려하는 태도를 보인 것과 달리 미 언론은 손미에 대한 뉴스를 대서특필했다. 1969년 11월 13일 일간지들이 세이무어 허시의 기사를 받았다.

밀라이 사건이 알려지게 된 것은 세이무어 허시 기자에 의해서였다.

그러나 그는 자신이 밀라이 학살을 처음 안 사람은 아니라고 했다.

밀라이 학살사건은 내가 처음 알게 된 게 아니다. 학살사건이 일어난 뒤 스위스 제네바의 베트남 평화협상 때 북베트남 쪽에서 학살사건 기록을 기자들에게 나누어줬다. 그러나 어느 미국기자도 이에 관심을 기울이지 않았으며 프랑스의 한 신문만이 이를 보도했다.

그가 밀라이 사건을 접하게 된 건 국방부 출입시절 알고 지내던 인물로부터 밀라이 학살사건 얘기를 듣게 된 이후였고, 그 뒤 두달 동안 그는 밀라이 학살사건을 파헤쳤다.

미국 국민들은 밀라이 학살사건을 받아들이려 하지 않았다. 존 웨인 영화에서처럼 미국인들은 항상 옳고 선하다고 믿어왔는데 그렇게 끔찍한 범죄를 저지르다니. 당시 한 여론조사는 53%가 밀라이 학살을 믿지 않았으며 나머지 학살을 믿은 사람 가운데서도 대다수가 기사화는 되지 말았어야 한다는 반응을 보였다.[9]

미국기자들은 베트남으로 날아가서 부대에 찾아가 군인들을 찾고 언론에 보도된 생존자들을 찾기 위해 동분서주했다.

이 과정에서 새로운 사실들과 목격자들이 매일 언론에 나타났다. 그리고 헤브럴즈의 사진들은 참혹했던 현실을 명백히 보여주었다.

미국 국민들은 흥분했다. 미국의 아들들이 상상할 수 없는 살인자들이었다는 것을 알고 그들은 경악했다.

세이무어 허시 기자는 미국인들이 갖고 있던 세계 최고 국민으로서의 오만을 꼬집었다.

이제 많은 미국인들이 전쟁에는 영웅이 없다는 걸 알게 되었다. 언론도 미국 군부에 대해 서슴없는 비판을 가하고 있다. 좋은 변화다.

그는 밀라이 학살에 참여한 미국 병사들도 피해자라고 했다. 열 여덟 살짜리 애송이들이 베트남이 어떤 나라인지, 도대체 그가 그곳에서 무엇을 하고 있는지도 모른 채 그저 동료들이 사람을 죽이니까 같이 따라서 죽이게 된 것이라고 말했다. 결국 책임은 핵심 정책 입안자들이라는 것이다. 그가 케네디, 헨리 키신저, 미국 정보기관 등 권부 핵심에 대한 비판과 탐사보도를 아직까지 멈추지 않는 이유도 그 때문이다.[10]

1969년 12월 8일 닉슨은 기자회견을 열었다.

이것은 명백히 학살로 보이고 그것을 정당화시킬 수 없다. 우리는 시민들을 향해 이러한 무력을 행할 수도 없고 행해서도 안 된다.

재판이 시작됐으나 모든 장교들이 가벼운 재판을 받고 사면됐다. 결국 모든 책임은 1소대장이었던 켈리 한 사람에게 전가됐다.

켈리는 형을 받고 월급과 수당도 빼앗겼다. 군대에서도 제명당했다.

그러나 재판 하루만에 닉슨은 켈리를 석방할 것을 명했다. 켈리는 자유의 몸이 되었고, 나중에 조지아주에서 유명한 보석상이 되었다.

학살이 일어난 건 손미마을만이 아니었다.

미군들은 베트남 전 지역에서 그런 범죄를 수도 없이 저질렀다.

독가스를 뿌리고, 음식과 마시는 물에 독을 타고, 오두막을 불태우고, 불타는 화염 속으로 사람들을 던지고, 총을 난사하고, 칼로 사람들을 베

밀라이 박물관

었다. 남북 가릴 것 없이 어디에나 폭탄을 투하했다.

희생자들은 무고한 시민들이었다.

1976년, 전쟁이 끝난 1년 후, 손미 학살이 있은 지는 8년 뒤 이 지역에
박물관이 세워졌다. 켈리와 그의 부하들이 170명을 한꺼번에 죽였던 운
하 옆에 박물관이 들어섰다.

박물관에는 당시의 유품들이 전시되고 있다. 깨진 밥그릇, 노트, 신발,
아기의 옷…….

그 중에는 응웬 티 휴의 머리핀도 있다. 응웬 티 휴 역시 헤브럴즈의

사진에 찍혔던 소녀들 중의 하나였을 것이다.

응웬 티 휴는 당시 20살이었는데 그녀의 남자친구가 머리핀을 간직했다가 박물관에 기증했다.

전쟁이 나기 전 손미는 꽃들로 가득 차고, 대나무가 우거지고, 무소의 발자국이 찍혔던 평화로운 마을이었다.

그러나 전쟁은 손미를 황폐한 땅으로 만들었다. 비옥하던 땅들은 불모의 숲으로 변했고, 우물은 뚜껑을 덮어야 했다.

살아남은 사람들은 빈손으로 다시 시작해야 했다.

그들은 관개시설을 다시 만들고, 고깃배를 손질하고, 학교를 짓고, 보건소를 열었다. 복구될 수 있는 것도 있었지만 영원히 복구될 수 없는 것도 있었다.[11]

7km의 금빛 모래해변(미케 비치)과 초생달 모양의 푸른 필라오 숲, 낮에는 햇빛에 반짝여 눈부시고 밤이면 달빛이 미끄러져 춤추는 강 수면. 망고나무·야자·실삼나무가 자라나는 강둑, 손미마을은 꾸앙응아이에서 가장 아름다운 마을이었다.

봄날 아침이었다. 새들은 노래하고 푸른 나무들은 아침 이슬로 빛나고 사람들은 어제와 다름없는 부드러운 진흙을 밟으며 마악 들판으로 나가는 중이었다. 마치 그림처럼 평화스러운 아침이었다. 그들이 오기 전에.

우리는 여전히 모두 살아있노라고

이 아기가 내게 오는 총탄을 막아주었다

이른 아침 내가 손미에 다다르기 전에

이 아기가 그대의 총탄을 막아주었다

일평생 단 한번 그대의 기도 나를 지켜주소서

이 아기가 우리의 총탄을 막아주었다

이토록 여리고 마른 가슴팍으로

하여 우리 모두는 되살아났다 손미여[12]

밀라이 박물관에는 지금까지 수천, 아니 수만 명이 넘는 사람들이 다녀갔다.

정창권, 노은희, 구수정과 함께 밀라이를 갔던 〈뚜오이째〉[13]의 뚜이응아 기자는 다음과 같은 밀라이 방문기를 남겼다.

한국이 행운인가 미국이 행운인가?

오후 비가 내리는 가운데 손미에 다시 왔다. 남아 있는 야자수 나무, 남아 있는 밴얀 나무, 남아 있는 폭탄 구덩이와 504명의 희생자가 짙푸른 풀과 나무 사이에서 침묵의 시간을 흘려보내고 있다. 174명이 죽은 개천변에 갔을 때 안내인은 얼굴을 돌리며 작은 소리로 말했다. "지금 앉아서 잔디를 깎고 있는 저 할머니는 이 개천 아래에서 살아남은 생존자 4명 중의 한 사람입니다." 우리는 다시금 움츠러 들었다. 가랑비가 내리는 오후, 옷이 젖는 줄도 모르고 비 속에, 허리를 구부린 할머니는 천천히 잔디를 깎으면서 작은 송아지와 두 명의 어린 손자를 보살폈다.

어머니, 아들, 그리고 사촌이 그날 하루 동안에 죽었다.

그러나 우리는 단지 그것만 알 수 있었다. 모든 질문은 무의미했다.

눈물이 눈자위에 맺혔지만 흘러내리지 않았다.

34년 세월 동안 어제의 시간은 여전히 할머니를 울게 만들었다.

안내인은 우리를 박물관 안으로 안내했다.

두개의 푸른 카펫트 사이에 있는 전시실에는 생존자들의 삶이 남아 있었다.

몇 개의 깨진 그릇, 하나의 베텔 담배 파이프, 두세 개의 솥. 그러나 죽음은 사면의 벽을 덮고 있었다.

이미 죽은 사람, 죽어가고 있는 사람과, 곧 죽을 사람 모두가 사진을 통해 현상되어 있었다. 죽은 사람의 사진 속에 미국 사진기자의 모습이 있다. 많은 아이들의 사진, 살아 있는 여인네들 그러나 이 마지막 몇 분은 죽음의 참상을 맞이하기 위한 마지막 순간이다.

우리는 전시실을 나왔지만 아무 데도 갈 수 없었다. 계단 바닥에 앉았지만 아무도 한 마디의 말도 하지 않았다.

굵은 비가 내렸다. 생존자 할머니도 비를 피하기 위해 들렀다. 구수정씨가 할머니에게 한 개비의 담배를 권했다.

"할머니 담배 피실 줄 아시죠?"

나는 단지 말을 붙이기 위해 물었다. 할머니는 무심히 어느 곳인가를 바라보며, 갑자기 말했다.

"피냄새가 심해. 나는 어떤 것을 먹어도 역겨움이 생겨. 담배를 펴야만 해. 밥 시간이 될 때부터 담배를 피지."

우리는 다시금 침묵에 젖어 들었다.

밀라이 박물관으로부터 멀리 떨어져 왔을 때, 나는 비로소 구수정씨에게 이야기 할 수 있었다. "정말 한국 사람들은 행운이야. 학살 현장엔 남조선군대가 주민을 죽이는 사진을 찍기 위한 어떤 기자도 없었으니까."

그러나 정창권씨가 말했다.

"아니오, 미국 사람이 정말 행운입니다. 그들은 기억을 끄집어 낼 수 있는 구체적인 주소를 갖고 있습니다. 그들은 자신들이 어떤 잘못을 어떻게 저질렀는지를 알 수 있는 분명한 사진들을 볼 수 있습니다. 그러나 우리는 볼 수도 없고, 들을 수도 없군요. 과거의 흔적조차 잃어버렸어. 과거는 여전히 있고, 잘못은 또 다시 반복될 수 있는데."

"잘못을 반복하지 않기 위해 과거를 정확히 아는 것은 중요하다. 그것은 우리 자신의 미래와 연관되어 있다."

구수정씨가 말했다. 그녀와 친구들이 말했던 것처럼, 과거는 중요하다. 정녕 한국의 미래이기 때문에.

주

1. 베트남 전쟁의 여러 가지 전쟁범죄 가운데 가장 특징적인 범죄가 바로 고엽제에 의한 직, 간접적 학살이다. 피해 면적은 23,360평방 킬로미터로 남베트남 전 영토의 1/7에 해당하고, 인구 1인당 약 61b를 뿌렸고, 산림의 35%를 파괴하였고, 농경지의 6%에 살포되었다 (Williams, 1985: 300~303). 이로 인해 수없이 많은 베트남, 라오스 및 캄보디아 사람들이 피해를 입었으며 한국을 비롯한 참전군인 2백5십만이 감염되었다. 이 고엽제는 Orange White, Blue agent 등의 종류로서 고엽을 시키는 것, 농작물을 파괴하는 것, 주민들을 전략촌으로 몰아내는 것 등의 효과를 가져왔다. 그 피해로서는 숲과 동물 및 토지자체를 파괴하여 그 영향은 식물군, 동물군, 농작물 등을 죽이고, 홍수를 빈발시키고, 영양결핍을 가져와 간접살인을 저지르고, 기형아 등을 출산시키고, 말라리아를 창궐시켰다(Feenyl and Jim Allaway, 1992). 이들로 인한 결과는 수십 년, 수백 년에 걸친 것으로 직접적인 피해 못지 않게 간접적인 학살을 비롯한 간접피해는 측정을 할 수 없을 정도로 심각한 것이었다. 강정구, 〈베트남 전쟁과 미국의 전쟁범죄〉
2. 베트남전 당시 한국 해병대가 대승을 거둔 전투지역, 짜빈동전투는 베트남전 최고의 해병 전투로서 해병 6대 작전의 하나로 기록하고 있다. 일개 중대 규모인 200명의 병력으로 3천 명이나 되는 월맹군 연대병력의 야간기습공격을 격퇴했다. 이 전투로 인해 해병은 '신화를 남긴 해병'이라는 이름을 얻었다. 월맹군 235명 사살, 아군 사망 15명, 아군 부상 31명, 중대원 전원 일계급 특진.
3. Free Fire Zone 이 지역에서는 총질과 학살을 아무런 제약 없이 할 수 있어 민간인 학살과 파괴가 양산될 수밖에 없었다. 이러한 지역이 사실은 거의 편의적으로 또 무제한적으로 설정되곤 하였다. 강정구, 〈베트남 전쟁과 미국의 전쟁범죄〉

4. 공산주의 마을이라는 뜻.

5. 이 사진에는 위에서 카메라로 찍는 사진기자가 우물에 비쳐 그대로 같이 찍혀 있다. 노인
   은 끝내 우물 속에서 죽었다,

6. 이삼성, 《20세기 문명과 야만》

7. 앞의 책.

8. 수잔 브라운 밀러, 《성폭력의 역사》

9. 〈한겨레신문〉, 1999년 10월 18일자 중.

10. 〈한겨레신문〉, 1999년 10월 18일자 중.

11. 밀라이 학살 부분은 밀라이 박물관에서 발행하는 영문판 팜플릿을 참조했음.

12. 탄타오의 서사시 〈밀라이의 아이들〉 중 마지막 부분.

13. 베트남의 대표적 일간지.

9장

화해로 가는
먼길

길은 많으면 많을 수록 좋다. 어떤 길은 험하지만 빨리 갈 수 있고, 어떤 길은 돌아가지만 평탄해 숨이 가쁘지 않을 수 있다. 혹은 한번도 가보지 않은 새로운 길을 만들 수도 있을 것이다. 낯설지만 새로운 그 길엔 이 세상 누구도 보지 못한 이쁜 꽃들이 피어 있을지도 모른다.

상처로 하여금 말하게 하라

베트남평화의료연대[1] 소속 치과의사들 중 광주에서 온 회원들은 그날 밤 늦게까지 잠을 이루지 못했다.

진료단 중 3조가 밀라이에 간 날이었다. 3조에는 광주 팀이 많았다. 광주 사람들은 그 사진들 속에서 자신들의 형을, 동료를, 어머니를, 누이를 본 것일까.

그들은 강변에 앉아 늦게까지 술을 마셨다.

화해와 평화의 진료단.

사실 어제까지 그 말이 어색하지 않았다.

마음을 다 해 진료를 했다. 할머니들은 고마워했고, 젊은 여자들은 수줍어 눈도 못 맞추면서도 호기심 가득한 눈으로 창가를 기웃거렸다. 아이들은 장난기 가득한 얼굴로 와서 입 속의 충치를 치료받고, 그 대가로 머리핀이나 학용품을 선물로 받아갔다.

생존자를 만나 그들의 이야기를 들으면서 부끄러운 우리의 역사를 반성하고 가슴아파하기도 했다.

그러나 이 사진을 마주하기 전까지 그것은 가능한 일이었다.

밀라이 박물관의 사진을 마주하는 순간부터 '화해'라는 말은 구토를 동반했을지도 모른다.

화해는 그렇게 간단한 일이 아니다. 우리는 그것을 알고 있다. 섣부른 화해가 자초하는 상처와 소외, 죽은 이들에 대한 죄의식…….

화해는 그렇게 명쾌하지 않다. 화해는 우아한 장면을 연출하지도 않는다. 통곡과 울부짖음, 거품을 물고 내뱉는 저주의 욕설과 오열로 바닥을 딩굴고 피를 토하며 쓰러지고, 산 사람과 죽은 사람들이 함께 엎어져 발버둥을 치는 것.

그렇게 한다 해도, 세상에는 이루어질 수 없는 화해가 있다.

우리는 지금 베트남에 와서 무엇을 하고 있는가.

밀라이의 사진은 광주와 닮아 있다.

가족들의 시신 앞에서 통곡도 잊은 채 넋이 나간 어머니, 두 눈을 부릅뜨고 죽은 아낙, 머리가 터지고 깨져서 형체도 알아보지 못하는 아기, 살아남은 사람들의 퀭한 시선…….

이 사람들 앞에서 우리는 화해를 하자고 손을 내밀었던가.

이제 광주는 5월이면 최루탄 대신 고상한 사람들의 헌화가 줄을 잇는다. 작년에는 김종필이 헌사를 바치고 올해는 국무총리 이한동이 기념사를 했다. 각 정당의 대표들이 꽃을 바치고 '임을 위한 행진곡'이 오케스트라에 의해 연주된다.

그들은 다시 무덤 속의 시신들을 능멸하고 비웃고 있다.

광주는, 죽었다.

그들이 황금마차를 타고 줄을 지어 광주에 오는 순간, 광주는 화석이 되었다. 살아 춤추던 광주, 우리의 생명이던 광주는, 아주 오래된, 기억조차 나지 않는 아득한 역사 속으로 등떠밀려 들어갔다.

저 자들은 80년 5월에 무엇을 하던 자들인가.

저들의 화려한 수사는 내 무덤에 뱉는 침이다.

무덤 속의 시신들이 일어난다. 오월 그날이 다시 왔는데, 너희는 지금 무엇을 하느냐.

이 물음에 대답도 하지 않은 채 학살의 책임자들은 평안하고 자유롭다. 마음의 평화는 그들의 것이다.

과거는 과거, 미래를 보자고 손을 내민다.

I am sorry 하면 That's ok 하란다. 그리고 그것을 하지 못하는 우리를 다시 옹졸하고 못난, 어쩔 수 없는 인종들이라고. 그러니 80년에 그런 일을 당했다고 뒷통수를 향해 돌을 던진다.

내미는 손을 잡지 못하는 사람들이 이 세상에는 있다는 것을 그들은 알지 못한다.

고문을 했던 자들은 그것을 잊을 수 있지만 고문을 당한 사람들은 잊지 못한다. 고문을 했던 자들은 화통하게 웃으며 내가 잘못했다고 사과를 하지만 고문을 당한 사람들은 그들의 눈을 바라보지 못한다.

80년 광주항쟁. 공수부대원이 청년 한 명을 붙잡아 장갑차 뒤에서 구타하는 장면.

극복되지 못하는 상처라는 것이 세상에는 있다.

치유불가능한 상처라는 것이 세상에는 있다.

그것을 알지 못하는 자들은 화해라는 말을 해서는 안 된다.

폭도가 열사가 되고, 광주사태가 광주민주화운동이 되고, 음울하던 묘역이 말끔하게 치장되고, 그 자신이 피해자였던 대통령이 화해를 하자고 해서, 피냄새가 덜 가신 그들의 손을 잡을 수는 없지 않은가.

전두환이 언제 한번 광주에 대해 진실을 말한 적이 있는가.

그들이 언제 한번 학살에 대한 책임을 지고 역사의 심판을 받았는가.

밀라이 박물관의 사진들을 보면서 진료단 소속의 광주 회원들은 죽은 베트남 사람들의 사진 속에, 살아남은 사람들의 고통 속에 자신들의 모습이 투사되었을 것이다. 80년 광주에서 쓰러져간 수많은 사람들과 고통스러운 기억들…….

베트남평화의료연대 광주지부의 손정수씨는 말했다.

80년 5월 저는 고등학교 1학년이었습니다. 초기엔 광주시내를 돌아다녔지만 아버님이 공무원이신 관계로 상황이 숨가쁘게 돌아갈 즈음에는 집에만 있었지요. 여기엔 저희 어머님과 당시 저희집 근처에 사시던 사촌매형이 함께 나가셨다가 어머니는 용케 돌아오시고 사촌매형은 상무대로 끌려가 생사를 알지 못했던 것도 하나의 이유였습니다. 간간이 집 위를 날아가는 총알소리와 끔찍한 온갖 소문들도 발목을 묶었지요. 몇 년이 지나 대학에 들어가 접했던 5월의 진상은 너무나 힘들었고 어찌보면 그게 사회가 올바르게 변해야 한다는 신념을 낳게 한 건지도 모릅니다.…… 그러나 베트남에서 일어난 한국군에 의한 베트남 민중의 학살은 아무도 모르고 있었으며, 설혹 알았던 사람들도 굳게 입을 다물고 있었습니다. 역사는 결코 과거를 덮어두진 않습니다. 뒤늦게나마 알게 된 것은 다행입니다. 이제라도 우리는 베트남 민중들에 대해 정중히 사과하고, 진정으로 가슴에서 우러나오는 슬픔을 전해야 합니다. 그러나 아무리 우리들이 용서를 구한다해도 사라지지 않는 아픔이 있습니다. 그것은 가슴깊이 묻어졌기에 더욱더 지울 수 없을 것입니다. 뿌리깊은 한처럼.

상처입은 인간의 영혼은 어떻게 위로받고 치유될 수 있을까.
전쟁이 끝났다고 해서, 학살의 자리에 박물관이 생겼다고 해서 영혼에 깊이 박힌 총탄마저 사라지는 것은 아니다.

밀라이에서 만난 한 할머니는 늘 밥에서 피냄새가 난다고 했다.

온 들판이 피로 물들었던 그날 이후, 남편과 자식과 이웃들의 죽음을 목격하고 난 이후, 그녀의 나머지 삶은 무엇이었을까.

잠은 늘 악몽으로 가득하고, 선풍기 돌아가는 소리는 헬기의 프로펠러 소리로 들렸다. 도랑엔 늘 피가 넘치고, 길가의 꽃들은 피를 먹고 더욱 붉었다.

그런데 그들이, 악몽 속의 그들이 어느 날 다시 돌아왔다.

30년 전 우리에게 총을 겨누었던 얼굴과 너무 흡사해, 때로 헉 하고 숨이 막히는데 아이들은 그들을 보며 좋아한다.[2] 그들은 여전히 한 마디 말이 없다. 왜 어머니를 죽이고, 내 자매를 강간했는지 한 마디 말 없이 그들은 우리의 안방으로 왔다.

우리는 한 인간의 영혼의 상처에 얼마나 주목하고, 그 상처를 치유하고자 했을까.

그 어떤 위로나 변명, 그리고 보상으로도 치유할 희망을 가질 수 없는 상처를 지닌 이들이 존재한다. 영혼의 깊숙한 곳에 박혀 그의 생에서 도저히 떼어낼 수 없는 그들의 상처들에 대해서 우리는 무슨 말을 할 수 있는가.[3]

이 세상에는 한번 망가지고 부서지면 그 어떤 것으로도 도저히 회복할 수 없는 것이 존재한다. 그것을 아는 것으로부터 우리의 화해는 시작될 수 있을 것이다.

치유불능의 상처, 폭력과 야만과 광기의 시대에 생긴 치유불능의 상처를 오래 바라보는 것. 그리고 상처로 하여금 말하게 하는 것. 섣부른 화해나 어설픈 악수를 청하지 말고 상처로 하여금 말하게 하라.

하미마을 이야기

"1968년 음력 1월 26일 학살당한 135명의 동포들을 기리다."
하미마을의 위령비는 이렇게 시작된다.

역사책은 기록하기를 바다와 강이 어우러진 디엔증은 남농권의 자손들이 호안선 산맥을 넘어 남으로 남으로 땅을 열어 지금으로부터 500년 전 국가의 기억을 세웠다. 주민들은 하미에 마을을 세우고, 쟁기질을 하고, 고기를 잡으러 나가고, 채소를 가꾸며 평화롭게 살았다. 하늘이 조용하고 땅이 평화로울 때까지는.

그런데 검은 구름이 몰려오고, 천둥번개가 치며 그들이 왔다. 그들은 땅을 황폐하게 하고, 파도를 일으키고, 주민들을 전략촌에 가두고, 주민들로 하여금 마을을 버리고, 고향을 버릴 수 밖에 없게끔 만들었다. 그들은 우리에게 칼로 창자를 끊는 아픔을 주었다. 주민들은 땅과 강과 바다를 잃고, 쟁기질을 하고 생선을 잡던 직업까지 모두 잃었다. 그 악독함을 어찌 다 말하리. 머리는 땅으로 굴러 떨어지고, 피가 강처럼 흐르고, 마치 마른 머리카락이 듬성듬성 빠지듯이 야자수 잎이 파괴되고 황폐해졌다. 눈물이 연못을 만들고, 한순간 사원이 재로 변하고, 하야(Ha Gia) 숲은 앙상한 뼈만 남았다. 캐롱(Khe Long) 선착장에는 시체들이 쌓였다.

1968년 이른 봄, 음력 1월 26일 청룡병사들이 미친 듯이 와서 양민을 학살했다. 하미마을 30가구 중에 135명이 죽었다. 피가 이 지역을 물들이고, 모래와 뼈가 뒤엉켜 섞이고, 집들은 불타고, 불에 그을린 시신들이 얼키고 설키고, 개미들이 불탄 시신들을 갉아먹고, 피냄새가 진동했다. 폭풍이 한바탕 몰아치고 간 그것보다 더했다.

하미마을의 위령비

무너진 집에서는 늙은 어머니들과 아버지들이 신음하며 죽어갔고, 아이들은 두려워 공포에 질렸다. 도망친 사람들은 총에 맞아 죽었고, 아기가 죽은 어머니에게 기어가서 젖을 먹었다. 더 끔찍한 것은 탱크로 무덤을 파헤친 것이다. 어둠은 이 지역을 덮었다. 풀이 시들고 뼈가 말랐다. 원혼은 잠들지 못하고 여기저기 딩굴고, 분노는 푸른 하늘에까지 닿았다.

그러나 하늘은 암흑이었다가도 언젠가는 밝는다.

우리 고향이 다시 평안 속으로 돌아오고 행복을 일군지 25년,

디엔증의 땅에도 단감자가 자라고, 벼가 푸르고, 수확을 이루고, 바다와 강에는 생선과 새우도 풍부하다. 당이 길을 이끌어가고 황량한 벌판을 개척해나갔다. 과거의 전장이었던 이곳에 이제 고통은 줄어들고 있고, 한국인들은 다시 이곳에 찾아와 과거의 한스러운 일을 인정하고 사죄한다. 그리하여 용서의 바탕 위에 이 비석을 세웠다.

우리는 인도적인 인의로 고향의 발전과 협력을 열어갈 것이다.

이 모래사장과 포플러 나무들이 양민학살을 기억할 것이다.

당지구 정권과 디엔중 주민들이 바칩니다.

경신년 가을 8월

하미마을에 세워진 위령비 전문이다.

베트남 중부 지방의 여느 위령비와 다른 점이 있다면 "남조선 군인들에 의해" 학살당하다 라는 말이 빠져 있다는 것, 희생자의 이름 옆에 나이 대신 출생연도가 적혀있다는 것이다. 1880년부터 1968년까지 골고루 기록되어 있는 출생연대, 한 살에서 88세까지의 사람들이 같은 날 죽음을 당했다는 기록이다.

> 학살이 일어난 것은 아침 9시 경이었어요. 7~8시 경에 호이안 쪽에서 군대가 들어왔지요. 학살이 있기 며칠 전부터 한국군들은 사람들을 모아서 빵을 주었어요. 그래서 그날 아침도 빵을 주나보다 하고 한 군데로 모였지. 한국군들이 우리를 죽일 거라고는 생각을 못했어요. 죽일 거라고 생각을 했다면 도망을 가지 그렇게 아이들까지 다 데리고 모이지는 않았을 거야. 그런데 갑자기 한국군들이 마을 사람들을 향해 총을 쏘고 수류탄을 던지기 시작했어요. 후……비명과 총소리, 아직도 생생하게 기억이 나.(팜 티 호아)

136명의 사람들이 이 과정에서 죽었다. 20명의 생존자가 부상을 당한 채 살아남았다. 그런데 더욱 큰 문제는 그 뒤에 일어났다. 한국군은 집단 사살 직후 다시 불도저를 끌고와 시신이 널려 있던 현장을 깔아뭉겠다. 이미 팔과 다리가 잘려나간 시신들은 다시 한번 짓뭉개지고 형체도 알 수 없을 지경으로 찢어졌다.

흩어진 살점, 부러진 뼈들을 수습하며 이들은 30여 년 동안 한국군에 대한 사무치는 원한을 새기고 있었다.

2000년 2차 답사에 이어 2001년 '나와 우리'가 다시 하미마을에 갔을 때, 하미마을의 집단학살지에는 날아갈 듯한 위령탑이 서 있었다. 작년까지 없던 위령비가 새로 생긴 것이다. 분홍색과 녹색으로 단장한 위령비는 마을 어디에서 봐도 보였고, 위령비로 가는 길은 깨끗하게 닦여져 있었다. 작년 옥수수밭 사이 처연하게 있던 무덤들은 새로운 안식처로 옮겨져 있었다.

하미마을에 위령비가 생긴 건 한국 참전군인들 덕분이다. 한 참전전우회 측에서 지원을 해 위령탑이 생겼던 것이다.

비문에 쓰인대로 참전군인들이 자신들의 과거를 인정하고 사죄하고, 또 이 마을 사람들이 그것을 받아들여 용서를 했다면 이 위령비는 그야말로 아름다운 화해의 징표가 아닌가.

그럼에도 불구하고 하미는 약간 술렁이고 있었다.

사연인즉 이 비문에 적힌 내용이 문제가 되고 있다는 것이다. 돈을 지원한 참전전우회 측에서 비문을 고치지 않고는 준공식을 할 수 없다는 통보를 해왔다는 것이다.

디엔증사 인민위원회측은 긴장하고 있었다. 인민위원회측은 이 비문은 디엔증사 간부들과 마을 주민들의 공동작업이었다고 말했다.

"과거에 어떤 일이 있었는가를 적은 건 주민들이 원했기 때문입니다. 이 비문의 내용은 사실이고 진실입니다. 우리는 비문의 내용이 문제를 일으키리라고는 생각지 못했습니다. 일부 주민들은 우리들이 겪은 일에 대해 너무 간략하게 썼다고 불만이 있는 사람도 있습니다. 당신은 어떤가요? 이 비문이 문제의 소지가 있다고 보십니까?"

다시 한번 비문을 읽어본다.

유서깊은 베트남의 한 마을이 있다. 평화롭게 살던 마을에 어느 날 한국군이 들어왔다. 그들은 비무장 민간인인 우리에게 잔혹한 짓을 했다. 그러나 그들은 물러갔고 우리는 힘들었지만 마을을 재건했다. 30년이 넘어 한국 사람들이 와서 자신들의 잘못을 인정하고 사죄했다. 우리는 그들을 용서했다. 우리는 앞으로 함께 협력하기로 했다.

이것이 이 비문의 요지다.

문제가 있다면 그날 있었던 일에 대한 묘사 부분이다. 베트남 사람들의 입장에서 1968년 이른 봄 아침에 겪었던 참변의 내용.

그것이 거짓말이라면 우리는 비문을 고치라고 요구할 수 있을 것이다. 그러나 그날 일어났던 일이 사실이라면 여기에 대해 무슨 말을 할 수 있을 것인가.

노근리에 비문을 만드는데 미군이 저질렀던 일에 대해 우리의 정서와 형식에 맞춰 썼는데 미국 사람들이 자신들의 정서에 맞지 않는다고 고치라고 한다면 우리는 어떤 마음일까.

위령탑은 한국 사람들을 위해 짓는 것이 아니라 그날 죽어간 사람들을 위해 지은 것이다. 살아남은 사람들을 위해서가 아니라 억울하게 죽은 사람들의 혼넋을 위로하기 위해, 정서와 문화적 바탕에서 마음을 모아 진혼의 노래를 바치는 것이다.

여기에 대한 이해가 한국 사람들에게 필요할 것 같다. 베트남의 정서와 한국의 정서, 베트남의 문화와 한국의 문화는 많이 다르다.

베트남평화의료연대가 2000년 첫 진료를 갔을 때 진혼굿을 준비했다. 억울하게 죽은 넋들을 달래기 위해 마음을 다해 준비한 진혼굿이었다. 그러나 베트남의 입장에서는 굿이라는 것이 이해되지 않는 듯 했다. 베트남

평화의료연대와 꾸앙응아이성 인민위원회는 매일 이것에 대해 토론했고, 진혼굿을 하기 위해 갔던 춤꾼 김경란씨는 인민위원회의 간부들 앞에서 춤을 춰 보이기도 했다. 우리는 우리 식으로 진혼굿을 통해 과거를 사과하고 싶어했지만 베트남측으로서는 이것이 이해되지 않아 보였다. 문화와 문화가 만나는 과정에서는 자칫 오해와 갈등을 낳을 수도 있다. 서로를 이해시키고 설득하고 논의하는 오랜 과정을 겪으며 평화의료연대는 베트남의 문화적 코드와 행정 상황들을 이해하게 되었고, 꾸앙응아이성 인민위원회는 평화의료연대의 진심을 알게 되었다. 결국 굿이 열렸다.

부갠벨리아 꽃잎이 뚝뚝 떨어지는 진료소 앞마당,

억울하게 죽어간 넋들을 위한 진혼굿이 펼쳐지고 평화의료연대 회원들이 하얀 국화 한송이씩을 바치는 동안 베트남 사람들은 신기한 듯 이것을 구경했다.

서로의 문화를 이해하고 존중하는 마음으로 풀어가지 않는다면 또다른 오해를 낳을 수도 있다는 것을 우리는 비문이나 진혼굿을 통해 알 수 있다.

이 위령비를 지을 때 우리는 시에스타' 시간에 잠도 자지 않고 지었습니다. 그만큼 우리에게 소중한 위령비입니다. 실제로 우리 주민들은 한국 정부와 이 소중한 위령비를 짓게 해준 참전전우회 측에게 감사하고 있습니다. 죽은 이들의 넋을 기릴 수 있는 공간을 가지는 것은 우리 주민들의 숙원이었습니다. 이 모든 과정은 마을 회의를 통해 주민들의 요구와 의견이 반영되도록 했습니다.

전쟁 중에도 시에스타 시간에 잘 수 밖에 없도록 만드는 게 베트남의 기후다. 시에스타 시간에 잠도 자지 않았다는 건 빈말이 아닐 것이다. 하미마을 사람들이 얼마나 이 위령비에 애정을 갖고 있는지를 응웬 반 하이 주석은 그렇게 설명했다.

우리에게 중요한 건 지금의 한국과 베트남입니다. 우리 주민들은 한국군을 용서했습니다. 용서하지 않았다면 이 마을에 들어올 수 없었겠죠. 당신들 역시 당시의 일로 상처받지 않으면 좋겠습니다. 설혹 한국인들의 정서에 비문이 좀 무겁더라도 이해를 해 주시기 바랍니다. 우리 주민들은 한국인들에 정감을 갖고 있습니다. 그러나 중요한 건 이 비문의 진실입니다. 우리는 우리의 조국이 외국으로부터 침략을 받으면 싸웁니다. 그러나 전쟁이 끝나면 평화롭고 평등한 관계가 되길 희망합니다. 우리가 이 위령비를 통하여 정말로 바라는 건 과거의 전쟁이 반복되지 않고 모든 민족들이 평등한 관계를 가지는 것입니다.

인민위원회 간부들은 주민들과 한국으로부터의 압력, 그 중간에 있는 듯 했다. 비문이 문제가 될 것이라고는 그야말로 생각을 못했으나, 한국인인 우리에게 최대한 자신들의 마음을 전하려 노력했다.

디엔증사 주석 응웬 반 하이는 잘라 말했다.

"고칠 생각은 전혀 없습니다. 이 비문의 내용은 모든 마을 사람들이 회의를 거쳐 만든 것입니다. 그리고 우리가 우리 돈으로 지었으면 증오비가 섰지 위령비가 서지는 않았을 것입니다."

하미는 오랜 전쟁 후유증을 앓았다. 전쟁이 끝나고는 식량이 모자라 다른 지역으로부터 원조를 받아야 했다. 안그래도 모래땅인데 전쟁은 하미를 완전히 황폐화시켰다. 불임의 땅이 된 것이다. 하미가 지금처럼 된 것은 하미 주민들이 오랜 세월 고통을 감내한 근면 덕분이었다.

4km의 관개수로 사업을 완성했을 때에야 비로소 농업이 가능해졌다. 바다를 개발하기 시작한 건 최근의 일이다. 주민들은 45개의 양식장에서 새우와 고기를 양식한다. 8ha의 바다를 양식장으로 개발했다. 2개의 제조공장에서 양식된 새우와 물고기를 가공하여 일본과 한국에 수출을 하기도 한다. 이 가공 공장은 수천 명의 여성노동자의 고용을 창출했다. 베트남 정부에서도 많은 지원을 하고 있다.

이 모든 일이 도이모이의 영향이다.

이제 하미 앞바다는 아름답고 평화롭기 그지 없다. 이 평화는 하미마을 사람들이 일군 것이다. 그리고 그들은 오래 전에 이 마을을 쑥대밭으로 만들었던 이들을 용서한다고 말했다.

참전군인들이 자신들이 주둔했던 지역이나 학살지에 위령비를 짓는 일은 아름다운 일이다.

그러나 화해로 가는 길은 멀고 험할 것이다.

다른 말, 다른 풍토, 다른 문화, 그 속에서 많은 오해와 갈등이 빚어질 것이다.

우리는 어떤 의도와 목적을 가지고 베트남에 가는가.

30년 전에 우리가 총과 칼과 수류탄을 들고 베트남엘 갔다면, 지금 우리는 무엇을 가지고 베트남에 가는가.

기업과 종교단체와 NGO들과 연구자들과 여행자들이 베트남엘 간다. 우리 눈에 못살고 가난한 나라 베트남에 우리는 선진기술을 전하고, 산간학교 아이들을 위해 학교를 짓고, 라이따이한들을 위한 기술학교를 짓는다. 그들은 우리의 은혜를 입는다.

30년 전에 침략자로 왔던 우리가, 이제는 시혜자가 되어 다시 그들에게 간다. 그리고 수혜자의 태도를 문제삼는다. 문화적 이해와 바탕없이 우리의 방식대로 그들에게 다가간 우리는 감사하지 않는 그들에게 시비를 건다.

신라이따이한이 생기고, 70년대식으로 베트남 노동자들을 대하다 노동쟁의가 일어나고, 한국에선 베트남 노동자 리아가 맞아죽었다.[6]

그들은 여전히 '타자'인 채로 이곳저곳에서 우리와 만나고 있다.[7]

어떤 방식으로 베트남 사람들을 만날 것인가의 문제는 '나와 우리'의 화두이기도 하다. 하루에도 몇 번씩 내 안의 오만과 폭력, 내재된 지배권력의 코드를 의심하고 관찰하며 '나와 우리'는 조심스레 베트남으로 가는 길에 서 있다.

베트남과 친구되기
— '나와 우리'가 베트남과 만나는 방식

'나와 우리'가 베트남 문제를 풀어가는 중심축은 두 가지다.

첫째는 피해자들의 영혼을 치유하는 문제다. 이것은 정부의 사과와 배상과 상관 없이 피해자들이 받은 상처에 주목하고, 이것을 어떻게 치유할 것인가를 찾는 일이다. 이 일은 베트남 민간인 학살지역을 실제로 답사하면서 이들의 목소리를 듣는 것으로부터 비롯된다. 이들의 분노와 이들의 억울함을 함께 듣고, 죽은 이들의 이름을 호명하는 것으로 진혼의 의식을 치르고, 살아남은 사람들로 하여금 말하게 하는 것. 그들의 상처로 하여금 말하게 하는 것은 이 일을 하는데 가장 중요한 바탕이다. 그들이 진심으로 원하는 것이 무엇인지를 찾기까지 우리는 다만 그들의 말을 들어야 한다.

사건보다 더 중요한 건 그 이후의 과정이다.

일본군 위안부 할머니들이 50년이 지나서야 자신들의 경험을 이야기할 수 있었던 것은 우리 사회의 가부장적 질서 때문이었다. 가난한 식민지의 딸이 겪어야 했던 조직적 강간은 어느 누구에게도 말 못할 자신의 사적인 체험으로 전락하고, 체계적이고 전략적으로 여성을 성노예화했던 사실은 조직적으로 은폐됐다. 강간당한 여자, 순결하지 못한 여자라는 이데올로기는 할머니들의 나머지 삶을 더욱 곤궁하고 비참하게 만들었다.

피해를 당한 쪽이 힘 없고 가난한 사람들일 때 그 피해는 더욱 은폐되고 묻혀진다. 독일에 의한 피해국이 프랑스나 영국이었던과는 달리 일본에 의한 피해국이 약소국이었다는 사실이 아시아에서 일본의 전쟁범죄를 불완전하게 처리하게 만든 한 요인이 될 수도 있다.

베트남전 당시 한국군에 의해 학살당한 민간인들은 베트남 내에서도 가난한 사람들이었고, 생존자와 유족들 역시 가난한 사람들이다. 힘 없고 가난한 사람들은 전쟁 중에 억울한 죽음을 당하고 전쟁이 끝나고도 하소연할 데가 없다.

베트남 민간인 학살에 대한 진정한 반성은 하소연할 데 없는 이 억울하고 서러운 죽음에 대한 진혼으로, 생존자와 희생자들의 상처를 감싸안는 일로 시작되어야 할 것이다. 개인의 영혼을 치유하고, 그들이 인간에 대한 신뢰를 회복하도록 돕는 것보다 더 중요한 일은 없다고 '나와 우리'는 생각한다.

망각과 경제교류만으로는 타민족과의 신뢰를 쌓아갈 수 없다. 상처받은 한 사람 한 사람이 인간사회에 대한 신뢰를 회복할 수 있도록 받쳐주는 노력만이 새로운 21세기 동아시아를 창출할 수 있다는 사실을 베트남전쟁 진상규명 움직임은 보여주고 있다.[8]

둘째는 한국사회 내에서 베트남전에 대한 진실찾기를 해나가는 것이다.

우리가 베트남전에서 죽은 사람들에 대해 말하는 것은 단순한 과거사에 대한 문제가 아니다. 베트남전에는 우리 사회의 반공이데올로기, 군사문화, 가부장제, 국가폭력의 문제가 얽혀 있다. 수많은 젊은이들이 죽고 다치고 상처입었음에도 불구하고 그들을 전쟁터로 내몬 군사문화는 굳건히 뿌리내리고, 반공이데올로기는 온 몸에 깊이 새겨져 있다. 아시아와 제3세계에 대한 편견은 무지를 넘어 폭력으로 치닫고, 남북의 분단극복은 미국의 대통령이 누가 되는냐에 따라 호흡이 달라진다. 많은 여자들이 군사문화와 가부장적 질서 속에서 성폭력에 희생당한다. 지식인들과 문화권력은 서구세계에 대한 콤플렉스를 극복하지 못하고 내적 식민지의 삶을 살고 있다. 아시아인이면서 아시아인의 정체성을 갖고 있지 못하는 불안한 존재인 우리는 늘 서구의 가치와 문화를 지향한다.

베트남전에 대해 말하는 것은 이 모든 문제를 광장에서 토론하고 논의하는 열린 구조를 만들기 위한 싸움이다.

베트남 민간인 학살에 대한 이야기가 처음 터져나왔을 때 반응은 다양했다. 일부 참전군인들의 폭력적 대응은 예상했던 바였다. 솔직한 사과와 배상을 해야 한다는 목소리가 그래도 한 축을 차지할 수 있었던 건 광주 민중항쟁을 거치면서 얻은 민주주의의 성숙이라고 할 수도 있을 것이다. 그러나 아직도 많은 사람들은 이 사건에 무관심하다. 한 시사주간지가 1년 동안 특집으로 다루었음에도 불구하고 주요 언론사들은 이 문제에 대해 언급하지 않았다.

반공이데올로기는 여전히 건재하고, 국가는 점점 교묘하게 개인과 일상을 통제한다. 폭력과 억압의 방식이 아니라 일상의 삶을 파고들며 몸과 시간까지도 통제한다.

국가보안법은 언 땅 위에서 목숨을 걸고 단식시위를 해야 개폐가 논의되고, 노동자들은 개처럼 두들겨 맞는다.

이주노동자들에 대한 편견과 장애인에 대한 차별, 동성애자 등 소수자들의 인권탄압의 바탕에는 베트남에서 민간인을 학살했던 인종주의와 국가폭력, 가부장제가 있다.

국가권력은 자신의 정치적 반대자를 억압하려는 속성을 갖고 있으며, 정치 권력은 반대자를 없애기 위해 종족적인 차이, 인종적 차이, 종교적 차이, 지역간의 불평등 등의 사회적 균열의 공간을 언제나 활용하려는 유혹을 가질 수 있다.

베트남 민간인 학살에 대해 이야기하는 것은 차이와 다름을 부정하고, 인간의 자유와 권리를 억압하는 권력과의 싸움이다.

탈정치화는 또 하나의 정치다. 포스트 모던의 시대, 개인주의와 합리성은 전제된 것 같고, 개인의 능력에 따라 삶의 질이 달라진다는 환상은 개인을 역사 속에서 길을 잃게 만든다.

과거에 대한 진정한 성찰이 없다면 우리들의 미래 역시 폭력과 야만으로 얼룩질지 모른다. 과거의 사실들에 대한 진실을 밝힘으로써 평화에 대한 신념체계를 만들어 현실적인 힘을 만드는 것은 무엇보다 중요하다. 신념이 체계를 갖추면 인권을 보장할 길이 생길 것이다. 우리가 베트남 민간인 학살의 희생자와 피해자들에게 사과하고 배상하는 것은 피해자의 인권회복을 돕는 일이고, 또한 우리가 다시는 지난 과오를 되풀이하지 않는 사회가 될 것을 약속하는 신뢰회복의 기회가 될 것이다.

독일 뮌헨 근처의 다하우란 조그만 마을에는 예전 나치 강제수용소를 복원한 전시관이 있다. 인간의 잔인성이 벌인 극치의 행각을 보여주는 전시실 출구 바로 위에 쓰인 산타야나의 글 하나가 방문객들을 짓누른다. "과거를 기억하지 않는 사람은 그 과거를 다시 경험하도록 단죄받는다." 부끄러운 과거를 담은 수용소 유적을 후대의 산 교육장으로 만든 것도 모자라 절대 잊지 말자고 글귀로 다짐하는 독일 사람들. 자신들의 만행이 인류범죄임을 고백하고 되풀이하지 말아야 한다는 것을 깨닫고 실천했기에 독일은 세계국가로 거듭날 수 있었다. 반면, 아시아의 세계국가를 자처하는 일본은 지난 범죄행각을 힘의 논리로 포장하여 미화하기 바쁘다. 죄책감과 책임감은 안중에도 없다. 그들은 깨달아야 한다. 과거의 극복은 '함께 기억하는 것'이지 '혼자 묻어버리는 것'이 아님을.

(이기상 한국외국어대 철학과 교수)

일본 교과서 왜곡 문제가 제기되었을 때 한 일간지에 실렸던 글이다.
'일본'이라는 말 대신에 '한국'이 대입되어도 모든 문장은 성립한다.
우리도 깨달아야 하지 않을까. 지배권력의 기억이 전부가 아님을, 우리가 마주보아야 하는 또 하나의 기억이 있음을.

주

1. '화해와 평화를 위한 베트남 진료단'은 2000년부터 매해 꾸앙응아이성에서 치과진료를 하고 있다. 2001년 6월 '베트남평화의료연대'로 명칭을 바꿔 활동하고 있다.

2. 베트남 TV에서는 '의가형제' '첫사랑' 등 한국 드라마를 방영하고 있는데 이 드라마들은 인기를 누리고 있다. 특히 젊은이들 중에는 한국 배우들을 좋아하는 층들이 많다.

3. 문부식, <상처들이 말을 하기 시작했다>, ≪당대비평≫

4. 열대의 나라들에서 점심식사 이후의 낮잠 시간.

5. 베트남전 당시 한국인과 베트남인 사이에 태어난 사람들을 라이따이한이라 부른다.

6. 2000년 10월 26일 대전 ㄷ염직공장에서 산업연수생으로 일하던 베트남 여성 부이티투 응아(한국이름 리아, 22세)가 숨졌다. 사인은 외상성 두부손상. 20일 새벽 한국인 비아무개(29)씨에게 기숙사 옥상에서 마구 구타당하고 6일간 사경을 헤맨 뒤였다.

7. 이 위령탑의 결과는 그 비문 위로 다시 한 겹 대리석을 씌우는 것으로 일단락 되었다. 참전전우회측의 입장으로 보면 비문이 사라져버린 것이고, 하미마을의 입장으로 보면 한 글자도 고치지 않은 셈이 되니, 지혜로운 결론이라 해야 하나. 그러나 이 비문소동은 하미마을 사람들에게 큰 상처로 남은 듯 했다.

8. 노다 마사야키, ≪전쟁과 인간≫ 저자, ≪한겨레 21≫ 340호

10장

저항하고
재해석하기

10장 저항하고 재해석하기

문화, 권력이 내재하는 이데올로기

첫 베트남 답사를 갔던 1999년 5월 1일, 나는 꾸앙응아이의 한 호텔에 앉아 텔레비전을 보고 있었다.

4월 30일이 해방일이기 때문에 메이데이와 겹쳐 베트남 사람들에겐 연휴기간이었다. 텔레비전에서는 베트남전 당시의 필름을 보여주었다. 그 전쟁 필름을 보면서 나는 어딘가 눈설고 어색하다는 생각을 했다. 지금까지 내가 본 베트남전 필름이나 영화에서 대부분의 베트남 사람들은 항상 피해자로만 그려졌었다. 늘 총구가 향하는 방향에 베트남 사람들이 있었다. 그런데 베트남에서 보는 이 필름에서 베트남 사람들은 환하게 웃고, 적들을 맞아 힘차게 싸우고, 대통령궁으로 탱크를 밀고 들어가며 승리의 기쁨을 만끽하고 있었다.

그들은 초라하지도 않고, 미개해 보이지도 않고, 무모해 보이지도 않았다. 용감한 투사들, 민족해방을 위해 전력을 다해 싸우고 마침내 승리를 쟁취하는 승리자의 모습이다.

카메라의 권력, 렌즈의 세계관이 바뀌자 등장 인물들은 완전히 달라졌다.

내가 본 대부분의 필름은 미국에서 제작한 것이다. 그들의 카메라에는 미국인의 고통과 절망이 담겨 있었다. 베트남전에 대한 뼈아픈 성찰을 하는 필림에서조차 총을 쏜 병사의 자괴감과 후회와 반성은 있었지만, 그 총을 맞은 사람의 이야기는 빠져 있었다. 때때로 베트남 사람들이 등장하기는 했지만 그늘은 늘 '대상'이었다. 오랜 세월 역사와 문명을 이루고 살아온 인류가 아니라 알 수 없는 '타자'들이었다. 밀림 깊숙한 곳에서 그들은 원시적인 무기를 들고 싸우고, 땅굴을 파고, '더러운 것'들을 먹었다.

'서구문명의 이름으로' 그들의 카메라에 비치는 베트남인들은 한없이 왜소하고 미개해 보였다.

염소수염을 기른 할아버지들은 초라해보이고, 까만 아오바바를 입은 할머니들은 인류학자들의 연구대상처럼 보였다. 늘 웃통을 벗고 있는 젊은 남자들은 야만적으로 보였다. 아이에게 젖을 물리는 젊은 여자들의 몸을 훑어내리는 카메라는 '다른' 여자들에 대한 성적 호기심이 배제되지 않았다.

그들에게 베트남 사람들은 도망가거나, 불타는 집 앞에서 울부짖거나, 포로로 잡히거나, 몸을 파는 이해할 수 없는 '타자'들이었다.

그런데 카메라는 참 미묘한 힘이 있어 이런 필름들을 보노라면 나 역시 미국인의 눈이 되어 그들을 바라보게 된다. 나 또한 아시아인이고, 제국주의의 침략을 받은 적이 있는 나라에 살고, 전쟁을 겪은 부모를 두었으면서도 내가 베트남 사람들에게 투사되는 것이 아니라 미국인에 투사되곤 했다. 카메라에게 권력이 있음을 간과하는 순간, 렌즈의 권력은 거침없이 내 의식을 점령한다.

한국 전쟁 때 우리 어머니, 아버지들도 이들의 눈에는 이렇게 비쳤을 것이다. 때에 절은 하얀 옷을 입은 할머니, 할아버지들, 전쟁의 와중에도 먹고 살겠다고 피난가는 길에 쭈그리고 앉아 밥을 끓여먹던 어린 우리 엄마, 아버지가 이들에겐 사람이 아니게 보였을 수도 있다. 베트남전 속에는 우리 엄마 아버지의 모습이 들어있다.

베트남전에 참전했던 한 미군 장교는 초등학교 학생들에게 자신이 인도차이나에서 느꼈던 인상들에 다음과 같이 이야기했다고 한다.

> 베트남인들은 뒤떨어진 사람들이고 원시적이다. 게다가 모든 것을 더럽힌다. 그들이 없다면 베트남은 아주 아름다운 나라가 될 수 있다.[1]

베트남 사람이 없는 베트남이라. 미국이 꿈꾸었던 베트남 혹은 아시아는 아시아인이 없는 아시아가 아닐까.

문화는 권력이 내재하는 이데올로기다.

일상의 폭력

권력은 정신과 일상을 교묘하게 조작해 사람들을 자발적으로 굴종하게 만들고 일상 생활의 미세한 국면에까지 지배력을 행사한다. 제도교육과 미디어, 다양한 상징을 통한 지배논리는 개인의 일상을 치밀하게 파고들어와 삶 자체를 그들의 논리로 내재화한다. 은밀한 폭압적 시스템 속에서 살아온 내 몸은 나도 모르는 사이 이 논리들을 내면화한다.

무엇이 억압인지를, 무엇이 자발적 복종인지를 알 수 없게 만드는 것으로부터 시작된 일상의 파시즘은 우리 사회의 소수집단들과 제3세계 민중들에게 폭력을 휘두른다.

내 몸 속에 면면히 흐르는 반공이데올로기, 자기 검열, 체제순응적 태도, 가부장성, 외국인에 대한 이중잣대, 무관심…….

내면화되어 정신과 의식을 지배하는 이 일상의 폭력, 일상의 파시즘을 직시하지 않는한 나 역시 언제 베트남 사람들을 죽일지, 우리 사회의 소수자를 박해하는 데 일조할지 알 수 없다.

거부할 수 없는 국가의 명령

베트남에서의 민간인 학살을 시인하는 일부의 참전군인들은 말한다.

"우리는 군인들이었다. 명령에 따를 수 밖에 없는 처지였던 것이다."

유태인을 학살했던 나찌의 대원들도, 1980년 광주에서 시민들에게 총을 겨누었던 공수부대원들도 똑같이 말했다.

이 말이 의미하는 것은 무엇일까,

군인이 되는 순간 자유의지를 지닌 개인은 사라지고, 명령에 따라 작동하는 기계가 되는 것에 다름 아니라는 말로 해석할 수 있을까.

실제 전장에서 이들을 움직이는 건 명령이다. 어디로 갈 것인지, 어떤 행동을 할 것인지, 어떤 판단을 할 것인지는 명령이 결정한다. 이 명령에 가치판단을 하거나 거부하는 길은 봉쇄되어 있다.

국가의 결정에 대한 가치판단은 할 수 없는 것인가. 국가의 가치판단과 개인의 가치판단이 다를 경우 국가는 개인의 판단을 억압하고 탄압할 수 있는가.

'사망통지서'라는 영화에서 남편을 베트남 전쟁에서 잃은 한 미국 여성은 "내 남편은 영웅인가, 살인자인가. 나는 내 남편을 살인자로 부르고 싶지 않다. 그러나 진실의 입장에서 보면 내 남편은 살인자였다"라고 말하고 있다.

국가는 평범한 한 남자를 살인자로 만들었다. 아무런 원한도 이유도 없는 살인을 강요당한 개인은 혼돈과 갈등에 빠지고 그의 나머지 삶은 황폐화된다. 그러나 국가는 책임지지 않는다. 국가의 의지로 베트남에 파병되었던 사람들 중에서 고엽제에 시달리거나 정신적 장애를 입은 사람들의 나머지 생은 고스란이 개인의 몫으로 남게 된다

베트남 파병의 바탕에는 국가주의[2]가 있었다. 박정희 정권은 조국과 민족의 이름으로 자신의 특수한 이해를 보편적 이해로 등치시켰다.

국가는 "때로 자신의 존립을 위하여 자신의 주민을 학살하고 성폭력을 범하는가 하면 외국 군대의 주둔을 허용하고 주민에 대한 그들의 범죄를 묵인한다. 식량위기, 실업위기로 인한 주민의 안전한 삶이 위협받아도 대규모 군비경쟁을 하느라 국민의 세금을 소비"[3]한다.

국가주의에 대한 비판적 질문이 봉쇄되어 있는 한, 앞으로도 개인의 몸과 꿈과 상상력은 늘 국가폭력 앞에 노출되어 있을 것이다.

저항하고 재해석하기

일상의 폭력에 대한 의심과 훈련이 개인의 인권을 지키고 타인의 인권을 침해하지 않을 수 있는 길이다.

이것은 내 몸과 의식을 점령하려는 권력과 국가주의와의 싸움이다.

정서의 일부로 만들어진 반공주의와 국가주의가 실제로는 내 영혼의 상상력을 짓누르고, 내 삶의 영역을 축소하고, 내 인식의 한계를 결정짓고, 나 스스로의 해방을 억누르는 기제로 작용한다는 것을 알아차리는 것은 어려운 일이다.

저항하고 재해석하기.

의도적으로 거슬러읽기.

다양한 해석을 통해 지배적인 의미를 바꿔 놓을 때, 내 몸은 비로소 나의 것이 되리라.

주

1. '베트남 영화찍기' 르몽드 디쁠로마띠끄 주필.
2. 국가주의란 국가의 정당성을 움직일 수 없는 진리로 받아들일 것을 강요하는 이념이다. 문부식, 〈잃어버린 기억을 찾아서〉, 《당대비평》
3. 이김현숙, 〈성인지적 관점에서 바라본 국가주의〉

11장

맺는 글

11장 맺는 글

2001년 7월 중순, 비가 억수같이 쏟아지는 날에도 불구하고 어김없이 일본 대사관 앞에서 수요시위는 진행됐다. 위안부 할머니들과 정대협, 여러 시민단체 회원들과 대학생들은 쏟아지는 비를 맞으면서도 어느 한 사람 자리를 뜨지 않고 시위에 참석했다. 일본 교과서 왜곡 사건에 항의하는 할머니들의 자세는 결연했지만, 쏟아지는 비를 맞으며 시위에 참가하기에 할머니들은 이제 너무 늙고 힘들어보였다. 오늘처럼 비가 오는 날이면 호박전이라도 부쳐먹으며 이제는 지나가버린 청춘을 회상하거나, 한명 한명 이승을 뜨는 지인들에 대한 이야기를 나누는 것이 어울릴 할머니들이 일본 대사관 앞에서 앙상한 팔을 뻗으며 구호를 외쳤다.

"일본 정부는 일본군 위안부 문제를 인정하고 사과하고 배상하라."

비옷을 입은 할머니들의 어깨 위로 떨어지는 빗발이 거세지고 할머니들의 입술이 파랗게 젖어갔다.

이날은 '베트남전 진실위원회'에서도 이 시위에 동참했다.

시위를 마친 진실위원회 사람들은 할머니들이 함께 살고 있는 '나눔의 집'으로 갔다.

한바탕 내린 비가 그친 나눔의 집 뜨락에는 방학을 이용해 선생님과 함께 일본군 위안부 역사관을 견학온 아이들이 삼삼오오 모여 있었다.

"우리가 강요에 못 이겨 했던 그 일을 역사에 남겨두어야 한다."

아이들은 역사관 입구에 남아 있는 이 문구를 어떻게 받아들일까.

베트남전 진실위원회가 이날 이곳에 온 건 문명금 할머니와 김옥주 할머니의 유품을 챙기기 위해서다.

2000년 6월 5일 문명금 할머니는 '베트남전 민간인 학살 진실위원회'를 찾아 정부로부터 받은 일본군 위안부 생활지원금 전액인 4,300만원을 전달했다.

2차세계대전 당시 중국 흑룡강성에 일본군 위안부로 끌려갔던 문명금 할머니는 종전 뒤 중국 손오현에 있는 양로원에서 생활하다가 1999년 9월 영구귀국했다. 고국에 온 것만으로도 늘 고마운 마음뿐이라는 말씀을 하시곤 하던 문명금 할머니는 정부로부터 생활지원금을 받을 때부터 이 돈을 어려운 사람들을 위해 내놓겠다는 말씀을 하셨다. 그 뒤 나눔의 집 혜진 스님으로부터 베트남전 당시 한국군에 의한 민간인 학살의 실상을 전해듣고 "다시는 전쟁으로 고통받는 사람이 없어야 한다"며 이 돈을 베트남전 진실위원회에 기탁했다.

문명금 할머니는 그해 12월 이승을 떠나셨다.

진실위원회는 이 기금을 종자돈으로 베트남전 당시 한국군 민간인 학살 지역에 평화 역사관 건립 사업에 착수했다.

전쟁으로 인한 고통을 온 몸으로 겪어낸 할머니는 전쟁으로 고통받았던 또다른 사람들을 위해 자신이 가진 모든 것을 내놓았다.

전쟁을 일으킨 자들이 일말의 반성 없이 할머니들을 부정하고 모독하고 역사를 왜곡하는 동안, 할머니는 인간의 삶이 어떠해야 하는지를 보여주었다. 인간의 존엄을 파괴하고 말살한 자들과의 오랜 싸움에서 할머니는 진정한 인간의 조건이 무엇인지를 보여준 것이다.

이제는 고인이 된 김옥주 할머니 역시 2,100만원을 베트남전 진실위원회에 기탁했다.

결국 베트남에 세워질 평화역사관은 우리 위안부 할머니들이 짓는 것이 될 것이다. 피해자가 피해자의 상처와 아픔을 끌어안는 이 일은 많은 것을 시사한다. 전쟁의 희생자들과 피해자들이 서로의 아픔을 끌어안는 장면은 우리가 누구와 연대하고 누구와 싸워나갈지를 보여주는 상징이 될 것이다.

이 글을 쓰고 있는 동안 김대중 대통령이 한국을 방문한 쩐 득 르엉 베트남 국가주석에게 공식적인 사과를 했다.

"우리가 불행한 전쟁(베트남전)에 참여해 본의 아니게 베트남 국민들에 고통을 준 점을 미안하게 생각한다."

이는 김 대통령이 1998년 12월 베트남을 방문했을 때, "양국간에 한때 불행한 시기가 있었다"며 '유감'을 표시한 데서 더 나아가 사실상 '사과'를 한 것이어서 주목된다.

한－베트남 수교 후 베트남 국가주석으로선 처음으로 한국을 방문한 쩐 주석은 "우리는 미국과도 관계개선을 끝냈고 한국과의 관계개선도 중시하고 있다"며 "한국 참전으로 베트남인들의 고통이 있었다는 지적도 있으나 두 나라가 미래지향적 관계를 구축하길 바란다"고 말했다.

그럼에도 불구하고 아직 갈 길이 멀다.

'나와 우리'가 베트남전 당시 한국군에 의한 민간인 학살지역 답사를 다녔던 마을들에 한국 정부는 학교를 짓고 병원을 세우고 있다. 그러나 민간인 학살에 대해서는 아무런 언급도 없다. 이 마을들에 학교와 병원이 세워지는 건 제3세계 원조 프로그램으로 진행될 뿐이다.

우리 위안부 할머니들이 일본이 주는 '국민기금'을 거부한 것은 그것이 정부차원의 사과와 배상이 이루어지지 않은 상태에서 일본 정부가 돈으로 해결하려 했기 때문이다. 할머니들은 말했다. 우리가 원하는 건 돈이 아니다. 우리는 일본이 과거에 했던 일들을 인정하고 사과하는 것을 바란다. 그래서 다시는 이런 일들이 일어나지 않도록 하는 것이 우리의 소원이다.

베트남전 당시 민간인 학살 문제 역시 마찬가지다.

우리가 이 일을 인정하는 것은 다시는 이런 일을 일으키지 않겠다는 약속이기도 하다. 이 일은 인권과 자유와 정의에 대한 한국사회의 가능성을 보여주는 척도가 될 것이다.

베트남 전쟁은 20세기 내내 '더러운 전쟁' 또는 '명분 없는 전쟁'이라 불렸다. 이 전쟁의 상처가 아직 아물지 않았는데, 21세기 초입 미국은 또 하나의 전쟁을 시작했다. 미국 스스로 '더러운 전쟁'이라 부르는 그 전쟁 중에 또 수많은 민간인들이 억울한 죽음을 당하고 있다.

이 '더러운 전쟁'에 우리가 개입하는 방식을 냉철히 직시해야겠다. 두 번 다시 불행한 전쟁에 참여해 남의 나라 사람들에게 고통을 주어서는 안 되겠기에. 우리 스스로를 상처입혀서는 안 되겠기에.

'마음 심(心)' 자
그리고 우정에 관한 이야기

반 레

우리 고향 마을의 어린 아이들이 자주 부르는 노래 :

누나누홍[1]
넓은 바다를 보려거든
해변을 굽어보고
불어오는 바람을 보려거든
풀나무를 바라보자
밝은 달을 보려거든
연못을 굽어보고
높은 하늘을 보려거든
낮은 땅을 바라보자
구름 가는 곳을 보려거든
눈을 가늘게 떠야지……

노래말은 대체적으로 이렇다. 보이지 않는 한 오라기 실
과 같은 이 노래가 전 세대에서 후 세대로 끊이지 않고 내
려오면서, 우리 마을 각 세대들간의 영혼을 서로 묶어주는
구실을 하고 있다. 어린 시절 동요로 불렀던 이 노래가 어

른이 되어 다시 불러도 그 노래말의 세밀하고 심오한 뜻에 더욱더 깊이 빠져들게 된다. 이 노래를 지키기 위해서라면 우리는 정말 죽을 수도 있을 것 같다. 이 노래는 우리들의 인생, 진중한 삶의 영혼과 같은 것이기에……

어머니는 항상 내게 이렇게 가르쳤다. "아들아 네가 마음가짐이 없다면, 너는 사람이라고 할 수 없단다." 그리고 당신은 또 말하기를 "만약 인생에서, 네가 다른 사람을 배신한다면 다시는 절대로 진정한 사람을 만날 수 없게 될 것이다. 너는 이점을 항상 잊지말고 살아야 한다."

남부 전장터로 떠나기 위해 쭝선 산맥에 오르기 전, 나는 집에 잠시 들를 수 있는 허락을 받았다. 나는 마치 바람의 그림자처럼 어머니에게 "나는 곧 멀리 떠나야 해요"라고 말했다. 그 소리를 듣자 어머니는 아주 슬퍼했다. 그리고 잠시후 아픈 가슴을 진정시키며 아주 의연하게 말씀하셨다. "그렇다면 아들아 어디든 가거라. 운명이 너를 이끄는 곳으로! " 그리고 또 잠시 말씀을 멈추었다가 다시금 말을 이었다. "아들아 인생에서, 다른 사람들이 너를 싫어하거나 꺼리게 만들 수는 있다. 그러나 아들아 그들로부터 경멸받는 사람이 되어서는 절대로 안 된다. 경멸받는 사람이 되었을 때는 더 이상 사람이라고 할 수 없다."

"사는 데에 있어서는 마음가짐이 있어야 한다", "사람을 배신해서는 안 된다", "경멸받는 사람이 되어서는 안 된다." 그러한 말들이 어머니의 가장 중요한 가르침이자, 내 삶에 가장 깊고 심대한 영향을 끼친 경구였다. 어머니의 그러한 말씀 이후로 나는, 처해졌던 환경이나 혹은 공식적인 업무에 따라서, 여러 곳을 다니며 또한 여러 사람들을 만나게 되었다.

아마도 어머니의 말씀 덕이었으리라. 요즘 들어 내가 가장 기쁘게 생각하는 것 중의 하나는 내가 더욱 더 많은 새로운 친구를 사귈 수 있는 기회를 갖게 되었다는 것이다. 최근에 나를 가장 감동시킨 친구들, 그들은 바로 한국 사람들, 우리 민족처럼 젓가락을 쓰는 민족을 벗으로 삼게 되었다.

그들과 친구가 된 것은 어쩌보면 우연한 일이었다. 그러나 다시금 그들과 함께 지난 일들을 돌이켜보자면, 우연이라 부를 까닭이 전혀 없기도 하다. 내가 갖는 느낌은 '이것이 바로 운명의 배열된 순서이고, 하늘의 정리라는 것'이다.

나는 많은 한국 친구들을 만날 수 있었다. 그들은 바로 구수정, 정창권, 노은희, 신동근, 김현아, 하재홍, 황상철, 차미경, 방현석 등이다. 그들은 한국의 각 사회조직에 속한 학생, 지식인들이다. 그들이 베트남에 온 것은 양민학살 사건의 진상을 알기 위해서이기도 하지만, 더 나아가서 그들은 이 땅에 새겨진 전쟁의 상처를 치유하기 위해, 우리 인민들을 도와주는 일부터 다방면의 아주 많은 열정적인 수고를 아끼지 않고 있다. 한국 국민들이 그들에게 이 일을 하라고 맡긴 것도 아니다. 베트남 사람들 역시 그들에게 그러한 일들을 해야 한다고 요구하지 않았다. 그러나 그들은 묵묵히 이곳 베트남 땅에 계속해서 발을 내디디고 있다. 그들이 여기에 오는 이유는 단지 양심의 촉발 때문이리라. 그들의 '마음가짐'이 자리한 곳, 바로 생동하는 인간사랑 때문인 것이다.

우리들 세상사에 있어서, 느낌이라는 것은 하나의 신비이면서, 동시에 아주 쉽게 체득될 수 있는 것이기도 하다. 진정한 느낌이란 가슴을 울리는 그 어떤 것이 찰나에 삭혀지면서 섬세한 떨림으로 발현되는 것이다.

삶 속에서 일반 사람들은 흔히, 설명할 수도 없고 굳이 설명할 필요도 없는 그 어떤 감동을 가질 때가 있다. 그것은 바로 우리 고향 마을의 아이들이 이 땅의 위대함을 느끼며 그저 강변을 바라보고, 해변의 바람 앞에서 풀을 굽어보고, 구름이 가는 곳을 알기 위해 눈을 아스라히 뜨는 것과 같은 것이다. 그리고 나 역시도 나의 한국 친구들이 그들 안의 깨끗하고 순결한 '마음가짐'에서 출발한 일들에 진정으로 진실성을 느꼈다. '마음가짐', 우리 고향 마을 사람들이 언제나 항상 신성하게 여기고, 존귀하게 받드는 그런 것처럼…….

우리 인민들을 도와주기 위해 온 한국 친구들의 존재가, 물론 당연히 헛된 명예욕에서 비롯된 것도 아니요, 자신들의 진심을 입증할 방법을 찾기 위한 것도 아니다. 그러나 일정 정도의 과정 속에서 그들의 존재는 우리 인민들이 한국 사람을 바라보는 시각을 바꾸는 일에 아주 결정적인 기여를 하고 있다.

'신뢰의 강한 힘'을 가지고 있는 민족은 '강한 힘을 신뢰'하는 상대방의 마음을 완전히 소멸시킬 수 있다. 그래서 우리는 '우애'의 가치가 인생 속에서 얼마나 중요한 것인가를 이해하게 된다. 우애가 넘치는 인생에서 사람들은, 일상 속의 계략과 경계, 감시를 버리고, 안식과 평탄한 삶을 누리는 것이다. 그 어떤 상황에서도, 우애의 마음은 우리들에게 사람이 있는 곳에서 사랑을 얻게 만들고, 그 사랑이 삶 속에 스며들도록 도와준다.

친구라는 이름으로 만나고 접촉하고 일을 같이 해오면서, 나는 한국 민족에 대해서도 더 자세하게 이해할 수 있었다. 한국 민족은 아주 순결한 민족이며, 삶 속에서 아주 깊은 책임감을 갖고 있는 민족이라는 것을……

231년전, 베트남의 학자이자 시인인 '레꾸이돈'이 북경에 사신으로 갔을 때 조선의 유명한 학자인 홍개희(洪凱希) 사신을 만나 오랫동안 함께 지낸 소감으로 이런 글을 남겼다. "조선 사람은 성격이 부드럽고 조심스러우며, 책 읽기를 좋아할 뿐만 아니라 문장가로서의 능력이 풍부하고, 또한 예법을 아주 중시한다." 1840년에는, 베트남 봉건왕조의 민망황제가 공식적인 문건에서 선포하기를 "조선은 문명의 나라이지 탁상공론의 나라가 아니다."

실제로, 베트남 사신과 한국 사신과의 우애관계는 1597년 북경에서 맺어졌다. 당시는 한국이 일본 침략군에 맞춰 임진 전쟁을 치루고 있을 때 였다. 그 때의 만남에서 한국의 학자이자 시인인 이태광 사신이, 베트남의 학자이자 시인인 '풍칵코안' 사신에게 특별한 우정을 표하기도 했다. 이태광 사신이 풍칵코안 사신의 시집에다 장중한 서문을 써준 것이다.

약 40여 년이 더 흐른 후, 학자이자 시인인 '레꾸이돈'은 두 나라 사신들 간의 감동적인 애기들과 서로가 선물로 주고 받은 시들을 ≪견문소록≫과 ≪전월시록≫의 책에 모두 기록해 담았다.

베트남 사람들과 한국 사람들 각각의 조상세대들은 서로의 정신 가치를 존중하고 아끼며 고귀한 유산을 서로서로 지켜주었던 것이다. 그것은 단지 몇몇 개인의 특출한 능력이나 친분에 의존한 것이 아니라 서로간의

'마음가짐'에 의한 것들이었다. 그들이 바로 베트남과 한국 간의 문화교류의 기초를 처음으로 놓아준 양국의 선조들이다. 그러나 안타까운 것은 그렇게 아름다웠던 일들이 그간의 역사적 시련에 의해서 끊어지고 말았다는 것이다. 하지만 오늘날 한국과 베트남의 현 세대들이 다시금 서서히 재연결의 다리를 놓고 있다.

친우애의 마음으로, 우리들은 풍부한 얘기들을 서로 주고 받았다. 그러한 얘기들을 통해서, 우리들은 서로에 대해 나날이 더 많은 것을 이해해갔고, 서로에 대해 더욱더 많은 공감대를 넓혀갔다.

우리가 살고 있는 오늘의 시대는, 날마다 벌어지는 세계의 모든 문제와 사건들이 단지 국부적인 한 지역에만 그 영향이 미치는 그러한 시대가 더 이상 아니다. 일부 지역의 재난 재화가 세상의 그 모든 사람들에게 파장을 미친다. 그러한 까닭에 우리는 날이 갈수록 외부적인 환경때문에 결단을 내려야할 일들이 많아질 뿐만 아니라, 우리들 서로가 처한 상황도 점점 비슷해지고 있다. 이것이 기쁨일까 슬픔일까. 미리 앞서서 얘기하기에는 정말 어려운 일이다. 그러나 고난의 상황에 닥쳤을 때 현실을 외면할 방법을 찾을 수 있는 이 그 어디에 있으리. 때문에 친우애 그것은, 우리가 마침내 돌아갈 곳을 알고, 몸을 피할 수 있는 영혼의 천당같은 곳이리라.

마지막 끝 맺음의 글로, 나는 나의 한국의 벗들에게 시인 쩐중안(1289~1370)의 시 하나를 소개한다. 이 시는 몽고군의 침략을 세번에 걸쳐 물리치고 우리 민족의 독립을 쟁취한 소감으로 쓴 것이다.

강물을 뒤집어 병사들을 깨끗이 씻어내고
조정에서는 분쟁의 일을 접었다
남북 경계로 두개의 산하가 숨을 쉬니
몽고와 베트남, 이제 우정의 한 형제다.

2001년 8월 호치민시에서

반 레

주

1. '아라리'와 같은 여흥구로 특별한 의미는 없다.

그들의 상처로 말하게 하라

한홍구(성공회대 교수 · 베트남전 진실위원회 집행위원)

우리 측 피해자만 해도 사망 5천, 부상자 1만여 명, 그리고 수만 명의 고엽제 피해자를 낳은 베트남 전쟁. 그러나 이 전쟁은 우리에게 철저히 잊혀진 전쟁이었다. 이 잊혀진 전쟁이 최근 우리에게 성큼 다가서고 있다. 민간인 학살이라는 무거움을 지닌 채. 이 책은 바로 베트남전에서 한국군에 의한 민간인 학살의 현장을 처음 찾아 간 한 시민단체의 발걸음을 담고 있다.

≪한겨레 21≫이 베트남전에서의 한국군에 의한 민간인 학살을 처음 보도한 것은 우연히도 노근리 사건이 AP통신에 의해 처음 보도되기 직전이었다. 베트남과 노근리, 15~6년을 사이에 두고 우리는 피해자에서 가해자가 되었다. 이 책은 '가해자'가 된 참전용사들을 고발하려는 것이 아니다. 필자는 대학에서 학생들을 가르치면서 늘 솜털이 보송보송하고 너무나 귀여운 제자들을 보면서 아, 그 때 베트남에 내던져진 우리 병사들이 이 학생들보다도 어린 아이들이였구나 하는 생각에 소스라치곤 한

다. 왜 우리는 베트남의 정글에 이 어린 병사들을 보내야 했던가? 그리고 거기서 보낸 1년이 그들의 인생에 어떤 상처를 남겼을까? '나와 우리'가 2001년 8월에 행한 답사에는 몇몇 참전군인들과 그 가족이 동행했다. 자신이 쏘아 죽인 베트콩 용의자의 어머니와 마주 서야 했던 불행한 군인과 그가 화랑무공훈장을 받고, 상해 1급 판정을 받아 국가원호대상자가 됨에도 불구하고 아무런 신청을 하지 않아 보따리 장사를 하며 자녀들의 학비며 생계를 책임져야 했던 그의 아내도 일행 중에 있었다. 그 아내는 남편의 인생이 망가지기 시작한 곳이자 자신의 인생이 엉키기 시작한 첫 마디인 베트남을 찾아 왔다.

베트남과 한국은 아름답게 만날수도 있었던 나라였다. 두 민족은 중국이라는 거대한 국가의 곁에서 독립과 자주를 지키기 위해 노력해 온 자존심 센 민족이었으며, 똑같이 유교문화권에 속해 있었다. 19세기의 말에 두 나라는 외세의 침략을 받게 되었다. 베트남이 우리보다 먼저 식민지가 되었는데, 그 불행한 역사를 기록한 《월남망국사》는 한말 민족적 지식인들의 필독서가 되었다. 1919년 베르사유 평화회의에서 두 민족은 모두 민족자결주의에 큰 기대를 갖고 대표를 파견했으나 열강들의 무시로 피눈물을 흘리며 돌아서야 했다. 일제와 프랑스의 지배를 벗어나면서 두 민족은 각각 열강의 뜻에 따라 분단되고 말았다. 이렇듯 베트남은 지리적으로는 멀지만 우리와는 너무나 유사한 역사적 경로를 걸어온 나라였다. 그런 베트남의 해방 전쟁에 우리는 군대를 보냈고 30여 년이 지나 민간인 학살의 의혹이 도처에서 제기되고 있다.

스물 안팎의 가난한 집 젊은이들은 부모님께 소 한 마리라도 장만해드릴 생각으로 베트남의 정글로 갔다. 물론 주월한국군사령부는 "100명의 베트콩을 놓치더라도 한 명의 무고한 양민을 다치게 해서는 안 된다"는 것을 지휘방침으로 내걸고 있었다. 그러나 이 귀중한 방침은 언제 어디서 총알이 날라오고 부비트랩이 터질지 모르는 베트남의 정글에서 아무런 힘을 발휘하지 못했다. 병사들은 이런 방침이 있는지 들어보지도 못했다. '나와 우리'와 함께 베트남을 찾은 한 참전군인은 이렇게 말한다. "죽이지 마라. 아이들은 죽이지 마라. 전쟁에도 룰이 있는 거다 이런 식으로 교육을 했으면 그렇게 막무가내로 죽이지는 않았을 겁니다. 그러나 내가 받은 교육은 이 새끼들도 크면 다 베트콩이 된다는 것이었습니다. 애비가 베트콩이면 자식도 베트콩이다. 왜 다 베트콩이 된다고 생각했을까." 1966년 5월 25일 주월한국군사령부가 발간한 전훈집은 "부락은 모든 적 활동의 근거지"이며, "게릴라의 보급, 인적자원 및 정보수집의 근원은 부락에 놓여 있으며 베트공 하부구조의 기반은 부락과 주민이다"라고 강조했다.

아직 삶의 방향이 잡히지 않은 어린 청년들을, '어딘지도 모르'는 곳으로 보내면서, 그 곳이 어떤 곳인지, 무얼 하는 곳인지 아무도 말해주지 않았다. 다만 보이는 것은 모두 적이다, 죽지 않으려면 죽여라라고 가르쳤을 뿐이다. 이 젊은이들을 베트남의 정글로 보낸 자가 18년, 그리고 베트남전에 참전하여 군 내에서 승승장구한 자들이 정권을 이어받아 12년을 보낸 나라에서 정작 참전군인들의 삶이 어떻게 망가지든 아무도 괘념하지 않았다. 피부에 반점이 돋고, 이유 없이 아프고, 그리고 자식들마저 픽픽 쓰러져도 그게 고엽제 때문이란 것을 안 것도 미국에서 고엽제가 문제가 되고 한참이 지나서였다.

민간인 학살의 소문을 듣고 직접 베트남에 찾아간 '나와 우리' 답사팀에게 민간인 학살이 받아들이기 어려운 것이었다면, 일반 국민들, 특히 참전군인들에게 이 문제는 더더욱 받아들이기 힘든 문제였다. 그러나 적어도 30대 후반 이상의 사람들은 알 것이다. 동네 이발소에서, 중국집에서, 교련시간에, 군대에서, 예비군 교육장에서 그럴싸한 무용담으로 포장

된 베트남 이야기가 최근에 논란의 대상이 된 민간인 학살 의혹과 사실 같은 이야기였다는 것을. 진실은 귀중한 것이지만 진실과 마주선다는 것은 고통스러운 일이다. 그러나 그 고통스러운 일을 우리는 지금 하지 않으면 안 된다. 너무나 당혹스러운 진실을 마주하는 우리의 고통이 아무리 크다 할지라도 죽음을 당한 사람들, 또는 사랑하는 가족들을 잃고 힘겨운 생을 살아야 했던 생존자들의 고통에 비할 수는 없을 것이다.

"하늘에 가 닿을 죄악 만대를 기억하리라."

그 곳의 아이들은 이 비문을 보며 자라고 있다. 자신들의 할아버지, 할머니, 고모, 삼촌들이 어떻게 죽어갔는지를 기록한 그 비석 앞에서 베트남의 아이들은 뛰놀고 있었다. 그리고 우리는 베트남을 잊고 살았다. 우리도 그 동안 큰 일들을 많이 겪었다. 정신 없는 산업화와 도시화를 겪었고, 암울했던 군사독재를 겪었고, 그리고 IMF사태도 겪었다. 그리고 베트남을 다시 만났다. 우리보다 앞서 베트남의 황토길을 울면서 맨발로 헤매고 다닌 '나와 우리' 답사팀은 이 책을 통해 우리에게 그 사람들의 아픈 이야기를 전한다.

우리가 일본군의 성노예로 학대받은 정신대 할머니들의 이야기를 듣고 아파한다면, 우리가 노근리의 비극을 슬퍼한다면, 이제 우리는 무엇을 해야 하는가? '나와 우리'가 고통스럽게 우리 사회를 향해 베트남의 이야기를 던지는 것도, 그리고 우리 사회가 더 이상 이 당혹스러운 이야기를 외면하지 않는 것도 다 우리 자신의 아픈 상처가 있었기 때문이다. 80년대 민주화 투쟁의 성과 위에서 우리는 우리 자신의 과거를 돌아 보고 있다. 이제 우리는 우리 손으로 베트남에서 우리 민족이 행한 불행한 과거를 기억하는 작은 기념관이라도 하나 지어야 한다. 이 세상에서 가장 하기 힘든 말, "미안해요"를 낮은 목소리로 전하며 그들의 손을 잡아야 한다. '나와 우리'가 펴낸 이 책은 그 작은 발걸음을 떼고 있다.

참고문헌

강인철, <전쟁의 기억 기억의 전쟁>, ≪동아시아와 근대의 폭력 2≫, 삼인

권혁범, <내 몸 속의 반공주의 회로와 권력>, ≪우리 안의 파시즘≫, 삼인

고엽제피해자 전우회, ≪사는 것과 죽는 것의 사이에서≫

귀도 크노프, ≪전쟁과 폭력≫

김기태, <한국의 베트남전 참전과 한미관계>, 외국어대박사학위논문, 1983

김동춘, ≪전쟁과 사회≫, 한길사

김영범, <한국 전쟁과 양민학살>, ≪동아시아와 근대의 폭력 2≫, 삼인

김진선, ≪산자의 전쟁 죽은자의 전쟁≫, 중앙 M&B

노암 촘스키, ≪미국이 진정으로 원하는 것≫, 한울

다니엘 에므리, ≪호치민≫, 시공디스커버리

다카하시 데츠야, ≪일본의 전후책임을 묻는다≫, 역사비평사

문부식, <상처들이 말을 하기 시작했다>, ≪당대비평≫ 12

브레히트, ≪전쟁교본≫, 한마당

수잔 브라운 밀러, ≪성폭력의 역사≫, 일월서각

안정효, ≪하얀 전쟁≫, 고려원

역사비평 편집위원회, ≪논쟁으로 본 한국사회 100년≫, 역사비평사

오구라 사다오, ≪한 권으로 읽는 베트남사≫, 일빛

우에노 치즈코, ≪내셔널리즘과 젠더≫, 박종철출판사

응웬 반 봉, ≪사이공의 흰옷≫, 친구

이김현숙, <성인지적 관점에서 본 한반도의 평화와 인권>, ≪한반도의 평화와 인권≫, 2001
        제주인권학술회의

이대환, ≪슬로우 블릿≫, 실천문학사

이병천 이광일 편, ≪20세기 한국의 야만 2≫, 일빛

이영희, ≪베트남 전쟁≫, 두레, 1989

이삼성, ≪미국외교이념과 베트남전쟁≫, 법문사, 1996

이삼성, ≪20세기 문명과 야만≫, 한길사, 1998

임지현 외, ≪우리 안의 파시즘≫, 삼인

장재혁, <제 3공화국의 베트남파병결정과정에 관한 고찰>, 동국대 박사학위 논문, 1997

진중권, ≪시칠리아의 암소≫, 다우

2001 제주인권학술회의, ≪한반도의 평화와 인권≫

타리크 알리, 수잔 왓킨스, ≪1968 희망의 시절, 분노의 나날≫, 삼인

혜진, <나눔의 집에서 일본군 위안부 역사관까지>, ≪동아시아와 근대의 폭력 2≫, 삼인

한국정신대문제대책협의회200년일본군성노예전범여성국제법정한국위원회증언팀, ≪기

      억으로 다시 쓰는 역사》, 풀빛

황병주, 〈박정희 시대의 국가와 민중〉, 《당대비평》

황상익, 〈국가권력과 트라우마〉

황석영, 〈낙타누깔〉 〈돌개월의〉

황석영, 《무기의 그늘》, 창작과비평사

《거창양민학살사건》

〈나와 우리 창간호〉, 나와 우리

〈진혼의 노래 불러라〉, 나와 우리

〈베트남 전쟁과 한국군 파병에 관한 심포지움〉, 베트남전 진실위원회

〈부끄러운 역사 당신들에게 사과합니다〉, 베트남전 진실위원회

〈한국군의 베트남전 참전 재조명〉, 군사평론가협회 베트남전 진실위원회

〈베트남에도 노근리가 있다〉, 베트남연대 제1차 인권세미나

〈전쟁 속의 양민학살〉, 학술단체협의회 '99 제 3회 정책토론회 자료집

《한겨레 21》